人権問題としての「教育」疎外児童・生徒

学習権の今日的意義および
UNESCO文書、子どもの権利条約の
国際解釈から

大阪公立大学
現代システム科学研究科 教授

伊井 直比呂
Ii Naohiro

せせらぎ出版

本書の概要

1　本書の問題意識と目的

本書は、近年、教育と社会から疎外される子どもたちの深刻な荒みや自尊感情の喪失状況に着目し、その多様な要因の中から、とりわけ現在の学校教育・制度に内在している「一定」に基づく画一的な教育によって、事実上その「教育」から疎外や排除を受けている児童生徒がいること。そして、その子どもたちは、結果的に憲法二十六条の保障を享受しているとは言い難い状態で放置されている事態を、人権問題として提起するものである。この問題解決に臨む基本的立場として、当該状況を、改めて子どもの立場から捉え直す視座の転換を行い、大人の都合で権利を肩代わりすることなしに、子ども自身によって、能力に応じた「教育を受ける権利」の保障として教育制度整備要求を行えることを提起する。具体的に、能力に応じた「学習要求」を可能にする制度創設の提起を行うことが目的である。同時に、制度創設を可能にする憲法上の理論的検討を学習権の今日的意義を明らかにしながら、また、子どもの権利条約の国際解釈を用いながら検討する。

2　本書の論考概要

本書は、学位論文として２０１７年に執筆した内容に、その後の研究内容を加味・整理して出版するものである。本書の構成は、次のとおり「序章」「終章」を含めて10章で構成される。

序　章

まず、序章では、戦後80年近くを経ても、なお子どもたちの声なき反乱とも言える深刻な「教育荒廃」や「子どもの心の問題」に直面しつづけて来たことを概観し、その上で、子どもの当該諸問題を「困った子どもの問題」と片づけたりすることなく、むしろ大人の多くの都合（学校の進学実績、学校や大学の評判、管理目的、社会的な地位）によって、長きにわたり「一定」にあてはまらない児童生徒を結果的に疎外する「教育」を当然としてきた実態を提示する。そして、社会的に脆弱な立場にある子どもを念頭に、すべての子どもに必要な教育環境が整えられているとは言い難い社会的状況を指摘して、「教育」の議論においては、特に児童生徒が「教育を受ける権利」の主体者・行使者であることとの立場を基点にして論じられるべきであることを述べる。とりわけ、学校教育は、大人から保護、養育、育成、愛護され、施される地位のみの「子ども観」から、自らの存在に根差した教育（学習ニーズ）を求めることができる存在として、大人や国に対して主張できる権利も有する地位の「子ども観」へと、視座の転換を伴う論考の必要性を述べる。

第1章　教育における一つの現実

第1章では、本書の目的および序章で述べた「教育から事実上疎外されてきた子ども」が、授業が「わからない」ままに学校や教育行政から放置された結果（されざるを得なかった結果）、どのような学齢期を送り、どのような自己否定と自尊感情の喪失状態に至ったかを、実際の事例などを基に明らかにする。加えて、前述の他にも学校や教師による硬直的な「一定」の指導に合わない児童生徒が受けた扱いと、これら実体としての「教育」の姿や社会での「子ども観」を明らかにする。これら、特異な事例ではない深刻な「教育からの疎外」の問題は、憲法二十六条の問題として扱う本書の動因となっていることを示す。

第2章　教育と憲法の関係と位置づけ

第1章で明らかにした（事実上の）「疎外」や「排除」を受けたりした児童生徒は、自尊感情の喪失や荒みを抱え、また、言われなきレッテルを貼られたりすることによって、理不尽な不利益を一方的に引き受けている。時には人生そのものを諦めざるを得ない場合もある。「教育を受ける権利」の保障とは、このような児童生徒を生み出すことではないはずである。そこで、「教育を受ける権利」の直接の主体者である子どもにとって、前述の「疎外」は人権論的にどのように問題性が指摘されるのかを明らかにする。その上で、本書を通して憲法上の議論を行う上で考察の要となる「教育と人権との関係」、「教育を受ける権利と憲法原理との関係」、そして、憲法二十六条が有する社会権的性質と自由権的性質の両義性との関係を考察する。加えて、児童生徒一人ひとりの「能力に応じた」教育を受ける権利（憲法二十六条一項）の意義が、本書の問題提起に極めて重要な機能をもたらすものとして、同解釈の学説を整理し、「自己に応じた教育」を求めることができる理論の前提を述べる。

第3章　教育を受ける権利と学習権との関係

以上を背景に、第3章では本書の目的である、「教育に対する価値の相対化によって子ども自らが『能力に応じた教育』を受けることができるよう（諸制度を含めて）学習要求できる制度的・実践的方途を導き出す」ためには、これまで長く議論が積み重ねられてきた学習権概念の有用性を検討する必要がある。この理由は、いまだ当該学習権の概念定義が曖昧ではあるが、学習者の立場に立脚して二十六条一項の積極的側面（学習の自由）から教育を受ける権利を捉える時、堀尾・勝田両氏による学習権説とそれを礎とする最高裁旭川学テ判決が示した「学習要求」の学習権論はある意味において影響力ある論理を提供するからである。特に近年の学説は、憲法二十六条を学習権の観点から捉え直すことが説かれている。

そこで、序章、第1章に示した問題提起につき、学テ判決によって学習権概念が憲法二十六条の「背後」に付加された結果、教育を受ける権利の積極的側面として、同一項に示される「能力に応じた」教育を受ける権利より、本書 第2章で整理した解釈に基づいて新たな権利内容を導き出す可能性（今日的意義）を提起する。すなわち、学テ判決が示した「学習要求」という積極的な観点から教育を受ける権利を捉えることで、学習者にとって新たな憲法上の利益が確保できる可能性がある。しかし、同判決によってもなお具体的な権利内容は曖昧かつ不明なまま残置されている点を示し、同権利の課題と明らかにすべき権利内容を考察する必要性を述べる。これにより後章（第6章）の考察の基点とする。

第4章　学習権の利益とは何か

ところで、旭川学テ判決による学習権は、憲法二十六条の積極的側面から学習者にとっての新たな権利内容が位置づけられることを大観しつつも、その礎となっている従来の学習権論は今もなお影響力をもって教育法学や教育分野で語られてきた。しかし、教育学的な理念としてはともかく、学習権自体の憲法的効果はいまだ不明であると言える。むしろ奥平康弘氏、今橋盛勝氏、戸波江二氏、浦部法穂氏らから憲法的権利としての論理構成や、権利概念の内実などの観点から疑義が発せられてきた。また、かつての教科書裁判や近年頻発する君が代裁判などで学習権が用いられた際には、多くの場合に学習主体者の利益ではなく、教科書執筆者の学問上の自由や教員の地位、教師の教育の自由論の根拠とされた他、教育行政側からも、行政上の処分行為の正当性の根拠に学習権が用いられてきた。すなわち、学習権は権利行使の主体者である学習者（子ども）とは異なる利害関係者の利益を図る方向性へ効果が転じたことが窺える。

この方向性へ転じた背景には、学習権は、「国民の教育権」、「国家の教育権」を始めとする教育権論や、先の（教師の）「教育の自由」という自由権論など、主に教育法学の分野でさまざまな利害関係者の「権利」や「権限」と付随した「周辺概念」とともに論じられていたことが挙げられる。ところが、たとえば、「教育権」の原意は、元来教育学の立場から「親の教育に対する発言権」であり、その発言の利益を国民全体が共有することを「国民の教育権」と定義づけられたものであったように、学習権を根拠とする教育権論などの諸概念（周辺概念）の原意と、実際の使用概念との差異が、学習主体者とは異なる当事者の権利・権限の議論へ至った。また先述のとおり、憲法上妥当性を欠くと思われる概念が用いられる議論により、学習権が学習者（子ども）の憲法的権利としていかに問題解決に寄与するものとなりうるか、を思考する点において混濁が生じているように思われる。そこで、憲法的議論としての論理と、教育理念として除外すべき論理とをあえて峻別する必要がある。以上より、第4章は、第3章の学習権概念の有用性を確認するにあたり、その権利概念が教育学的な価値で論じられる内容、あるいは学説や判例および下級審判決を通じて定義された内容など、数種存在することによる論理の混乱を避けるため、学習権が生成された１９５０年代の社会背景を基にした堀尾・勝田両氏による原初概念、および学習権とあわせて発展した「教育権」論や「教育の自由」論などの生成過程に遡って原意を分析する。これにより、学習権を二つの側面、つまり「教育理念的概念」と、教育を受ける権利に適用できる「法的概念」とを峻別する。

これを受け、学習権の周辺概念である国民と国家の「教育権論」や学問の自由を基点とする「教育の自由論」などが、今日的には論理的な限界と困難性を有していることを示し、学習権との関係で関連付けられるべきではないことを述べる。また、このことは、権利の主体者（学習者）に対して法的利益をもたらす学習権と、利害関係者に対して利益をもたらす周辺概念を明確化し、本書で考察する前者の範囲を明らかにする。なお、この過程において、堀尾・勝田両氏による学習権は、学説および教育裁判では必ずしも重視されていなかった子どもの権利に基づく学習権の権利内容の「再概念化」を経て発展したことも指摘し、この「再概念化」された「学習権」が生み出す利益と可能性の範囲も示す。

第5章　教科書裁判・学力テスト裁判での学習権の用いられ方

第5章は、第4章で加えた学習権の原初概念と周辺概念との峻別、および法的概念の明確化をもとに、学習権が主要な論点の一つとなった教科書裁判（杉本判決）と最高裁旭川学テ判決の原告側の論理構成を分析する。これにより、両裁判で用いられた学習権は、堀尾氏が子どもの権利に基づいて「再概念化」する以前に形成された教育理念としての学習権であったこと、そしてそのような学習権ゆえに当該理念を実現させるために学問の自由を基点とする教師の「教育の自由」の保障を求めた原告側の主張で構成されていたことを示す。

この指摘の意味は、実際に展開された裁判を通じた法的議論から、学習権がどのように用いられたかを検討する点にある。この結果、堀尾・勝田両氏は、初期の学習をする権利（学習権）が発展・再概念化され、最終的に学習者の「学習の自由」に対応した義務の負担として教師の教育の自由論を展開した。しかし、教科書裁判（杉本判決）や旭川学力テスト裁判の原告側主張では、教師の教育の自由が「学問の自由」や「教授の自由」の一環として展開されるなど、子どもの権利から出発した堀尾・勝田両氏が辿った学習権論や周辺概念の論理とは内容的に異なる論理で主張されたことを確認する。なお、最終的に同最高裁判決では自由権論の一環で主張された教師の教育の自由は、その基盤となる教師の自律性概念とともに否定されている。これによって学習権に付随する周辺概念の多くは否定されたことを確認する。

以上から、本章では、学習権論が、国家の教育介入を防ぐ観点から自由権論的に構成されてきた経緯があるが、本来の権利主体である学習者の直接的利益をもたらすものでないこと。また、仮に周辺概念としての前述の論点(学問の自由など)が独自に意味を持つ可能性があるとしても、学習権との関係においては、先考の法的概念としての峻別結果と、最高裁で否定された結果をもって今日的学習権論の定義から除外されるべきことを述べる。

第6章　学習権の曖昧さへの回答試論

一方、最高裁旭川学テ判決では、憲法二十六条の教育を受ける権利の背後に、子どもの「学習をする権利」(学習権)として子ども固有の権利に基づく「学習要求の充足を求める権利」の存在が示された。これによって子どもにとっての学習権の内実が大きく飛躍する可能性を示したと言える。第6章では、まず、判決内に示されたこの「学習要求の充足」に着目し、「学習要求」、「充足」が表す、その内容と効果を検討し、最高裁旭川学テ判決における学習権の定義(「学習要求」)の曖昧さへの回答を導く。

その際、第4章で明らかにした学習権と教育の自由論の分析、ならびに第5章において述べた裁判での学習権の用いられ方の分析から、あえて、論理的に第1章の問題解決に有用とはなりにくい周辺概念を捨象し、堀尾氏らによる子どもの権利に基づく再概念化された学習権論および学習の自由論を用いて「学習要求」についての回答試論を導く。特に、この検討は、序章および第1章に示した、学習(わかること)からの疎外や排除の状況にある児童生徒に対して、その状況を改善することができる具体的な権利内容として極めて有効であると考えられる。すなわち、「学習要求」を、「教育を受ける権利」の積極的な権利行使の態様として捉える。それは、二十六条一項が規定する「教育を受ける権利」の形式的平等性（教育の機会均等）が、いかなる人も教育を受ける機会を得ることの保障と、教育の均一性（一定性／画一性）確保の根拠となっていることに対して、「機会均等」だけでは結果的に教育目的を達することができない児童生徒らにとって、個人の尊厳・尊重に直結する学習は、それぞれの「能力に応じた」（自らが必要とする）教育を受けることができることによって、結果としてひとしく教育目的を達成することになる実質的平等の効果を生むことを根拠とする。そして、この実質的平等の実現のための原理として、学習権を「学習要求に対する充足を求める権利」と捉え直すことができることを導く。以上、二十六条保障の積極的側面としての有効性を論理づける。

第7章　学習要求の国際的な位置づけへ

ところで、第6章で検討した最高裁が示した「学習要求」の権利とその充足は、近年の子どもの権利条約の国際解釈において、「権利に基づく学習ニーズの充足」としてその類似概念が国際的に承認されてきている。同時に、憲法二十六条の背後にある学習権としての学習要求が、最高裁で「子ども固有の権利」を前提としていることから、国際的な子どもの権利と最高裁が前提とした子どもの権利の各性質を明らかにする必要がある。むしろ、子どもの権利をどのように捉えるかによって「学習要求」の実効性が決まるものと考えられる。

そこで、憲法および国内法における既存の子どもの権利および子ども観と、子どもの権利条約における子どもの権利および子ども観との比較考察を行う。基本的にはこれまで憲法が大人を前提とする法体系を持っていることを示して、第6章で示した学習権による学習要求の限界を述べる。その上で、当該憲法の子どもの人権および権利についての姿勢について、二つの観点からその可能性を検討する。

一つは、最高裁旭川学テ判決において、当該学習権が「子どもの固有の権利」と述べた点においての考察。二つ目は、子どもの権利条約を批准している日本が、同条約を順守しなければならない国際的義務から、子どもの権利条約十二条の意見表明権の一つとして学習権（学習要求）を捉える場合に、既存の学説をもとに同条約規定が自動執行性を有することを考察する。以上の考察により、憲法二十六条の背後に存在する学習権（学習要求とその充足を求める権利）に、子どもの権利条約二十八条等の国際解釈および国連での国際決議に見られる「権利に基づく学習ニーズの充足」の論理を適用することが可能であるとの論証を行う。

第8章　教育の人権性の国際的広がりと今日的学習権の意義

前章まで見てきたように、①堀尾・勝田両氏により生成された学習権論が、教育学的理念や周辺概念と結びつく学習権論とは異なり、子どもの権利を基底にして新たな学習権概念が再構成されてきたこと。②その内容は学習者からの自発的な「学習要求」と同一であること。③そして、最高裁旭川学テ判決に示された二十六条の背後にある学習権が「子どもの固有の権利」として位置づけられ、「学習要求」とその充足を求めることが権利として承認されていること。④さらに、同権利概念は、国家として子どもの権利条約の拘束を受ける関係性を有することが確認できる。

以上を受け、第8章では、学習権の今日的権利性として、これまで考察してきた権利としての「学習要求」の具体的内容を示すにあたり、前述の①～④の関係に加えて、21世紀に進展してきた教育の人権性と、それに基づく学習者の権利（「権利に基づく学習ニーズの充足」）の発展系譜を整理し、「子どもの権利保障」と「教育」との国際的な関係性に沿う内容を考察する。このために、教育の人権性を示す子どもの権利条約の国際解釈、ならびにこれに依拠する国際決議などの潮流を付加して同権利内容に適用し、国際的に通用する学習権論を創出する。

具体的には、国際連合教育科学文化機関〈ＵＮＥＳＣＯ〉の総会決議に基づく「国連持続可能な開発のための教育の10年」（*Decade of Education for Sustainable Development*：以下ＤＥＳＤ：2005～2014）、同グローバル・アクション・プログラム（*Global Action Program*：以下ＧＡＰ：2015～2019）、*Education 2030*（2015～）、さらに「持続可能な開発目標」（*Sustainable Development Goals*：以下ＳＤＧｓ：2015～2030）において、「権利に基づく学習要求」を承認する教育が提唱され、日本も同決議に従っている。一見すると、これらは憲法上の権利の考察と前述の国際的な動向とは関係がない。しかしながら、世界人権宣言二十六条の教育条項を起点とする教育と人権との関係は、子どもの権利条約によって一層具現化されるに至った。さらに各国の実施状況に影響を与える「国連子どもの権利委員会」が示している同条約の教育条項二十八条、二十九条の国際解釈の内容（権利に基づく教育等）は、同委員会から２００１年に「一般意見」として勧告され、前述の国際決議の基になるなどしている。したがって、人権と教育の関係における国際人権の動向を踏まえた「権利に基づく学習ニーズの充足」の概念を、最高裁旭川学テ判決で示された「学習要求」の充足を求める権利の内容に援用することで、学習権が学習者自身に帰属する今日的な権利として機能する意義が生まれることを述べる。

終　章　結論と提案

終章は、序章、第1章で提起した、学校における子どもという学習主体の立場から「学校教育」の制度的価値転換を提起する問題意識は、最終的に「学習主体の立場から教育を彼らに適したものに取り戻すための手立てとして、学習権論に基づく子どもゆえの学習要求を、どのように教育に反映させるか」という具体的な問題へと焦点化させて結論を整理した。結論として、子どもの権利条約二十九条の国際解釈では、教育の意味、そして保障内容および権利に基づく教育が示されており、締結国は学習者の学習ニーズに応えるようカリキュラムと教育内容を構成する必要があることが導き出される。すなわち教育諸制度の整備が権利に基づく学習ニーズの充足という概念となる。そして、国際的な同概念は、憲法二十六条の背後にある子どもの固有の権利としての学習権、すなわち「学習要求」の充足を求める権利に援用することで、権利内容として具体的な内実を伴った教育制度整備要求の根拠とすることが可能であることを整理する。

以上により、憲法二十六条一項が示す「能力に応じた教育」が、具体的に憲法十三条、十四条との関連で個々の児童生徒、とりわけ憲法的要請の強い義務教育段階の児童生徒が、それぞれにわかり方や能力の違い、また、さまざまな背景や事情の他に学校外の学習環境の違いがあるとしても、一定の教育にあてはまらないゆえに「わかる」ことからの疎外や教育目標達成からの疎外から逃れて、ひとしく教育目標を達成する効果を生み出すことを述べる。そして、これを実現するために、筆者は、具体的な学習要求の発し方は教育行政側によるモニタリングをもって行い、個々のニーズを把握した上でカリキュラムなどを策定することで「充足」させることを提案する。これは、既存の同一クラスで同一カリキュラムによって授業を行うことを改変し、あえて学びや理解の度合いなど、わかり方などに応じた「同一単元多カリキュラム化」などにより教育目標を達することを述べる。

目次

序章

1．本書の目的と背景

この20年あまり、日本の子どもの貧困率は増加の一途を辿り[1]、子どもの『学力』においても看過できない格差[2]を生み出して「平等な教育機会」という大原則そのものが揺らいでいる[3]。また、「虐待」に象徴される家庭機能の喪失の深刻さは、親世代が学齢期であったころの教育問題や社会問題がそのまま世代間の循環として表出していることが窺えよう。さらに、この20年で著しく浸透した情報産業による子どもたちへ向けた膨大な「誘惑」は、あまりに安易な〝つながり〟をつくり出し、これまでとは異なった意味で弱者である青少年の心を荒ませて教育荒廃の新たな要因にもなっている[4]。そして、子ども人口の減少という、日本社会が抱える避けられない事態に対しては、〝「地域と学校の連携」が教育再生のカギ〟として進める施策と[5][6]、学校統廃合や学校選択制など、逆に「地域」と「学校」とを遠ざけるような施策が混在してきた[7]。これら矛盾する施策は、縦割り行政により何ら検証されないままに併存している。

一方、非行、いじめ、不登校、校内暴力や体罰ほか従来からの学校教育における大きな課題（「教育荒廃」）については、1980年代より約40年継続的に取り組まれてきていた教育課題である。[8] しかし、諸成果は一進一退を繰り返しながらも「荒廃」や「異変」は態様を変えて表出し、1990年代には「校内暴力」や「学級崩壊」という「新しい荒れ」[9]へ表出形態が変化した。やがて、「不登校生徒」数が最高になったり、「いじめ」の態様の変質や「低い自尊感情」に起因する「自殺」の問題が深刻化したりするなど、21世紀の四半世紀を経ようとしている今日においても本質的な問題の解決には至っていない。[10] これらを振り返ると、戦後の『教育制度』が80年近くを経てもなお、何が子どもの成長や教育において優先されるべきか、の「理念」やその有効な「実践」を持たず、子どもたちの声なき反乱とも言える深刻な「教育荒廃」や「子どもの心の問題」に直面しつづけて来た「歴史」だったとも言える。つまり、「教育」の営みを根本的に振り返ることなく今日に至った。

では、私たちはどのように「教育」を振り返ることができるであろうか。今日においては、ＩＣＴを利用した教育が当然となり、一人ひとりが端末を用いて（あるいは頼って）、アプリに合わせた学習が多く取り入れられるようになった。また、国際的に取り組むべき学習として「持続可能な社会」の構築や国連によって主導される「持続可能な開発目標（ＳＤＧｓ）」達成へ向けた教育が取り入れられるようになった。それと並行して、「協働」「探究」「総合的な学習」「アクティブ・ラーニング」などが取り入れられて既存の学びとは異なる教育形態が求められるようになっている。これらは、教育や学習者にとってどのような転換をもたらすことになるのだろうか。とりわけ、先に挙げた問題群に対しては、解決へ向けたどのような効果をもたらすだろうか。これらを含めて、私たちは変化の著しい教育の未来へのターゲット定め、これまでの何を乗り越えて行くべきなのであろうか。私たちは過去の教育を現況の教育の態様と照らし合わせながら振り返って見る必要がある。

その一つには、そもそも戦後の「教育」の営みが、旧憲法下の「忠君愛国のための国民教化[11]」とは異なり、人として成長し、可能性を広げ、自己実現（幸福）と社会とのつながりを確かなものにするはずであった。そしてこの過程には、戦後沸き起こった「国家教育権論」と「国民の教育権論」との教育権論争を経て「教育」を問うてきていたはずでもある。しかし、仮に国家と国民の両「教育権論」のいずれの立場であったにせよ、先の諸問題に対しては問題解決の本質とはならなかった。むしろ、現実的には、子どもを取り巻く社会的関係の中で、あらためて子どもが置かれているさまざまな状況と既存の学校教育や諸制度との関係の中から、問題の所在を探し出さなければならなかったことが認められよう。そして、このような状況認識は着手可能な解決策を探るのと同時に、どうすれば「学習」を彼らのものとすることができるか。あるいは、学校をそのような学びの場に転換できるか、ということを問うことでもある。

本書は以上のような背景と基本的な問題意識に基づき、教育、とりわけ学校における子どもという学習主体の立場から「学校教育」の制度的価値転換を提起するために、「人権としての教育」として扱われる「学習権」概念の有効性と今日的意義の問い直しを行い、新たな権利内容を提起することを試みる。

2. 児童生徒の問題事象に対する視座の転換

改めて、私たちは、子どもが置かれている状況をどのように理解して教育を捉え直すことができるだろうか。このように先述の問いを広い意味で置く。

まず、ここで確認されるべき事は、前述のいじめや不登校などを含む「教育荒廃」の諸現象は、多くは教師や学校、あるいは大人の側から捉えた「状況」や「子ども観」に基づく認識であり、（抑圧された側の）児童・生徒の側から発した社会認識や問題提起ではない、ということである。つまり、社会の子どもへの眼差しは、これまでも一貫して「児童・生徒が変わった」、「児童・生徒が問題」、「子どもたちの対人経験が年々細ってきている」など、『子どもの問題』として問題解決を図ろうとする。

しかし、これらを成長や学びの主人公たる児童・生徒側から捉えると、家庭や学校、またさまざまな社会状況の中で、彼らが無意識のうちに感じている大人の都合や論理で圧し掛かる現実（「抑圧」）と、それに抗する何らかの「行動」[12]として相対的に捉えることができる。そして、この問題事象の相対化によって、現実の教育制度、学校組織、教員の指導のあり方などを、子どもが置かれている家庭的・社会的状況、あるいは学校での状況の現実から見直すことを可能にして、真に教育を捉え直す（再構成する）ことができる。

具体的には、報道されるさまざまな児童・生徒の問題――「（高校生の）中途退学生徒の増加」、「不登校」、「いじめ」、「キレル子どもたち」、「学校への復讐」、「居場所がない」、「透明な自分」、「息苦しさ」、「学校カースト」[13]など――は、先述のとおり、「困った子どもの問題」として一方的に捉えられるのではなく、家庭を含む社会や学校教育そのものの営みに潜むある種の「背景」や「抑圧」に対する何らかの「表現」や「行動」あるいは「抵抗」であることは以前から述べられてきたことである。[14]それは、教師や学校、あるいは社会全体の力の前に、「言葉」を持たぬがゆえの抵抗や発散、忌避や自己喪失の顕在化、と改めて捉え直すことができる。[15]だとすると、このことを「子ども中心」や「子どもの立場」で考えるということは、子どもの問題事象を「子ども自身が大人から負わされている問題」との視座の転換によって捉え直すことができ、同時に、現実社会の中で当該子どもが置かれている前述の状況に即して、どのように具体的な「学び」を「学習の主人公[17]」たる子どもに用意することができるか、という学校教育（諸制度を含む）再組織化を図る問い直しが必要だと考えられる。すなわち、どのように「教育のあり方」を子ども（学習者）の手に取り戻すことができるか、という問題である。

端的に、先に挙げた児童生徒が起こす（大人にとっては問題の）「抵抗」や「発散」、「忌避」、「自己防衛」、「自己喪失」などのような状況に追い込まない学校（学習の場）を、「子どもの現実に基づいてどのように制度的に再構成することができるか」ということである。そして、それを可能にする多様な教育価値と、学びの当事者性を創るということであろう。しかしながら、このような思考は、すでに日頃から行なわれているかのように思われるが、現実的には逆である。

そして、このように、子どもの問題について「相対化」した視点に立って視座の転換を図る時、その意義を肯定し、積極的に子どもの立場から考察する根拠となる論理や基本的価値が根底になければならない。その論理と基本的価値とは、具体的に、学校や教師にとって「よい子ども」と感じる「教えやすい生徒」や「指導しやすい生徒」、また「理解が早い生徒」などの教師にとって対応しやすい「一定」の児童生徒と、その一方で、必ずしもこの「一定」にあてはまらない児童生徒（極端な表現をすれば「手がかかる生徒」）とを、彼らの表面上（現象面）の態度や行動などで峻別するのではなく、おかれている社会的背景、家庭での養育状況、社会的環境の側面から児童生徒の苦悩を理解して、それにふさわしい教育（方法）を教育制度として構築することを可能にする『論理』や『価値』である。

このことは、学校が、『どこの（高校）大学に何人合格させたか』、『有名国公立大学に何人合格したか』という学校にとってある意味において看板となる生徒によって学校の知名度を上げようとする学校都合の教育（進路指導）、あるいは、教育を「施す」者の支配的な選別を行う教育評価とは異なり、等しく子どもの状況に応じる教育を「教育」として用意することになる。もちろん「施す側」の前述の教育価値が教育（学習）の主体者である子どもにとって有効な場合もあるが、やがてこの恩恵を得た生徒も、別の場面では自らが選別の対象となることを気づかされる基本構造に変わりはない。

3. 教育現場を取り巻く潮流

ところで、過去においてこのような視点に立った教育議論と施策が講じられ、いかに「学び」を取り戻すか、という教育政策上の議論とその転換を図る試みが行なわれて来たこともよく知られるとおりである。[18] たとえば、それまでの過度な受験競争や詰め込み教育への社会的反省に基づき、[19] ２００２年に改定された学習指導要領（高校）による「ゆとり」教育の導入と、「生きる力」の学力観への教育施策の転換が行なわれた。これらはある種の「抑圧」を取り除こうとする側面があった。[20]

また、学校教育だけでは、児童生徒をめぐるさまざまな問題の本質に到達できない限界があることに着目し、近年はスクールカウンセラーやスーパーバイザー、スクールソーシャルワーカーの配置などによる諸対応が進んで、子どもが発する諸行動や事象を、背景から理解しようとする施策が浸透するに至った。[21] もはや、どの自治体（教育委員会）もこれら視点や施策なくしては、学校の役割を担うことが困難であることが認識されるようになった。[22] この取り組みのように、問題の諸現象を子ども自身の問題と家庭の責任に閉じ込め、また教員の対応にのみ諸原因があるかのように問題を矮小化させた「把握」を転換する社会的認識が共有されてきている。[23]

ところが、先述の子どもがおかれている社会的背景、家庭での養育状況、社会的環境の側面から児童生徒の苦悩を理解して、それにふさわしい教育（方法）を学校制度として構築することを可能にする『価値』の承認に基づく「相対化」への営みは容易ではない。なぜなら、先の「ゆとり」を巡る学力論争においても、学校教育が抱える根本的な問題に蓋をしたまま、ある部分における問題のみが取り上げられたことが挙げられる。結果、経済界や大学教育の立場から改革の趣旨とは逆の『価値』の提起が強力に推し進められ、事実上、「ゆとり」教育や「生きる力」、さらに学力観において後退を余儀なくされるに至ったからである。この主要な理由の一つに、「大学がしわ寄せを被る」、「国の力が落ちる」などの主張がある。大学教員や政治家からの都合で「大学生の〝学力低下〟」の〝現象〟のみが取り上げられた。[24] これらの特徴は、「生きる力」の政策目的が内包する歴史的問題意識（「なぜこの政策が必要とされたか」）に着目することなく論理構成されている傾向がある。[25]

その結果、２０１１年の学習指導要領では、逆に学習者への配慮を欠いているとさえ感じさせるほどの指導内容の量が復活するなど、２００３年版より大きく問題解決への教育的配慮が後退した。何より、「ゆとり」や「生きる力」の諸政策が必要であった社会背景と問題意識に応える論理は顧みられていない。残念ながら、冒頭のような社会背景に起因する「平等な教育機会」の揺らぎや、地域と学校との政策矛盾、また長期にわたる社会問題としての学校の荒み、親の養育態度や生活などの世代間連鎖、さらに「グローバリゼーション」を理由とした学校での新たな画一化など、総じて「子どもの問題」と「大人社会が生み出す問題」との因果関係に着目することなく、社会的な教育の理念を喪失した複雑な〝社会問題〟が生み出され続けていた。[27]

以上のように、教育政策や問題解決の考察の基点が、明らかに学習者の成長・発達上の現実と背景から出発しているのではなく、「利益」を求める大人や大学の都合から論じられることで、「1．本書の目的と背景」に記したように政策が迷走している、とも言えよう。この点、教育を論じる内容やその視座において、教育（学習）の主人公が得るべき利益と、その結果として関係者や社会が得る利益との関係においては、本来、「教育を受ける権利」の主体者の立場を第一の基点にして論じられるべきである。すなわち、保護すべき価値や、優先されるべき価値が教育を受ける主体者からのものと、他の関係者を基点とするものとが峻別された考察順位に拠って論じられるべきはずである。それは、先にも記したとおり、「ゆとり」「生きる力」「学力」「能力」など、多方面からの諸団体の立場や利益から、都合のよい視点で論じられるのではなく、子どもの学習や成長の観点で、その基底となる価値から順に考察されるべき、ということである。実は、残念ながらこのことが最も難しいことだと思われる。

4.「相対化」を可能にする価値原理

では、この基底となる価値は何を淵源として生み出されるものであろうか。

子どもの立場に立って思考する価値や論理考察順位に「枠組み」を与える重要な基点が、教育が国際的な人権体系の一角をなすものと承認され[28]、そのまま、憲法二十六条を基点として広がる人権としての教育である。それらは、今日の国際的な条約や宣言文書[29]からも、教育が「学習者」にとって（とりわけ児童生徒の）「人権」として位置づけられて、教育に関する考察の起点を為している。[30]この人権概念に基づいて彼らが置かれている状況を考察し、かつ「教育荒廃」を捉えなければ、組織的・制度的解決への広がりを期待することができない。これは大人社会に突きつけられた社会問題といえる。

一方で、仮に教育が、憲法や人権体系にこれまで以上にしっかりと位置づけられたとしても、過去、戦後の人権宣言や日本国憲法体制の下にありながら、残念ながら教育の人権的価値が学校教育（教師教育のあり方を含む）に十分に浸透することはなかった。[31]むしろ、歴史的、現代的に、教育を「施す」側の支配的な行為との観念が強く働いてきたと言える。

あるいは「法の支配」の下にあっても、教育が政権の政治的意図の下に従属してきたことへの精緻な議論と、それに与しない論理的構成が十分に行われてこなかった歴史がある。[32] もとより、戦前からの教育諸制度と戦後のそれらをめぐる論争も、いまだ教育が国際的な人権体系の中に位置づくことが十分に浸透しないままに行われている。それは、むしろ大人が、自らの利益社会を前提にした価値や期待を実現しようとし、「子どもが備えるべき基本的な価値や利益（人権）」よりも大人社会の都合を優先させてきた結果だとみることができる。そして、この大人の側の意識の常態こそが、子どもの問題を〝社会問題〟として捉えようとするのではなく、〝子どもの問題〟や、教師一人の個人的力量の問題、あるいは一つの学校努力の問題のみに原因を矮小化させ、真の問題解決へと向かわせることを諦めさせてきたと考えられる。まさにその例が、先述の首長による学校間競争を煽る「介入」であろう。いわんや結果を子ども一人ひとりの責任の問題とすることは、一層問題の本質から目を遠ざけることになろう。

ここに、問題を考察する視座と論理構成において、子どもにとっての教育を考察する基底に、子どもが大人と同等に有する人権概念が論証され、その視点から、学校教育のあり方を制度的・実践的に問い、子ども自身によって自己の存在に根差した教育（学習）を求めることができるよう論考する必要がある。

注

（1） *Report Card 10,2012 —Meaning of Child Poverty, New league tables of child poverty in the world's rich countries—* UNICEF Innocent Research Centre, May 2012,pp4
同報告書によると、日本の子どもの貧困率は約15％（14・9％）（約305万人）。OECD加盟35カ国中で9番目に高いことが表されている。先進国中４位である。（２０００年は12・２%）。ただし、こども家庭庁調査（2022年）によると、11・５%である。

（２）『子どもの貧困白書』子どもの貧困白書編集員会編（明石書店、２００９年）52頁以下～64頁

（３）調査報告「高校生の進路と親の年収の関連について」、調査報告「高校生の進路と親の年収の関連について」東京大学大学院研究科大学経営・政策研究センター（2009年7月9日）によると、年収４００万円以下の家庭の進学率は約31・４%. 対して年収１０００万円以上の家庭の進学率は62・４%と報告される。

（４）教育新聞　2012年11月5日

（５）中央教育審議会答申「新しい時代を切り拓く生涯学習の振興方策について～知の循環型社会の構築を目指して～」（平成20年2月19日）, http://manabi-mirai.mext.go.jp/cooperation/about.html（2011.5.1）

（６）「教育振興基本計画 」中央教育審議会答申（平成20年４月18日）／同閣議決定（２００８年（平成20年）７月１日）

（７）瀧井宏臣「広がる学校選択制見直しの動き」世界786号（２００９）、243～244頁、
安田隆子「学校統廃合―公立小中学校に係る諸問題―」調査と情報640号（2009）、９頁
令和５年　文部科学省による「就学校の指定・区域外就学の活用状況調査」

（８）「臨時教育審議会第一次答申」（1985年6月30日）、文部省大臣官房編　文部時報臨時増刊号（ぎょうせい, 1985年7月）には次のとおり示される。「教育荒廃」が教育政策の柱に位置された「（略）第1部　教育改革の基本方向　第１節　教育の現状　我が国の教育は諸外国と比べて初等中等教育の水準が高い。他方、国際化の対応の遅れ等の問題があり、制度、運用の画一性、硬直性による弊害が生じている。受験競争、いじめ、青少年非行等の教育荒廃は憂慮すべき事態で、その根は、学校・家庭・社会の在り方などに絡み合っている。（略）」

（９）たとえば、朝日新聞 1997年12月23日（朝刊）

（10）たとえば、「令和４年度『児童生徒の問題行動等生徒指導上の諸問題に関する調査』について」文部科学省初等中

等局児童生徒課（令和5年10月4日）。遡ると、読売新聞「小学校の校内暴力最悪―対教師32％増―」２００５年９月23日（朝刊）、朝日新聞、毎日新聞、産経新聞各社が一面で報道した。その後、文部科学省の統計によると調査方法を変えて実態を把握している。この結果、およその傾向として横ばい状況が続く。

(11) 山崎真秀『憲法と教育人権』（勁草書房,1994）48頁以下

(12) 堀尾輝久は、これを「ある意味では（子どもの）悲鳴」と表現した。（堀尾輝久「『教育改革』はどこへ―21世紀に向けて―」日本教育政策学会年報5号『多様な教育機会の確保』（1998年）19頁

(13) 朝日新聞 1993年9月6日（朝刊）,1995年4月5日（朝刊）,1998年3月5日（朝刊）,2005年3月4日（朝刊）

(14) 山崎隆雄（小学校教諭）は「日本教育学会大會研究発表要項 58」（1999）110頁～113頁で「〝荒れ〟や『学級崩壊』は、自分らしく人間らしく生きられない子どもたちの、まっとうにいきたいという叫び声のような気がする。子どもを人間として本当に大切にする、日本の社会の在リ方や学校のありかたが問われなければならない。」（傍線筆者）と、自身の教育実践を通じて述べている。

(15) たとえば、伊藤進は、「『いじめ』は、現代社会における歪を露呈したものであり、社会全体の問題として捉えなければならないものである。」と述べる。（伊藤進「公立中学生いじめ自殺事件」兼子仁編『別冊ジュリスト教育判例百選 第三版』（有斐閣,1992）166頁）

(16) 福田年宏『思春期は訴える』（築地書館,1999）45頁

(17) 同様の用語の使用は、堀尾 前掲注（12）19頁

(18) 古くは中央教育審議会第二次答申「21世紀を展望した我が国の教育について」（1997年6月）

(19) 小林直樹『憲法政策論』（日本評論社,1991）111頁によると、たとえば、過当な受験競争や教育行政の管理主義の弊害は、過去だけでなく、今なお指摘され続けてきた。

(20) 中央教育審議会答申「新しい時代を拓く心を育てるために」（1998年6月30日）「（略）子どもたちは、ゆとりのない忙しい生活を送っていること、社会性が不足し、規範意識が低下していること、自立が遅くなっていること、肥満傾

向や視力の低下が見られること、体力・運動能力の低下傾向が見られることなどの問題点が指摘されている。（略）「調査等によれば、過度の受験競争の影響もあり多くの知識を詰め込む授業になっていること、時間的にゆとりをもって学習できずに教育内容を十分に理解できない子どもたちが少なくないこと、学習が受け身で覚えることは得意だが、自ら調べ判断し、自分なりの考えをもちそれを表現する力が十分育っていないこと、一つの正答を求めることはできても多角的なものの見方や考え方が十分ではないこと」（略）「学力を単なる知識の量ととらえる学力観を転換し、教える内容をその後の学習や生活に必要な最小限の基礎的・基本的内容に厳選する一方、（略）もっぱら覚えることに追われていると指摘されるような状況をなくして、子どもたちがゆとりの中で繰り返し学習したり、作業的・体験的な活動、問題解決的な学習や自分の興味・関心等に応じた学習にじっくりと創意工夫しながら取り組めるようにすることに努めた。」

（21）スクールソーシャルワークは、問題を「個人の病理としてとらえるのではなく、人から社会システム、さらには自然までも含む環境との不適合状態」としてとらえる。ゆえに、対応としては、「個人が不適合状態に対処できるよう力量を高めるように支援する」、あるいは「環境が個人のニーズに応えることができるように調整をする」という、「個人と環境の双方に働きかける」という特徴を有する。（「学校等における児童虐待防止に向けた取組に関する調査研究会議報告書」初等中等教育局児童生徒課、学校等における児童虐待防止に向けた取組に関する調査研究会議（平成18年5月））

（22）前掲注（10）文部科学省によると、統計上では、不登校児童生徒数が減少する一定の成果も生み校内暴力の「発生件数」やいじめの「認知件数」などにおいても、増減を繰り返しながら表見的には少しずつ一定の効果を見ることができる。併せて、近年はフリースクールへの積極的な在籍者数も増え、既存の学校教育以外の学習の場への積極的参加も教育行政が承認してきたことなど、現実に着目した柔軟な対応がある。これらは貴重な成功モデルとすることも可能であろう。なお、文部科学省は校長の裁量によるなどの条件付きで１９９２年から小中学校段階におけるフリースクールへの出席を本来の学校での出席と承認し、高校段階は２００７年から承認されるようになった。京都・福岡をはじめ自治体の公的助成も行われるようになっている。

(23) このような指摘は早くから為されてきていた。たとえば、前掲注(20)中央教育審議会「(3)社会全体のモラルの低下を問い直そう」に以下のように記されてもいる。「子どもたちに豊かな人間性がはぐくまれるためには、大人社会全体のモラルの低下を問い直す必要がある。我々は、特に、次のような風潮が、子どもたちに大きな影響を及ぼしていると考える。1.社会全体や他人のことを考えず、専ら個人の利害得失を優先すること。2.他者への責任転嫁など、責任感が欠如していること。3.モノ・カネ等の物質的な価値や快楽を優先すること。4.夢や目標の実現に向けた努力、特に社会をよりよくしていこうとする真摯な努力を軽視すること。5.ゆとりの大切さを忘れ、専ら利便性や効率性を重視すること(略)、このような大人社会全体のモラルの低下を背景に、新しい時代への夢を語り、未来を切り拓く大切さを伝えようとしない大人、子どもに伝えるべき価値に確信を持てない大人、しつけへの自信を喪失し、努力を避ける大人、子どもを育てることをわずらわしく感じる大人が増えている。子どもの心を育てるべき大人社会が、こうした「次世代を育てる心を失う危機」に直面していることこそ、我が国の抱えている根本的な問題である。

(24) 主に『学力』だけの論点で大学や経済界の側から「ゆとり阻止」論が起こり、これら問題意識は変質した。たとえば、林伸二「学力低下を阻止する」青山経営論集 第37巻 第3号(2002年)67頁には、「ゆとり教育」が大学での専門学力の低下に至ることを「理論的推論」という形態で関係図を用いて論じている。また、教員養成系の研究者からも前述の教育改革の意義の一部を認めつつも、教育行政の予算措置の遅れと学校での対応の未熟さから「学力低下」を招いたという認識で大学での教養教育のあり方を論じている(長南幸安「「2006年問題」に関する一考察」21世紀教育フォーラム 創刊号(2006)35~39頁)。このほか、子どもからの視座ではなく、「大学の立場」からの「困った問題」として、本来の教育改革が問題とした社会的状況や、改革目的とは異なる言説が多くある。

(25) 林 前掲注(24)67頁

(26) 中央教育審議会教育課程部会まとめ(2007年(平成19年)11月7日)、「教育振興基本計画」中央教育審議会

答申（平成20年4月18日）、同閣議決定（２００８年（平成20年）7月1日）、および「第2期教育振興基本計画」中央教育審議会答申（２０１３年（平成25年）4月25日）、同閣議決定（平成25年6月14日）を根拠として指導（学習内容が急増した。とりわけ中央教育審議会の審議のまとめでは、「4．課題の背景・原因」において「社会・家庭の変化」という程度で学習内容の増加に関する説明が終わり、むしろ授業時数の減少の弊害についての記述が多くを占めている。

(27) 伊藤 前掲注（15）166頁

(28) 世界人権宣言「前文」および「二十六条」、子どもの権利条約（1994年）「前文」から、子どもは大人と同様の人権の享有主体であることが宣言される。

(29) たとえば、子どもの権利条約、持続可能な開発のための教育（ＥＳＤ）、持続可能な開発目（ＳＤＧsなどである。本書8章で後述する。

(30) たとえば、行政上の施策や諸制度は常に人権規定との関係において審査を受ける。それは、社会 生活上、あるいはこれまで当然であったようなことも例外ではない。

(31) 典型的な例として大阪市立桜ノ宮高校での体罰自殺事件（2012年12月23日）など、教育の場場ゆえに、「指導」などの名で体罰を（行きすぎなければ）容認する風潮がある。

(32) 大阪市教育行政基本条例（平成24年5月28日公布・施行）、大阪府教育行政基本条例（平成24年3月28日公布）など、首長が教育目標を設定できることなどを定めた条例が生まれた。

第1章　教育における一つの現実

第1節　『教育困難校』から見える教育からの疎外[1]の履歴

(1)　はじめに

序章で述べたとおり、学校教育現場にはさまざまな問題が発生しており、しかもそれは個人や一つの学校だけの問題にとどまらず、社会問題として深刻さを増している。ここで、ひとつの教育問題を紹介し、教育問題にどのように憲法が機能し、さらに「学習権」がどのように機能するのかを考察する視点を記してみたい[2]。

紹介する事例は、かつて筆者が国立高校に勤務していた際、人事交流で赴任した公立高校でのできごとであり、担任業務と生活指導の分掌に携わる中で実践を行った理論の実践化事例でもある。なお、ここに紹介される事例は特殊ではなく、全国各地に同様の問題を抱える教育現場がある。そういう意味では、現象面では生徒の荒れた様子が一般的にも認知されることは容易であろう。しかし、彼らの背後には学校や社会で深刻な「排除」を受けてきた履歴がある。

（2）K高校の歴史と教育文化

筆者が勤務した公立高校は、かつて「学校崩壊」とも言える状況を経験したいわゆる「教育困難校」として広く知られていた。赴任した際に聞いた同校の評判によると、「暴力が横行する学校」「授業が成り立たない学校」、また私が積極的に推進していた国際理解教育について、「そんなんできるわけがない」などを耳にしていた。正直に言わせていただくと、私の「選択」は間違ってきたのかもしれないとさえ思うこともあった。

しかし、実際に私が赴任して目にしたものは、外見こそ大変であったが、怒号と喧騒の中で授業が行われているのではなく、学ぼうとする姿勢を持つ生徒とていねいに接する教師との教育ある風景であった。さらに、私自身が一人ひとりの生徒との対話の中で知ることができ、また教職員全員で共有されていた着目すべき生徒の背景は、生徒の多くが小学校低学年頃より学校や社会の中で厳しい「疎外」を経験して〝途絶〟の状態に放置されてきた事実であった。そして、それゆえに今も深い心の荒みが治癒されずに苦しんでいる姿でもあった。この結果、時に自己の意味や存在感を確認できないことで、無軌道な行動や反社会的な行動となって表出してしまうことも事実であった。[3]

一方、「学校崩壊」を経験して以来、教職員は、生徒が生育途上で抱えざるを得なかった深刻な〝現実〟と〝辛さ〟を指導の出発点とし、「力と威圧」ではなく「ていねい」かつ「粘り強い」指導こそが最も大切であることを学び取ってきた。その後、これらの価値が学校全体で共有され教職員が一丸となった教育活動が行われたことで、前述のとおり近年では「教育ある風景」が取り戻されつつある。以上を背景として、同様の事情を抱えた若者に対して私も教育に携わる機会を得た。

（3）生徒の実情と背景

私が赴任して驚いたことの一つに、「先生、この学校どんな学校か知ってるか?」、「先生、この学校へ何しに来たん！」など、自らが在籍する学校への社会的評価を通して、自分の存在意味の希薄さを訴える生徒の姿があった。また、「どうせ……」など、ある意味で自分の可能性を投げたような言葉を多用したり、自分を「低く」「安く」表現したりする生徒が非常に多かった。懇談や日常の会話の中では、（学区の）最下位校にしか来られなかった」「ここに来たくなかったけど、ここしか受験できなかった」「先生にここしかあかんと言われた」などの表現で「自分」を語る多くの生徒に接した。これは、学校序列の中に自分を意味づけていると同時に、進学する高校が社会から受けている冷ややかな眼差し（社会的評価）とも重ねて自分を観ていることが窺える。つまり、現実の自分を評価すると社会的に価値の薄い、あるいは存在意味が希薄であるという文脈でしか語れない姿であった。残念なことではあるが、自分がどこの学校に通っているかを知られないようにするため、朝は私服で登校し学校近くの駅で制服に更衣する生徒もいた。このような生徒の内心は、校内の「同和推進委員会」（現人権推進委員会）が行った入学者への志望動機と自尊感情の背景に関するアンケート（自由記述式）の中にも顕著に表れている。なお、犯罪行為など事実無根の記載内容もここではそのまま記している（次ページ）。

このアンケートの40名の回答結果の中で、積極的理由でこの学校を志望した生徒は⑥⑧⑨⑩の回答者4名の他、①の回答者中の「良い学校だから…」と先生に薦められた1名（計5名）のみであった。あとの生徒は「暴走族がいる」「いじめがある」「ガラが悪い」などを受験前の評判として書いている。このことから、最下位校しか受験できない現実と同時に、荒れた学校で学ぶことを受け入れざるを得ない、という消極的な選択で志望したことがはっきりと現れている。心ない内容の噂に怒りさえも感じる一方、これらの噂はまさに実際に地域社会から当該高校（生徒）へ向けられた紛れもない〝眼差し〟を表している。アルバイトで家計を助けたい同校の生徒が、高校名を明かしたとたんに不採用になる現実は、内面の〝荒み〟を一層深く刻ませている。

<同和推進委員会によるアンケート（調査１）>

『本校の志望動機と、あなたが聞いた本校の評判を書いてください』

（サンプルは私の担任クラス（40名）をそのまま抽出した）

①「先生からすすめられたから」と記述した生徒（11名）が聞いていた評判

悪い評判	よい評判
・運動場に暴走族がいる ・先生がすぐに退学させる ・K高校に入ったら性格が変わる ・ベストを切り離したら怒られる ・悪い子になる ・評判が悪い学校 ・ガラが悪い３名	・倍率が高い ・**いい学校になってきたと聞いた**

②「ここしか行くとこがなかった」と記述した生徒（８名）が聞いていた評判

悪い評判	よい評判
・不良がいっぱいいる ・頭が悪い人がいる ・悪い学校だと言うこと ・不良が多い２名 ・悪い子になる ・ガラが悪い ・タバコが吸えないと友達になれない ・ヤンキーがいっぱいおる。	・制服がまあ可愛い ・いい学校になってきたと聞いた ・先生がやる気がある

③「自分のレベルにあっていた」と記述した生徒（４名）が聞いていた評判

悪い評判	よい評判
・授業中は妨害がすごいらしい ・女の子が文化祭で男の子にレイプされたらしい ・とにかく悪いイメージがいっぱい（窓ガラスが割れているとか）	・なし

④「家から近かったから」と記述した生徒（８名）が聞いていた評判

悪い評判	よい評判
・すごい不良ばかりで、いじめが多いとか、やめときって真剣に言われた。 ・あとは記述なし	・倍率が高い

⑤「友人が受けるから」と記述した生徒（２名）が聞いていた評判

悪い評判	よい評判
・ガラの悪いところ、といろんな人から言われた。	・なし

⑥「**体験入学が楽しかったから**」と記述した生徒（１名）が聞いていた評判

悪い評判	よい評判
・先輩が怖いと聞いていた	・なし

⑦「いろいろ事情があり受けた」（１名）
⑧「**行きたかったから**」（１名）
⑨「**合格率が９割を超えていたから**」と記述した生徒（１名）が聞いていた評判

悪い評判	よい評判
・タバコの自動販売機がある	・昔より雰囲気がよくなった

⑩「**情報コースに入りたかったから**」と記述した生徒（１名）が聞いていた評判

悪い評判	よい評判
・あほやーって言われた。（男）	・なし

ところで、生徒の自尊感情の低さはこれらだけが原因ではなく、むしろ多くの場合に小学校段階頃より学校教育の中で形成されてきている。同和推進委員会（現人権教育委員会）が行った「アンケート調査2」によると、早い生徒は小学校2年生頃から「（授業が）わからない」という経験が繰り返されており、しかも、それが学校や家庭で回復され治癒されることなく蓄積されてきた生徒も少なくない。

この結果、「どうせわからない・どうせ相手にされない・どうせ価値の低い人間」という自己評価に至り、このことが彼らにとって深刻な影響を及ぼしている大きな要因となっている。この影響とは、「わからない」経験が連続することによって、自己の価値ある存在感を獲得できず、逆に自尊感情の喪失と強い疎外感をもった内心を形成してしまっているということである。とりわけ、児童期に備わる「優劣」という自己評価の認識が社会的な価値基準と結びつくことによって、自らの未来への希望が持てなくなるなど人間形成にも大きな影響を及ぼす事になることがすでに研究されている。[4] そして、今とこれからの成長や自らの可能性に向かい合えなくなるばかりか、規範意識の希薄化と学習意欲の低下および問題行動の誘発に結びつくこともかねてから報告されてきている。[5][6]

また、決定的であることは、「わからない」ことの〝辛さ〟を表現する手立てを持たない（あまりに弱く幼い）子どもの時代に、経済的・社会的にさまざまな事情を抱えた家庭と、硬直した学校教育制度の中で、辛い内心が治癒されずに放置されてきたことである。[7] 仮に、これによる内心の〝荒み〟が具体的な行為として出現し、それを「注意」や「指導」によって制止することが行われたとしても、威圧と力に頼る限りにおいては根本的な解決にならないばかりか、逆に自分が「理解」されないことを深く悟らせてしまっている。また、この「悪循環」は社会の中にある「優劣」という価値基準と結びついた一定の眼差しとなって彼等にふり注がれ、「人としての善さ」が評価されたり認められたりすることはほとんどない。この絶望的な状況の中で、より深い「どうせ……」という表現で自分をあきらめ、未来や可能性、そして自らの成長が望めなくなる時、さらに学習の意欲が喪失される。やがて、社会から認められる中で役割を担う『意味ある社会の当事者』としてのつながりを失い、まさに社会との〝途絶〟に陥る。やがて同じ境遇の友達たちとつながり、別の社会を形成していく。

＜エピソード[8]＞

私が赴任して間もなくの頃、6人の生徒が喫煙を発見され生徒指導室で指導を受けることになった。荒みきった内心がそのまま表出したような身なりや粗暴な態度の生徒たちに対して、私は、生活指導部長の指導がまず〝怒鳴〟るところから始まるものと思っていた。しかし、部長は一人ひとりに「学校がつらいか？」、「いったい、いつから授業がわからなくなった？」、「中学生か⁉　小学校高学年か⁉　4～5年か⁉　それとも2～3年生ごろか⁉」と順に訪ねた。ある生徒が最期の質問でうなずくと、部長は「授業がわからずに9年間も机に座ってきたんか…⁉　それはつらかったなあ…！　よう頑張ってきたなあ…！」と話し始めた。その瞬間、生徒たちはボロボロと泣き崩れた。これは、彼らの深刻な辛さが理解された瞬間を捉えたエピソードである。

このエピソードのように、すべての生徒は、本当は、学びたがっ

＜同和推進委員会によるアンケート（調査2）＞

『苦手科目はいつごろからわからなくなりましたか？』

（1学年280名の集計から）

	1993年（累計）		1999年（累計）		2000年（累計）	
小学校1～2年	8%		10%		5%	
小学校3～4年	6%	(14%)	10%	(20%)	11%	(16%)
小学校5～6年	13%	(27%)	12%	(32%)	15%	(31%)
中学校1年	35%	(62%)	43%	(75%)	40%	(71%)
中学校2年	33%	(95%)	21%	(96%)	25%	(96%)
中学校3年	3%	(98%)	4%	(100%)	3%	(99%)

※現在は、状況が確認されたことをもって2001年調査を最後に行われていない。

ているし、わかりたがっている。向上したがっている。自分は「わかっていない」ということがわからない小学校低学年ごろからの教育からの放置は、やがて自分で自分のことを諦めるに至っている。もちろんこの学校の生徒だけではなく、全国に多くの同種の思いを持つ児童・生徒がいる。ただ、彼らの言葉を借りると「自分は頭が悪いから、仕方ない…」と学校教育から放置されたことを自分なりに納得することで、心の平衡を保っているに過ぎない。しかし、荒みの蓄積は、やがて「自分が認められてこなかったのに、なぜその社会を自分が認める必要があるのか」という、学校不信、教師不信、そして社会不信へとつながって一般の基準とは別の生活スタイルを生み出すことにつながっている。[9]

これらは、一つの例ではあるが、子どもの問題は、実は大人社会や学校教育の中で問題がつくられてきたということである。序章の「問題事象の相対化」の視点に立つと、大人の教育観や学校教育そのものが、教育を受ける権利の観点から問い直されるべき事例である。問題は、（教員一人ひとりの問題ではなく、教育諸制度や教育文化として）どうしてこのような生徒をつくり出しているかということである。

（4）義務教育段階でどれほどの学習疎外が起きていたか

生徒は、真に成長できることを願っている。このことに気づいたK高校は、「（2）K高校の歴史と教育文化」でも記載したとおり、わからないまま〝放置〟しない教育方針を「学校立て直し」の基本として徹底してきた。現在は多くの生徒が自己の成長意欲を取り戻すことができる学校として、地域の中で有名になりつつある。

現在、K高校では前述の生徒の実情を前提として、学習指導だけでなく学ぶ目的や意欲を養うための多くの試みと対応が行われている。しかし、およそこの高校に入学してくる生徒の家庭背景や社会背景、そしてこれらと関係する「学力」は、調査を始めた１９９０年代から２０２３年の現在に至るまで大きく変化しているわけではない。

つまり、今日の学校教育諸制度では、各教育段階を通じて一定割合の児童生徒が「わかる」学習（とりわけ教科科目の学習）から実質的に放置され続けている現状があることには変わりがない。[10] 以下に、K高校では学びを取り戻すために、現在はどのような教科指導が行われているかを具体的に示してみる。[11]

K高校では、在籍する生徒が中学時代に引き続いてさらに学ぶことの疎外を繰り返したり、自分を諦め、荒みを蓄積したりすることがないよう、かつ、高校生として人間的誇りを大切にしつつ、失われた

資料Ａ

数学（例）

４級問題例：　$3-7+5=(\qquad)$、$5-(7-4)=(\qquad)$

３級問題例：　$\frac{1}{3}+\frac{2}{3}=(\qquad)$、　立方体の体積を求めさせる問題

２級問題例：　$15\times3=(\qquad)$、　$85\div17=(\qquad)$

１級問題例：　$\frac{14}{45}\times\frac{15}{28}=(\qquad)$、　双六展開図のａ面と平行の面を聞く

英語（例）

４級問題例：次の数字を表している英単語を選んでみましょう。
１１：oneteen, twelve, eleven
１２：twoteen, twelve, eleven

３級問題例：次の絵の英単語を選びましょう。
東西南北の方位記号の絵 → 北は、(　　　　)
服の絵 → サイズ　Ｌ (　　　　)、Ｍ (　　　　)、Ｓ (　　　　)

２級問題例：次の絵にあう英単語を下から選んで書き入れなさい。
リンゴ、カメラ、いす、本の絵などを示して英単語を書く問題。

１級問題例：I want to sleep. I will go to (　　　　). ←２級問題の単語を記入。
There are four rooms in my (　　　　). ← 同上

学びを回復させる対応が採られている。もとより、「本校にやってくる生徒たちに、『学習の面白さややりがいを感じさせ、学習意欲、ひいては高校生活への意欲を生み出す』そんな取り組みを求めて」[12]教員間で2005年（平成17年）から数年間かけて議論され、「教養A」という教材集を自主作成して、それをもとに現在も取り組んでいる。教材は、既存の教科書の内容を重複させるだけでは「疎外」に起因する一連の問題を繰り返すだけであるから、生徒が学習過程で躓いた箇所にすべて対応できるように編集されている。下記は、この取り組みに臨場させていただいた際の資料に基づいている。内容は前ページ＜資料A＞のとおりである。[13]ここでは5教科の内、数学と英語について示す。[14]

＜資料A＞より、生徒たちの「この問題を解いている自分自身の現実に向き合う深刻な辛さ」がわかるだろうか。この教材は、ただドリルをさせる教材ではなく、クイズのようにしたり挿絵があったり、またスタンプで達成度を確かめたりすることができるなどの工夫がなされている。また、教員は一クラスに最低2人～3人がT・Tで担当し、生徒が「先生、わからない！」「どうするの？」「これどういう意味？」「この答えで合ってる？」という先生への問いや反応を求める声に、教員が動き回って応えるようになっている。特によく理解できていない生徒には、一人の教員がその生徒に時間をかけて付き添い、当該生徒の「わかり方」を引き出す体制をとっている。同時に、できたことを誉め、かつ頑張ったことを讃えるようなコミュニケーションが図られている。

この教材からわかることは、小学校の早い段階で算数の基礎技能が定着する以前に「わかる」ことから取り残されてきたことである。同時に、先述のように、自分のことを諦めたことが次の学習意欲をなくさせ、中学校から始まる英語の基本的な学習も放棄してきたことが窺える。この授業では、多くの生徒が先生からの熱心で温かい対応を確かめるように次々と質問したり、確認したりする。また、褒められることを求めて手を挙げる（K高校の授業風景)。この光景は、過去に大人や先生、友達からも相手にされず低位に扱われてきた感覚から解放され、認められる経験を取り戻すかのような光景である。

(5) 教育や学びからの疎外[15]が起こる原因について

まず、最初に、本書において述べる教育や学びからの疎外などの原因を、私は教員個人の責任や問題として一切捉えてはいない。むしろ、教員は本来、児童生徒がわかるための授業を心がけ、そのための努力と準備、そして研修と研究を行っている。[16]しかし、現実問題として生じる授業進度に間に合わない、理解することに時間がかかる児童生徒に対して、細かく一定の「進度」を求められているのは教員自身でもあり、学習指導要領や学年ごとの履修内容を定める教育課程等の教育諸制度が、教員をして、当該児童生徒を図らずも放置せざるを得ない状況に追い込んでいることもある。

一方では、児童生徒の学びからの疎外は、一般的に「それは児童生徒が有する障害の一つによるものではないか」と評されることがある。これは知的障害ではなく学習障害としての言及である。しかし、そのような単純な分類は問題の本質を見誤らせてしまう。これに対しては、文部科学省は次のように説明する。

「学習障害は全般的な知的発達に遅れはないが、特定の能力の習得と使用に著しい困難を示すことが第1の要件である。しかし、実際には複数の能力の習得と使用に困難を示すことも多く、また、いわゆる2次的障害により、全般的に知的発達に遅れがある場合と明確に峻別し難いものも見られる。[17]」

つまり、学習障害は学齢期の早い段階で（全体的ではなく）学習活動のある部分に困難があったり、特定の分野の理解に時間がかかったりするような部分的な障害であると理解される。これを、研究者の間ではただ「学び方が違う子[18]」と捉える向きもある。

確かに、学習障害に該当する児童生徒も一定の割合で学齢期の早い段階で認知されることが確認されていよう。当該児童生徒への対応は一人ひとりていねいに行う必要があるが、それゆえに危険であることは、このようなカテゴライズによって、当該生徒は「支援学校（支援学級）に任せればよい」かのような安易かつ一律的な話を耳にすることである。文科省は、前述の現象面の説明に続けて、その要因と対応についても次のように言及している。発達障害としての学習障害（ＬＤ）、注意欠陥多動性障害（ＡＤＨＤ）に共通するのは、「失敗や叱責を受けるなどの経験が多いために、自分の能力を発揮できず、あらゆる面で意欲を失っている」[19]（傍点筆者）ことが原因でもあることに触れ、克服のためには「自力でやり遂げた経験を積み、自信を取り戻していくことが大切」[20]（傍点筆者）であることが示されている。すなわち、教えられている内容が理解できない、あるいは理解が遅い自分に対する叱責や眼差しを通して、自らが「劣る」ことと、そのような自分が社会的に価値の低いこと、との観念が結びついて自尊感情を喪失しているゆえのことであることも指摘される。[21] つまり、直接的に学校や環境がＬＤの原因とはならないとしても、学校の「一定」の指導が遠因として誘引している可能性は排除できない。[22] そればかりか、荒みを抱えた生徒の多くは教師不信などの経験を有していることが多く、学校が意図せずとも現況の学校制度そのものによって自尊感情を失わしめるプロセスの当事者となってしまっていることも認める必要があろう。そもそも、授業がわからなくなったり、理解が追いつかない現象は学齢期の早い段階（児童期）だけでなく、中学や高校になっても生み出され続けることに着目するならば、理解が遅い生徒に対して、いたずらにＬＤとしてカテゴライズすることは「画一化」や「一定」に起因する諸問題の本質を逃すことになろう。

また、学力の発達が遅れている場合は、幼少期からの貧困など家庭の問題の影響によって、成長期に十分に発達していない、との言説もある。確かに、さまざまな要因の重層化によって、今日において貧困の世代間連鎖が確認され[23]、その要因が親の学歴やそれに関係した就労形態に依拠して、やがて子どもの学力等にも反映されてしまうことなどが大きな問題となっている[24]。いずれにしても、子どもたちに帰責しえない社会的な要因によって自尊感情などが崩れたことが認識される。要はその自覚の上に何をどのようにするか、ということであると考えられる。

K高校の場合、「第1章　第1節（3）生徒の実情と背景」で記した「荒み」や「悪循環」を重層化させることなく、逆に、（生徒である）「自分が大切にされる」経験を蓄積して自尊感情を回復させながら、本来の成長へとつながるような教育活動を行っている。これを踏まえると、「わからない」「できない」ことが、すべて先天的なものであるかのような理解が「問題」を深刻にし、かつ本質から目をそらすことになっていると考えられる。そもそも、児童生徒は多様な能力を有し、その理解の仕方や学び方も異なる[25]。もちろん、児童生徒が学習できる家庭的事情や社会的背景も異なる。実際に学校教育の現場では、当然のことながらその一人ひとりが有する異なる理解の多様さに直面している。

たとえば、下記〈資料B〉の問題は、文部科学省が実施した平成27年度の小学校学力テスト 小学校第6学年「算数A」（知識に関する問題／数と計算）の問題である。「算数A」の正答率の全国平均は75・3％（国立教育政策研究所）であるが、極めて基礎的な技能を問う〈資料B〉の問題の全国平均の正答率は80・2％

資料B

2 次の計算をしましょう。

※（　）は国立教育政策研究所による正答率／問2の全国平均は80.2％

（1）$28 + 72$　(98%)　　（2）$6.79 - 0.8$　(69.7％)

（3）$\frac{5}{9} - \frac{1}{4}$　(81.5％)　　（4）$\frac{5}{6} \div 7$　(84.3％)

である。このことは、約2割の児童が小学校6年生の段階で基礎的な計算ができないか、あるいは間違えたことになる。とりわけ(4)の割り算は約4％の児童が記載すらしていないことがわかっている。[27]（もし、当該児童がこの状況のまま進級していたとすると、今は大人としてどのように暮らしているか心配になる。）

このような原因や背景にはさまざまな要因があり、これらを特定したりすることが本書の目的ではない。しかし、K高校「同和推進委員会の調査結果」および「エピソード」などからわかるとおり、確実に「わからない」ことが小学校6年生までそのまま放置されてきたことがわかる。「放置」とは、決して教員が積極的に児童生徒を学習から排除してきたことではなく、むしろ教員一人ひとりの力では解決できない根本的な教育制度のもとで、当該生徒の状況に対応できないまま今日に至っている、ということである。たとえば、図1のように、能力の一部分である偏差値の仮の正規分布にあてはめるならば、1回45分～50分の授業のうち、児童生徒の中にはその3分の1ほどの時間で理解してしまう者がいる（分布右側）。逆に、正規分布左側のように、多くの時間をかけて理解できる児童・生徒も当然に存在して、逆に一定時間では授業内容がわからないまま、

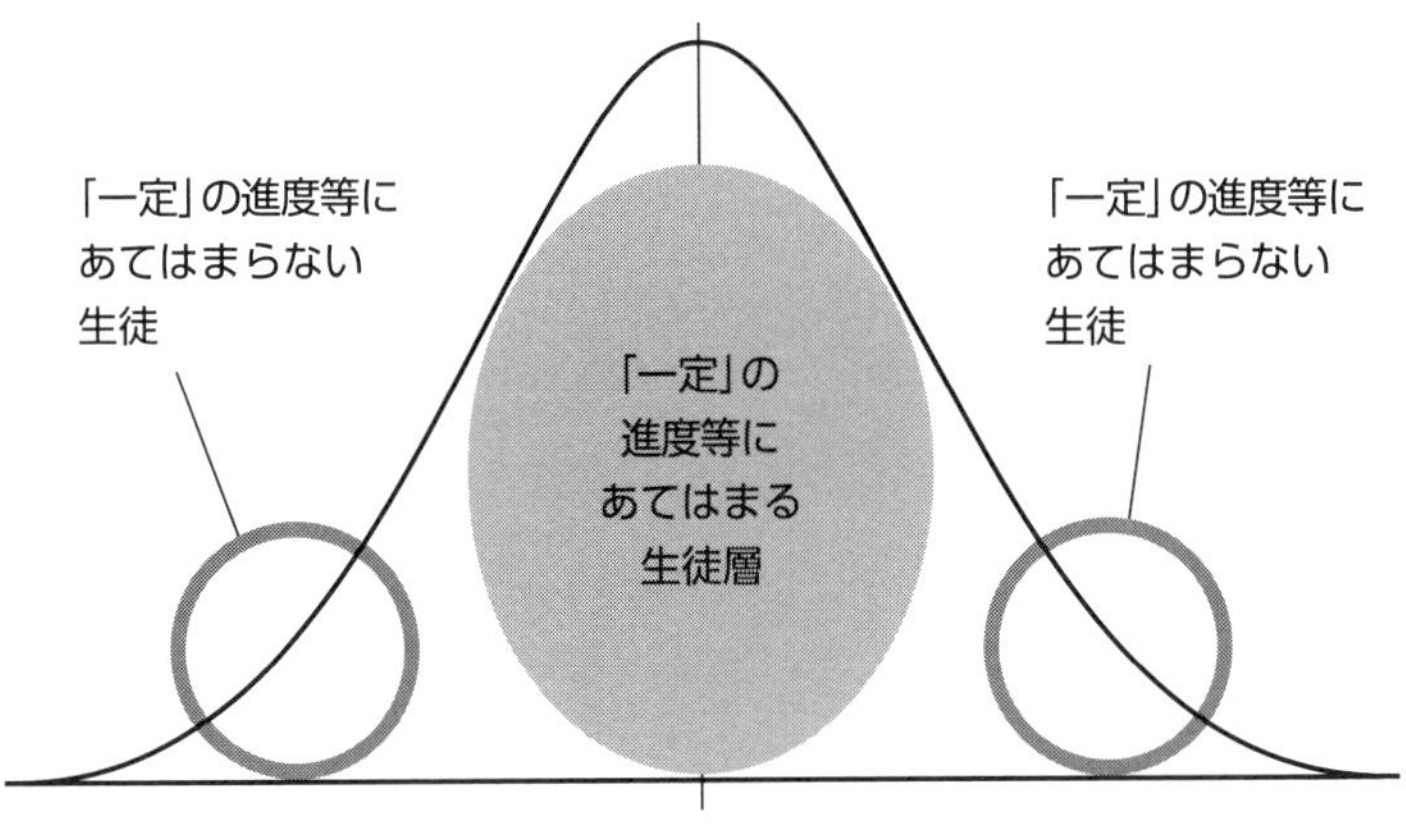

図1　学びから疎外される生徒層の概念図（著者作成）

それが蓄積されている者もいる。つまり多様な理解の仕方が存在する。

しかし、指導する教員は〝所要時間〟で理解する最大多数の児童・生徒を対象として「一定の授業」を展開するため、この一定にあてはまらない分布左側の生徒は、事実上わからないままの状態に置かれる。あわせて、全員の児童生徒にとって家庭学習が可能である前提で、「自宅学習が重要である」と言われる。一方、一般論はともかく、学校でわからなかったことや、定着できなかったことを自宅において治癒する環境にない家庭の場合はどうするか、については考慮されない。数学科の教員は、九九の習得は学校の授業時間だけではほぼ不可能であり、実際には家での反復学習によってようやく定着できる旨を述べる。ふり返るとその習得は保護者の前で復唱してきた経験を有する人がほとんどではないだろうか。ところが学習を行う家庭が崩壊していたり、親にとてもその余裕がなかったりした場合、あるいは、塾による補助を必要としながらも通塾させることが経済的にも叶わない家庭に育つ生徒は、事実上、基礎的な学習内容を習得できなかった状況が治癒されないままに、学校では次の単元へ進み、やがて何もかもわからなくなってしまう。[28] 実際に、教育現場ではそのような家庭背景に直面することは通常であり驚くべきことはない。さまざまな家庭的要因に加えて経済的要因による子どもの前述の状況はすでに多く知られている。

このように、子どもへの教育費を学校以外に費やすことのできる家庭と違い、当該生徒の家庭での「わからないこと」の回復は困難であり、それゆえに「わからない」ことの重層的蓄積が生じている。しかも、この蓄積によって時には「九九もできないのか…」と言われ続けて、小学校のときから真正面から相手にされた経験をほとんど持たない。（K高校の場合、入学生のうち約15～17％の生徒が九九・割り算ができないことが報告される。）

しかし、これは分布の左端に位置する生徒の問題だけではない。重要なことは、この「放置」は、授業での理解がとても早い生徒も同じということである。あるいわゆる進学校では、（公立小学校や中学校で）「小学校のときから敢えてわからないふりをしなければ、先生や友達に嫌われる」という経験をしてきた生徒が相当数いる。逆に「もっとわかりたい欲求を抑えなければならなかった」ことを話す。[29] これについては本章第2節（1）で記す。

つまり、学校教育は、児童・生徒をとりまくさまざまな背景に影響を受け、さまざまな個性を持つ人間の成長であるにも関わらず、ある一定の生徒を対象として行われてしまっている現実があると言える。この一定は、決して一定の理解力だけではなく、学習態度や学級での貢献度、その他教員の指導に無言のうちに求める態度などがある。すなわち、「一定の時間」に、「一定の内容」を教え、「一定の進度」で「一定の回答（解答）」を引き出しながら、「一定の態度や熱心さ」をも求める授業がある。さらに、この「一定」にどれほど応えたか、あるいは達したか、という「一定の基準」による序列が「評価」として設定される教育活動が行われる。

第2節　学校教育（授業）における他の「一定」事例と人権の関係

第1節で示したK高校の事例は学校現場で起こっている現実の一端に過ぎない。今日では特別な事情ではなく、小学校から高校まで類似の事例が今、正に日常的に存在する。確認されるべきことは、多くの場合に学校が求める「一定」に沿う生徒と、必ずしもその「一定」にあてはまらない生徒に峻別され、後者の生徒が往々にしてさまざまな理由をもって『学校の教育』に合わないと判断されてしまっている現実である。これにより、児童生徒は事実上の排除、疎外を余儀なくされてしまっている、ということである。

第2節では「一定」によって教育から事実上排除や疎外を受ける児童生徒の実際の事例をいくつか挙げる。なお、事例1、事例2の裁判事例に関しては、すでに判決を通して校長が生徒に為した各処分が裁量権を逸脱しているとの理由により、それぞれ処分が取り消されている。それゆえに、当該処分の妥当性をここで改めて問題とするものではない。また、事例3〜5は、実際にスクールボランティアに参加した学生の記録や学生からの相談記録、教育実習生によるレポート、新聞記事などから伺い知ることができる「教師中心の『一定』の画一的な指導に潜む権利と義務の主客転倒の状況」に着目して事例を検討する。

(1) 教育に潜む「一定」という非多様性

ここで取り上げられる「非多様性」や「疎外」・「排除」の事例は、学校が裁量権の行使として為した「処分」に対して、その取り消しを求める過去の裁判事例などから、現在の在校生に影響しない事例、ならびに学生のレポート等から教育からの排除や疎外を理解することを目的として取り上げて解説するものである。

〈事例1〉「教育を受ける方法からの疎外」——過去の判例から——
＜最高裁判所　平成7年（行ツ）第74号　平成8年3月8日第2小法廷判決より＞

A高専での体育授業に格技として剣道の授業があった。ある宗教の信者である生徒が、宗教的信条から相手を攻撃する剣道の実技を受けることができない旨申告した。生徒らは剣道の準備運動や座学の講義には参加した一方、実技に関しては見学とレポートの提出などを行うことで代替としてもらうよう依頼した。しかし、A高専側は一切の代替措置を認めず、かつ剣道の授業を受けたものとは認めずに単位を認定しなかった。これにより、生徒は原級留置を繰り返し、最終的に「学力劣等」との判断を受けて退学処分となった。最高裁判決は、校長の裁量権を認めつつも、退学処分の不利益を生徒に課してまで剣道実技の受講形態を維持しなければならない理由がないことを述べ、「裁量権の範囲を超える違法な処分」と判示した。

（排除・疎外の構造）

保健体育科教員が設定した「剣道実技」の受講形態に従う場合は単位取得の対象となり、それに添わなければＡ高専の専門的授業そのものの教育の対象とならない、ということである。この意味は、教員が示した授業方法や内容に即して生徒が実技を行うことが重要であり、当該生徒の事情や背景は関係なく教師の課した実技を忠実に実施しなければ排除する意味を持った学校の処分であると言えよう。本来教育目的を達するためには、教員が指定・特定した方法によってしか達せられないということはあり得ないが（最高裁も指摘）、当該高校および体育科教員からすると、公権力の行使者である教員の権力的指導に従えないない生徒は排除する構造がある。

（事例2）「障害者の普通教育からの疎外」――過去の事例から――

＜神戸地裁　平成３年（行ウ）第20号　平成４年３月13日判決より＞

筋ジストロフィー症の中学生が公立普通科高校の学力検査（入学試験）を受検した。当該中学生は、調査書の学力評定および学力検査の合計点において合格点に達していたが、症状が進行性であったため、高等学校の全課程を無事に履修する見込みがないと判定されて入学不許可（不合格）となった。高校側は「身体的能力が発達しているか否かを入学者の選抜において判断資料とすることができる」ことを根拠として普通科高校の教育を受けるに値する能力を有しないことを理由とした。

なお、本事件はすでに校長の裁量権の逸脱または濫用として当該（不合格）処分が違法として取り消された事例であるが、「能力に応じて」の意味を本件中学生の教育機会からの排除・疎外の観点から考察できる事例である。

（排除・疎外の構造）

判決では、本件不合格処分は、

（１）「高等学校における全課程の履修可能性」の判断について、その前提とした事実または評価において重大な誤りがあったこと。
（２）障害をもつ受験生の合否判定にあたり、教員の一般的知識や専門ではない校医の意見を、専門医の意見より優先して、高等学校の全課程を履修することができないと判断したことに瑕疵があったこと。
（３）障害をもつ受験生は能力を十分に有するにもかかわらず、本件高校への進学を妨げられ、教育を受ける権利が侵害されたこと、などの理由をもって不合格処分は違法であり、「本件（不合格）処分を取り消す。」というものであった。

裁判所は、判決理由の中で「障害を有する児童、生徒をすべて普通学校で教育すべきであるという立場に立つものではない」としながらも、学校教育法十七条（２００７年の改正により現在は二十九条）、三十五条（現四十五条）の「心身の発達に応じた教育」や学校教育法施行規則二十六条（改正後五十四条）を根拠に、「心身の状況によって履修することが困難な各教科は、その児童の心身の状況に適合するように課されなければならない」という規定を高校教育においても用い（学校教育法五十条、同施行規則百四条一項）、「身体障害などのため体育などの履修が困難であっても障害の程度に応じて柔軟に履修方法を工夫すべき」と判示している。また、学習指導要領も「障害の程度に応じた適切な指導」としている。

このように、本来の学校教育における指導は、生徒の身体的事情に応じたものであるべきところ、本件高校の場合は、学校が実施する教育活動に生徒が適合するか否か、という学校中心で設けた「一定」の教育活動の観点から入学者を選抜したことになり、そのような教育観をもって教育活動に臨んでいたことがわかる。

また、判決の結論部分からは、「憲法、教育基本法の定める教育を受ける権利は、能力に応じて教育を受ける権利であり、原告はその能力に応じた高校として本件高校を選んだところ、その能力を十分に有するにもかかわらず、本件高校への進学を妨げられたのであるから、教育を受ける権利が侵害されたことは否定できない。」と取り消し理由を述べている。

このことから、本判決には二種類の「能力に応じて」が含まれていることがわかる。一つ目は、前述の判決理由に示されたとおり、「能力に応じて」は、その具体化として「心身の状況に適合するように」と学校教育法施行規則五十四条をもってその意味とすることができる部分。二つ目は、判決の結論部分より、「原告はその能力に応じた高校として本件高校を選んだところ、その能力を十分に有するにもかかわらず」という内容から、普通科課程での学習を望む本人の意思ならびに意欲と、当該高校での修学を成就することができる学力や健康などの客観的な状況などにより、当該普通科高校で教育を受ける能力を有している、という部分である。

なお、現在は、平成25年（２０１３年）に「障害を理由とする差別の解消の推進に関する法律（障害者差別解消法）が制定されたことにより、本件事件当時（平成２年）とは異なり、障害者から現に社会的障壁の除去を必要としている旨の意思の表明があった場合において、その実施に伴う負担が過重でないときは、障害者の権利利益を侵害することとならないよう、当該障害者の性別、年齢および障害の状態に応じて、社会的障壁の除去の実施について必要かつ合理的な配慮をしなければならないこととなっている（同法七条二項）。これにより、障害を持つ児童生徒の教育を受ける権利が保障される。ただし、今なお「定員内不合格」の問題が生じている。

特に、知的障害者や人工呼吸器装着者で医療的ケアが常時必要の場合には、各自治体の教育委員会によって判断が分かれており、文部科学省は、「仮に障害のみを理由として入学を認めなかったということがあった場合には、これはあってはならない」（2023/2/14火曜日：永岡桂子文部科学大臣の記者会見）としている。現在、32道府県が「不合格にする可能性がある」とし、「原則、不合格としない」のは大阪、東京、神奈川など15都府県にとどまっている（毎日新聞 2020/11/21 東京朝刊）。

〈事例3－①〉「進学校での教育からの疎外」
＜教育実習生（男子）の振り返りレポートより＞

「（略）私は高校時代、成績がずっと最下位のあたりをうろうろしており、ほとんど授業を真面目に聞いた覚えはない。その理由は、私が通っていた高校は、公立だがA県で1、2を争う進学校で、受験へとても力を入れており、授業は完全に成績が上位の人に合わされた授業だったからだ。（毎回赤点の私に放課後個別授業を開いてくれた先生もいたが。）ひどい先生だと、成績の悪い生徒にはまったく指名せず、成績のよい生徒とだけ授業をしていると いった感じである。社会の授業は、穴埋め式の問題集を使い、答えとなる人物の名前や歴史事項などのキーワードを、色の付いたチョークでつらつら書き進め、たまに簡単に補足を入れるだけの授業だった。私はその授業を意味がなくつまらなく思い、いつも1時間中寝たり漫画をこっそり読んだりし、テスト前にトモダチから問題集を借りてキーワードを埋めていたのを覚えている。中学まで好きだった社会の授業が、いつの間にか全然面白くない教科になっていた。（後略）」

〈事例3－②〉「進学校での教育からの疎外」
＜在学生の相談より高校時代の事例＞

大学1回生の女子学生が私のところに来て、相談をしてくれた内容を紹介する。

その女子学生が通っていた高校はB県のトップ校（Y高校）であった。中学までは学年でトップクラスの成績だったため自信をもってY高校に進学した。ところが、入学後しばらくして、彼女はY高校の授業に怒りを覚えたという。それは1年生の授業から「旧帝大」に合格させるための内容（正確には旧帝大に合格する可能性のある生徒を対象とした授業内容）であった。進度はとても早く、特に数学では最初の頃は一生懸命に授業についていこうとしていたが、先生のところへ質問に行っても自分がわかるような説明ではなかったために、やがて何を質問したらよいかさえわからなくなり、授業は寝て過ごすようになったという。特に先生はそれを気にするようでもなく、自分はこの時点で「捨てられている」ことを自覚した、とのことであった。やがて自分のプライドを維持するために、他校の生徒をばかにするようになってしまったことを悔いながら語ってくれた。

〈排除・疎外の構造〉

事例3－①②の生徒は、中学時代は偏差値の正規分布によると右端に位置する成績がよい中学生であった（図2左図）。この点、第1節で紹介したK高校の生徒とは逆の生徒である。問題はこの生徒たちが進学した先の高校である。その高校では正規分布の右側の生徒に焦点を合わせて「一定」の授業内容を「一定」の進度で行っているために、事例3－①②の両生徒とも進学した高校では、「一定」に合わない生徒として「捨てられてきた」（図2右図）ことが窺える経験を積んでいる。いずれも心が荒んだ経験を有しており、第1節でも記したとおり、教育からの事実上の排除と疎外を経験することで、誰もが自尊感情に影響を及ぼすことがわかる。

〈事例4〉「学校支援ボランティアから見た教室での様子」

＜公立小学校での事例＞

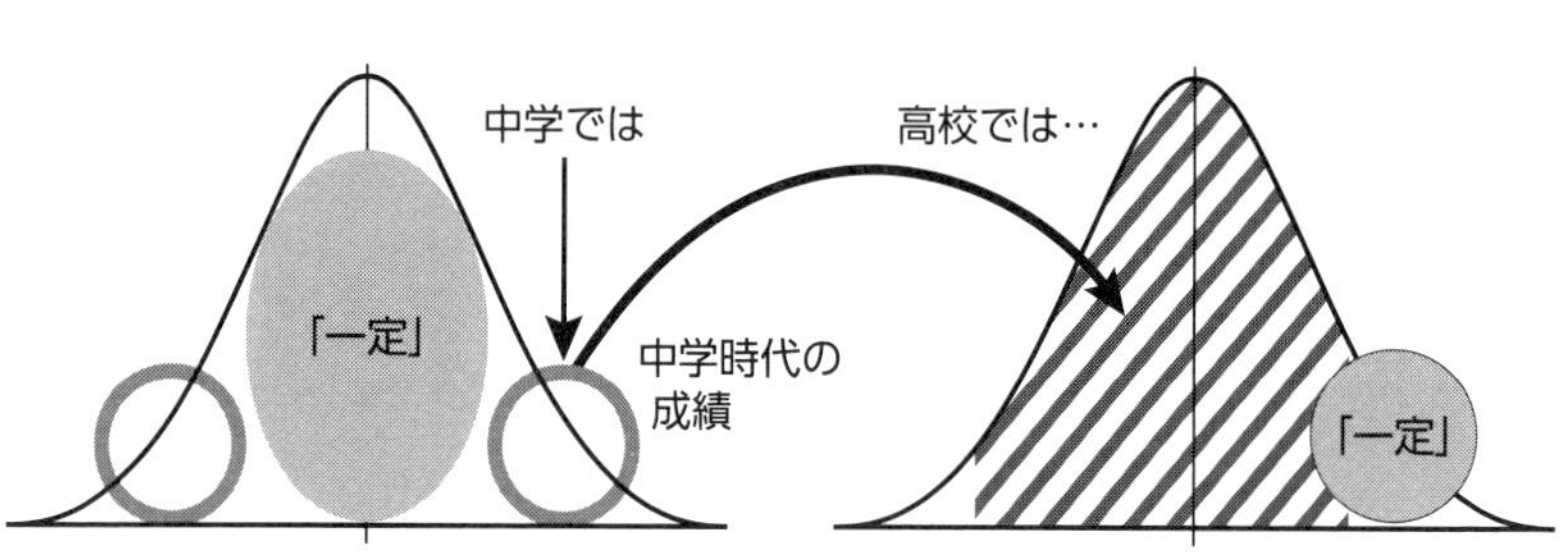

図2　中学時代は成績が上位だった生徒が進学した高校で受ける疎外

「(略) 学校支援ボランティアを通じてさまざまな児童の支援を行い、同時にさまざまな授業の様子を見ることができた。そこでは今日の学校現場における課題を垣間見ること、そして自分自身の支援者としての課題が浮き彫りになることもあった。ここでは学校支援のあり方について考えていくため、児童と授業者、そして支援者であった私自身の授業中の様子をいくつか取り上げて述べていく。(略) (2) 学級内の座席配置と授業[30] 私はこの日、4年生のGさんの支援に入った。Gさんのクラスの座席の配置を見たところ、男子児童5人が縦1列に座り、他の児童の列と少し離れた教室の端に位置に配置されており、Gさんはこの列の1番前に座っていた。この5人は、授業中に前の席の児童に消しゴムのカスを投げるなどの「ちょっかい」をかけたり、前後の席の児童と私語をしたりしていた。Gさんより後ろに座っている男子児童たちが「今って、何してたらいいん。」と私に質問をすることがあり、結果的にGさんを先頭とした5人の列全体の支援をした。授業者 (学級担任) は、この5人の列に机間指導に入ることはほとんどなく、机間指導の際も他の児童たちの列を見て回るだけであった。

Gさんをはじめとした5人の児童たちは、他の児童たちから離され、授業者から声をかけられることもほとんどないまま放置されている状況であった。その中で私は、この列の児童全体の授業態度の指導に終始した。」(後略)

(排除・疎外の構造)

一つの典型的な授業中の事例である。第1節で記したK高校に在学する生徒の多くがこのような状況を経験してきている。

記録によると、授業がわからない児童5人が他の生徒の集団と離れて一列に座り、そのまま相手にされないままに授業を受けている様子が記されている。消しゴムカスを投げるなどの「ちょっかい」は、教師や他の生徒からすると「邪魔をしている」と解釈される。しかし、当該児童の立場からすると、「授業で邪魔扱いにされていることへの彼らなりの一つの抵抗」であると言える。教員が授業中に5人以外の児童のところへは机間指導に入っても、彼ら5人のところへは行かない授業が継続されることにより、自尊感情の喪失や捨てられた意識がやがて他の学習意欲をも奪う可能性があることが容易に推測できる。

この状況は当該小学校の校長もよくご存知であり、ボランティアに入った学生Kと確認の上でGさんの支援に入っている。つまり、一定にあてはまらない理解や進度の小学生に対する指導をどうのように行ったらよいかについて方途を持たないゆえの苦悩も伝わる。教育課程や学校の諸制度が、一つの教育で全員がわかることを前提として、当該事態のような場合に対応できる組織的な諸制度を有していないことが背景にあることがわかる。

〈事例5〉「妊娠している生徒に体育実技への参加を求めた事例」
＜産経新聞2017年6月15日版に掲載された記事から抜粋＞

高校の生徒が妊娠した。卒業前の1月、妊娠7ヵ月の3年女子生徒（18）に対し、卒業の条件として保健体育の教員らは体育の実技をするよう求めていたことがわかった。また、保護者や本人の意向に反し、一方的に休学届も送りつけていた。副校長は4月、学業か出産かの二者択一を迫るような対応について、妊娠生徒に体育実技をするよう求めた理由について、取材に「妊娠すると子育てに専念すべきで、卒業するというのは甘い」、「全日制では妊娠した生徒は学業から離れないといけない。市民の要請がある」などと説明。補習の実技として「持久走などハードなこと」を例示した。生徒は同級生と一緒に卒業することを希望していたが、休学届を学校側から渡され、休学している。このように、高校が「妊娠7ヵ月の3年女子生徒（18）に対し、卒業の条件として体育の実技をするよう求めていたことがわかった。保護者や本人の意向に反し、一方的に休学届も送りつけていた。学業か出産かの二者択一を迫る学校の対応に、文部科学省は「妊娠と学業は両立できる。本人が学業継続を望む場合、受け止めるべき。子育てに専念すべきとなぜ判断したかわからない。」とのコメントを出した。

（排除・疎外の構造）

当該女子高生の問題となった教科は、保健体育である。この高校も一定の実技をすることが単位取得の要件として画一的な課題を課している。この二者択一の内容は、①母体の『危険』を伴う実技を行って卒業する、②卒業を諦めて休学して出産に専念する（その後実技を行って卒業という意味が当然に含まれる）の択一である。つまり、当該保健体育教諭や学校側は、「何が何でも実技はさせる」ということを窺わせる極めて硬直的な教科指導のあり方がわかる。そもそも当該女子高生が無事に出産できるような学校生活を指導することが保健体育の教科として求められるべきところ、[31]本件の択一を迫る指導そのものが、教員が定めた事実上の「画一的」で「一定」の指導にあてはまらない生徒の事実上の排除を意味するものと考えられよう。[32]なお、本件については、妊娠の事実だけをもって「自業自得」など、まるで女性にのみに責任を負わせるがごとく評する人もいる。しかし、どのような背景や事情があるかは、何人もそれを軽々に語ることは許されない。重要なことは本人の意思によって出産を予定する以上、学校として母子の安全と健康をいかに保持するか、そして高校の学業と両立させることができるか、ということである。

これについて行政サイドは次のように指摘した。文部科学省は「妊娠と学業は両立できる。本人が学業継続を望む場合、受け止めるべき。子育てに専念すべきとなぜ判断したかわからない。周囲の協力を得ながら育児するのは働く女性も高校生も変わらない」と批判した（平成30年３月29日付 29初児生第１７９１号児童生徒課長、健康教育・食育課長連名通知）。また、スポーツ庁学校体育室は「体育の評価は実技だけではない」と、実技にこだわる学校は認識不足と指摘する。学習指導要領にある評価の観点は運動技能含め知識や意欲など４点で、「妊娠や障害など考慮すべき一つ一つのケースを明記せずとも、現行の記述で生徒の人権に配慮した授業は行える。学習指導要領の趣旨が現場に周知されていないのなら残念」とした。また、教育委員会高校教育課は、「高校には、それぞれの生徒の状況に応じて配慮するようにと繰り返し言っている。妊娠も、病気やけがと同様に配慮が必要」との見解を示した。妊娠した生徒の体育授業について「実技ではなく、リポート提出や軽微な体操で配慮できる」としている。ここで私の見解も記しておきたい。

本件事例における当該高校の指導は、「教育」という名の下に重大な人権侵害が積極的かつ重層的に行われたと言わざるを得ない内容が含まれており、私見ではとうていこの指導を教育というわけにはいかない。まず、そもそも妊娠中の生徒に「持久走」を卒業の要件として課すことによる身体的危険を考えると極めて容認しがたい指導であると言える。一般的に人類の長きにわたる歴史を通じて、妊娠中は、妊娠初期における流産の危険、安定期以後も転倒の他に、運動による胎児への酸素供給不足の影響、また、内臓をひねる恐れやそれに伴う破水など母子の生命への危険を回避しなければならないことは自明のこととして認知されてきていることである。これら社会的知見を背景に、学校として当該妊娠生徒への対応については特に安全に学校生活を営めるよう配慮する必要がある（安全配慮義務）。とりわけ、問題となった持久走を課した保健体育の教科では、その教科の性質上、他の教科に先駆けて、命の尊さ（学習指導要領：総則）、心身の健康（同保健体育）、学校安全（同保健体育）を守ることを旨とする指導をしなければならない責務を負っているはずであるから、当該生徒にとって必要な母体と胎児の安全と健康をどのように維持するかの学習等を（養護教諭とともに）用意することが求められるはずである。それにもかかわらず、この教育上および教科指導上において予定・期待される指導とは逆の「指導」により、母体と胎児の危険を招くような指示したことに、もはや当該生徒の尊厳性を軽視した憲法および法令上の「教育」に値しない内容であると言わなければならない。

次に、学校が提示した「持久走」か「休学」かの選択強要について検討する。前述の選択を迫ることは、次のような重大な人権上の問題が内包されていると言える。つまり、生徒は「（休学して）母体および胎児の『生命』の安全を選ぶか、それとも母体や胎児の生命を危険にさらしてまで持久走を行って『卒業』を採るか」という意味の選択を迫られている。これについて、そもそも心身の安全や生命の安全を「選択肢」の対象とすること自体に、生命の尊厳を顧みない受け入れ難い選択を生徒に迫ったと言える。心身の安全や生命の安全は「選択」の問題ではなく学習上の絶対的な大前提でなければならないはずであるから、このような学校の指導はもはや人権に基づく教育とは言えないと考えられる。これらを踏まえて生徒にとっての「能力に応じて」を考えると、母体と胎児の安全を優先しつつ、その上で体育の教育目的を達することができるよう授業内容を工夫して提案することが「能力に応じた教育」と言うことができる。

第3節　小　括

「一定」には必要な一定も数多くある。一定の安全確保や一定の学校環境を維持するなどである。前述のに記した事例は、生徒の能力を伸長させるためのものではなく、学校や教師が、学習指導や生活指導上において多くの「一定」を前提とした対応に固執することによって、児童生徒が一定の内外に峻別されてしまい、結果的に「一定」にあてはまらない「外側」だとみなされた児童生徒は、大人が言うところの『困った子どもの問題』として片づけられてしまう内容である。

とりわけ、先に示した事例のように、学校や教師にとって都合のよい「一定」にあてはまらない児童生徒は、大きな不利益を被る危険に晒されるか、あるいはより一層の〝荒み〟などを抱えて悪循環に陥ることがわかる。これらの問題性は、事例1や事例2のように裁判によって、自分たちが「一定」の外に置かれることの不利益から解放される場合、あるいは事例5のように、新聞報道など社会的影響力を有する第三者による問題化によって危険を回避することではじめて救済されているのが実情である。つまり、このような不利益からの解放や回避は、裁判や報道機関などの力を借りなければ当事者である児童生徒と教員・学校との間では、ほとんど解決できない問題であることもわかる。その象徴が、事例3−①、事例3−②、事例4のように、児童生徒がかかえる事情や荒みは、多くの場合は理解されることなく『困った子どもの問題』として処理されることで終わる。

これら典型的な事例の他にも、図3のように多くの「一定」にあてはまらない児童生徒が、学習において「一定の外」におかれ、望まない「教育からの疎外」が起こっている場合がある。もちろん、これら課題に対応する教員の努力や学校の努力が熱心に重ねられているところもあるが、必ずしも学校教育が真にその目的をはたし、「個人の発展や尊厳性」を深めることにつながっているとは言えない状況も生み出されていると言えよう。

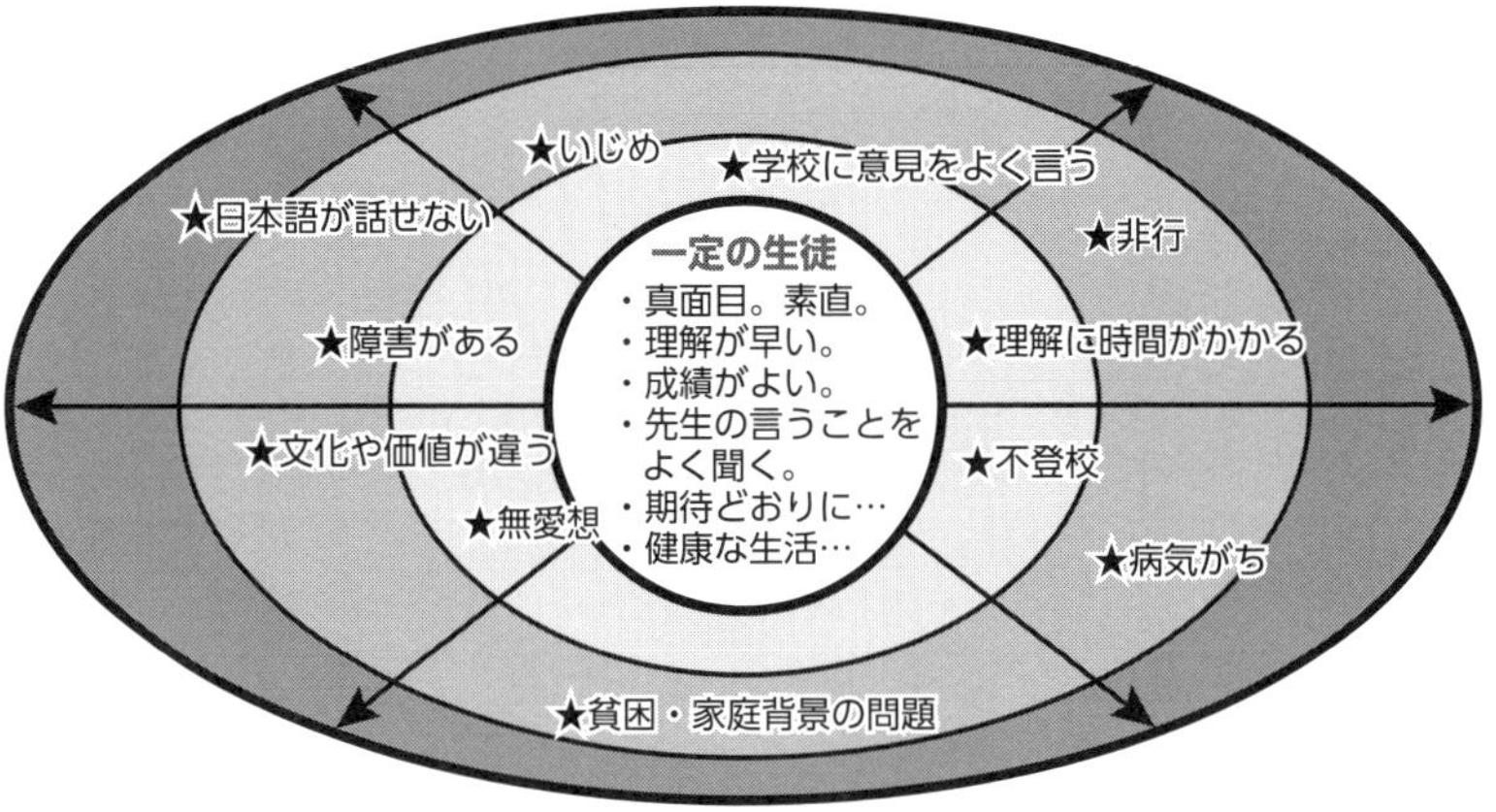

図3　「一定」にあてはまる生徒と疎外を受ける生徒

注

（1）「疎外」とは、心理学者の麦島文夫は「一般的には他から疎んぜられることを言うが、社会的な場での行動としては、その社会内の価値や規範から疎遠になった感情や状態を言うし、この場合、しばしば、それらの価値や規範の正当性を否定することも多くなる。また一方、疎外感とは無力感といわれることもある。」と説明する。（麦島文夫「非行化過程の追跡研究―教育からの疎外と非行化」科学警察研究所報告―防犯少年編 科学警察研究所 17巻2号（32号）（昭和51年／1976）170頁。なお、本書では、わかる教育が受けられないことが継続されたり、わからないままに放置され続けたりすることにより、事実上自らが教育や学習の対象とならず排除されたままの状態を表して用いる。

（2）（拙稿）伊井「『教育困難校』から見える日本社会と国際理解教育の役割―途絶と向き合う学校文化の中で―」国際理解34号（帝塚山学院大学国際理解研究所,2003）より抜粋したものである。なお本論文は、帝塚山学院大学国際理解研究所主催　朝日新聞社後援の国際理解教育賞懸賞論文で最優秀賞を受賞し（2002年3月31日）、『国際理解』」帝塚山学院大学国際理解研究所（2003年）により公刊されている。この論文は全国で「教育困難校」が放置され、予算的にも諸設備的にも低位におかれている現況から、K高校の取り組みを明らかにすることで教育を再考することを意図して、当時の校長の了解のもと執筆及び公開されたものである。加えて、同論文に基づく教育委員会主催の教員研修ならびに各学校での教員研修で用いられた（2002年～）

（3）本書は生徒の実態や背景を明らかにすることが目的ではないため、生徒たちがおかれている苛酷な家庭状況や筆舌に尽くしがたい生活、地域、学校での状況についての記載は割愛する。

（4）この分野の研究について、野崎志保「セルフ・エスティームの普遍性と相対性についての一考察～発達と社会的文脈という軸を用いて～」大阪大学教育学年報 第5号（2000）158～159頁

（5）杉山昭男「こんにちの学校と子どもの学習権―学習権実現の今日的課題―」日本教育法学会年報第6号『学習権実現の今日的課題』（有斐閣,1977）69頁

「（略）授業の中で、一人一人の子どもの学習が阻害されているという状況が現れてきている。こうした学習の阻害の中で、学習に対する意欲を失い、さらには、学校生活そのものに意欲を失っていくという子どもも出てきている。本来、子どもは、「学びたい」「より知識を得たい」という願いを基本的に持っているものであり、このことは、人間一般について言うことができるのではないかと思われる。すなわち、人間として生まれてきた以上、その持っている能力を全面的に発達させたいと願っていることは、人間の自然的な特質である。その願いが拒否され、あるいは、何らかの形で阻害されていくとき、学習拒否という状況があらわれたり、また極端な形をとれば、非行という形をとるということも考えられよう。そして、くりかえし言えば、こうした状況は、今日の学校では、しばしば起こってきている問題でもある。（略）」（傍線筆者）

（6） 梶田叡一『学校学習とブルーム理論 教育における評価の理論Ⅱ』（金子書房.1994）43～44頁

（7） 小学校低学年から立ち歩きが始まるが、これは授業で「今何をしているかさえわからない」状態であることが多い。教師からはただ着席を指導され静かにしていれば注意されないことから、授業を拒否して寝てしまう。

（8） 当該内容については、筆者が２００２年８月20日「大阪府教育課程講習会総則部会」（場所：大阪府教育センター）で発表を行った内容である。

（9） 駒林邦男「授業における学びの疎外―「つまずき」の心理と指導―」児童心理 37巻12号（1983）84頁

（10） 第１節で示した「同和推進委員会」によるアンケート（調査１）（調査２）は、２００２年を最後に現在では行われていない。これは自尊感情が低い生徒や荒んだ心の背景などを掴むことが目的で数年実施されていたが、現在ではある程度の社会状況を学校が把握できたため不定期で必要な範囲で実施するのみである。しかし、高校入学時に掛け算や割り算ができない生徒が一定数の割合で入学してくる状況は今日においてもほぼ同じである。

（11） 内容は、２０１１年以降毎年訪問させていただいて授業を観察させていただいた記録である。授業は「教養Ａ」という特設設定科目である。

（12） Ｋ高等学校『基礎学力向上をめざす『教養Ａ』教材集』（2010）１頁（校長巻頭言より）

(13) Ｋ高校 前掲注（12）31～32頁　この教材は２０１７年1月段階で改訂を重ねつつ、未だ使用されている。このことは現在もなおこの教材を必要とする生徒が義務教育段階で生み出され続けていることを示している。

(14) この教材の内容は２０１７年度現在のものである。すなわち最初の調査が行われて15～20年を経た現在も、生徒を取り巻く教育背景や問題状況は変わっていないことがわかる。

(15) 駒林邦男は、「学びの疎外」という表現を用いて知識・技能面でのつまずきの他に、「学ぶことの自分自身にとっての意義がわからなくなってしまうこと」を指摘している。（駒林 前掲注（9）84頁）

佐藤学は、「学びからの疎外」の意味として、学びの対象の喪失、学びあう仲間の喪失、そして学びの意味の喪失の三つの局面で生じていることを含ませている。（佐藤学「学びあう教室・育ちあう学校」総合教育技術4号（2013）、96頁）／筆者は、それはつまり、「わかることからの疎外」「学んでいる内容と自分からの疎外」、そしてその疎外に起因する荒みを持つ児童生徒が少数である場合には、当該児童生徒への軽視・差別・排除など「人格疎外」が生じていると考えている。（前掲注（1）も参照）

(16) 佐藤 前掲注（15）96頁。例えば、佐藤学は「学びの共同体」による授業改革を提唱し、子どもを一人残らず「学びの主権者」に育てるなどの実践を指導している。

(17) 文部科学省、「学習障害児に対する指導について（報告）」学習障害及びこれに類似する学習上の困難を有する児童生徒の指導方法に関する調査研究協力者会議編（1999／平成11年7月2日）2頁，http://www.mext.go.jp/a_menu/shotou/tokubetu/material/002.htm,（2014.2.3）

(18) 里美恵子「特別支援教育―発達障害者への教育福祉的援助―」吉田敦彦他『教育福祉学への招待』（せせらぎ出版，2012）150頁

(19) 文部科学省、「（8）ＬＤ、ＡＤＨＤの教育」http://www.mext.go.jp/a_menu/shotou/tokubetu（2017.6.1）

(20) 文部科学省、前掲注（19）文部科学省「特別支援教育について」

(21) 野崎志帆「国際理解教育におけるセルフ・エスティームの本来的意義の検討「共生」と「エンパワメント」の視点

から」国際理解31号（帝塚山学院大学国際理解教育研究所,2000）106頁

熊上崇ほか「公立高校1年生の数学習熟度別クラスにおけるKABC－Ⅱの実施とフィードバック」K－ABCアセスメント研究Vol.17（日本K－ABCアセスメント学会，2015）24頁

(22) 平成7年3月29日 文部省初等中等教育局特殊教育課長通知－7初特第22号「学習障害児等に対する指導について（中間報告）」より、「学習障害は，視覚障害，聴覚障害，精神薄弱，情緒障害などの状態や，家庭，学校，地域社会などの環境的な要因が直接の原因となるものではないが，そうした状態や要因とともに生じる可能性はある。」

(23) 例えば、駒村康平・道中隆・丸山桂「被保護母子世帯における貧困の世代間連鎖と生活上の問題」三田学会雑誌103巻4号（2011）など、多くの研究によって「世代間連鎖」の構造が解明されつつある。

(24) 文部科学省がお茶の水女子大学に委託した研究（お茶の水女子大学「家庭背景と子どもの学力等の関係」週間教育資料（教育公論社，2009.8.24））では、家庭の経済状況と学力との間には相関関係があることが確かめられている。

(25) 小寺廣次「学習障害を疑われる児童の算数指導」情緒生涯教育研究紀要 第14号（1995）110頁。小寺は小学校教員としてIQなどの数値から知的遅れはなく、経験不足と何らかの学習障害を有している疑いのある児童（小学2年生H君とK君）との出会いから、別授業による当該児童の算数の指導について記している。まずH君について、第1期は特別のプリント課題による試みと失敗。第2期は一層の教材の工夫による試みと成果がでなかった様子。第3期は児童との信頼関係（ラポール）の成立と、課題を通じた学習成果の向上プロセスが記されている。K君についても、第1期の児童の学習拒否に対する授業者の焦り。第2期の授業者による「うけとめ・みとめ・ほめ」に児童が応えていく様子。そして第3期の「あそび・たのしく・ちょっぴり勉強」を通して、授業者が児童Kの理解の仕方を理解し、その理解の仕方に応じた指導を行うことで掛算を克服していく実践が記されている。結論として小寺氏は「普通学級においても、きめ細やかな（スモールステップ）の指導が必要となる子どもがいるだろう。そのためには、ミクロ的な視点に立った教材研究が必要となる。具体的な操作を通しての繰り返しの指導が必要であり、暗記に頼る指導はよくないと思われる。（略）このように考えてくると、現在小学校で行われている算数の学習内容の量が多すぎるのではないと思われる。

ないかと考えられる。（略）系統的な学習と言われている算数なのに、子どもが一つひとつ理解し獲得していく前に、新しい学習内容の消化に追われているのが現状ではないか。一人ひとりの理解に合わせて学習できるだけの時間的な余裕があれば、本来算数の持っている「できた喜び」「考える喜び」を楽しんで学ぶことが出来るだろう（略）」と述べている。（傍線筆者）

(26)「算数Ｂ」は、活用力を問う問題でＨ27年度の平均正答率は45・２％。ちなみに、家庭の経済状態と学力との関係でみると、平成21年（2009年）に調査が行われた「世帯年収と子どもの学力」（お茶の水女子大学委託研究補完調査,2009）では、世帯年収２００万円未満の児童の算数Ｂの正答率は42・６％であるのに対して、年収１２００万円以上～１５００万円未満の家庭の児童の正答率は65・９％で23・３ポイントの差があったことが報告されている。

(27)　国立教育政策研究所 平成27年度全国学力・学習状況調査 調査結果資料【全国版／小学校】http://www.nier.go.jp/15chousakekkahoukoku/factsheet/primary/（2017.3.20）

(28)　前述のアンケートを行った学年では、当時、授業料の全額免除の対象となる場合は４人家族で所得が195万円未満の家庭であった。当該学年は生徒数の42％が全学免除家庭である。半額免除家庭を入れると8割以上の家庭が対象であった。生活状況については、例えば、母子家庭の場合には、子どもの学齢期を通して、朝母親が子どもよりも早く家を出てパートに出られ、夕方に一旦帰宅した母親は夕食を用意した後に、再び夜の仕事に出かけて多くの場合は深夜に帰宅されていた。実際、パートを休むことが難しい家庭のために保護者懇談は休日に行ったり家庭訪問をしたりして行うことが多い。なお、現在は２０１０年度から始まった「公立高校授業料無償制・高等学校等就学支援金制度」（第１７４国会可決）及び２０１４年度より収入制限を設けた「高等学校等就学支援金制度」により国公立高校の年間授業料約１１８，８００円が無償（不徴収）となっている。しかし、実際は授業料の他に夏冬用の制服、学年積立金や修学旅行費、教材などそれ以上の費用が当然に必要である。同様の内容・情報は、青砥恭『ドキュメント高校中退――いま、貧困がうまれる場所』（ちくま新書, 2015）56頁以下を参照されたい。

(29)　今日、子どもの貧困が大きな問題になっている。これら貧困は世代間連鎖が繰り返されていることが明らかにされてきているが、逆に経済的には豊かな層による「富裕の連鎖」の方が顕著に現象として表れていることが東北大学佐藤嘉倫教授らの研究グループによって明らかにされている（佐藤嘉倫 吉田崇「貧困の世代間連鎖の実証研究―所得移動の観点から」日本労働研究機構編、日本労働研究雑誌49巻16号（2007）83頁）。特徴は富裕層での「教育と職業という基本的に個人選択にまかされている要因」が挙げられており、教育とその後の職業において選択肢が豊富にあることがわかる。つまり、図1のような正規分布の右側に位置する人にとってより選択肢を広げるための学習欲求が強いことが窺える。

(30) ２０１１年９月12日 第７回目の学習支援ボランティアでの出来事を記している。

(31) 文部科学省『保健体育』学習指導要領（平成21年７月）110頁によると、「(２) 生涯を通じる健康 ア 生涯の各段階における健康」には妊娠に伴う健康課題が記される。

(32) その後の報道によると学校は、「生徒側との話し合いのなかで、実技の補習を座学などで代用することも視野に入れていたとした」と釈明したが、そのことについては女子生徒側には伝えていなかったという。（産経ＷＥＳＴ オンライン記事 2016.6.15 12:13）

第2章　教育と憲法の関係と位置づけ

はじめに

「教育を受ける権利」の直接の主体者となる子どもは、第1章で示した教育からの疎外に陥った場合、具体的にどのような学びの回復が可能であろうか。その手立てを知らない児童生徒は、授業が「わからない」ことについて、ただ「頭が悪い」と自分を責め、自分を諦めて納得をせざるを得ないのだろうか。もちろん、さまざまな障害を有する場合は、支援学校においておのおのに応じた教育課程が組まれて能力の伸長を図ることが行われる。しかし、第1章に記した児童生徒はこれらカテゴリーに属さない児童生徒であり、日常の学校教育活動の中で類似の状況が生み出され続けている現実がある。しかも、「排除」されたり「疎外」を受けたりした児童生徒が、自尊感情を喪失して荒みを抱えてしまったり、また、言われなきレッテルを貼られたりすることによる不利益を当該児童生徒が一方的に引き受けていよう。「教育を受ける権利」の保障とは、このような児童生徒を生み出すことではないはずである。さらに言うならば、教育を受ける権利の保障として学校に登校したとしても、授業の内容が全くわからないままに授業を受け続けなくてはならないとしたら、それは教育を受ける権利を保障しているとは言えないはずであろう。本章では、「教育を受ける権利」の直接の主体者である子どもにとって、前述の「疎外」は人権論的にどのように位置づけられるかを考察する。

第1節　人権としての教育およびその憲法体系

（1）教育と人権の関係

人権概念は、一人ひとりのかけがえのない存在。つまり、生命だけでなく一人ひとりの自由な精神的営みなどが他の人と代わりえない個人の存在の尊厳性を明らかにし、このことに価値を置くものである。そして、この人間一人ひとりの尊厳性に基づく存在に不可欠な権利が人権ということである。日本国憲法は、これらを踏まえて国家の基本原理の基底に「個人の尊重」（憲法十三条）を置き「基本的人権」、「国民主権」、「平和主義」の原則に通底して位置づける。

この基本原理としての「個人の尊重」は、たとえば教育現場では、一般的に〝お互いを尊重しよう〟とか、〝違いを認めよう〟という教育活動が行われ、まさに憲法原理に沿った重要な教育活動として行われていよう。しかし、それは生徒と生徒が仲よくなる関係性をつなぐためだけにあるのではなく、この憲法の基底に位置する「個人の尊重」の基本原理から、「一人ひとりが自立した人格的存在」[1]であることが認められ、一人ひとりが固有の価値を持つ大切な存在として社会や学校が成り立つことの原点としてある。この原点に立脚することで各自が自らの尊厳に不可欠な権利を行使し、何人も自由にそれぞれの幸福追求を目指すことができる自己を形成することになる。では、このような人権原理において、人権と教育はどのような関係にあるかを確認する。人は尊厳ある存在として欠かすことのできない権利（人権）を有する。その一つである自由な精神的営みなどの自由権的基本権は前国家的権利として位置づけられ、個人を社会の基本として国家から公正かつ平等に人権の享有を保障される地位に置く。まず、これらのことを「教育」を通して学ばなければ、生まれながらにして自身に人権が備わっていることを知らず、自己の意味と価値を自覚することができないまま生きることになろう。もとより、他者にも自己と同じ人権が備わっていることの理解（他者尊重）にも至らない。あわせて、権利行使の主体者としての理解と自覚なくしては、「他の市民的、政治的、経済的権利や社会的権利を行使することもできずに、人権尊重そのものが幻の理論に終わる」[2]。その意味で、国際的にも「教育は諸権利の中でも上位の権利（"upstream" right）に位置する」[3]と位置づけられている。

すなわち、教育が人として生きるための諸能力が発展していくプロセスそのものであり、これらを通じて人権（権利）を自覚化させること。また、教育が自由な精神的営みや他の権利の行使を可能にする諸能力の成長をもたらす。こうして代わり得ないかけがえのない個人をより明らかにし、社会へ参画を果たして行く。それゆえに憲法体系が示す教育とその教育を受ける権利は、人間として必要不可欠な権利であることが確認されよう[4]。

さらに、何人も「教育」の対象から漏れたり疎外されたりすることがあってはならず、「誰一人取り残されない」[5]ことにもつながる。まさに教育の人権性[6]を示す関係の第一の理がここにある。

（2）教育を受ける権利と憲法の基本原理との関係

以上のように、教育が「人権の自覚化」とそれに基づく「人間らしい精神的営みや生活」、そして「社会参加」をもたらす機能を有し、これによって人間一人ひとりの尊厳性に基づく自らの存在の意味や価値をより明らかにする。このように「教育を受ける権利」の保障は、人間の知的、精神的、身体的発達と社会参加を実現させ、人間としての生存の基礎条件を保障することにつながる。では、前述のように教育の人権性が明確な中で、第1章で示した教育からの排除や疎外状況は、どのような問題を生み出しているか、ということである。

教育を受ける権利は、歴史的に経済的困窮やその他の社会的事情などを理由として、多くの人々が教育を受けることができなかった事態を招き、そのことが一層深刻な社会的被抑圧者を生み出してきた背景から、生存権と共に生み出されてきた。歴史的に教育の機会を得ることができなかった人々は、結果的に人としての尊厳性や自由を喪失するに至り、たとえば、近代の自由主義の弊害として大きな社会的問題となった。この相克として福祉国家が生まれたことは既知のとおりである。20世紀的権利と言われる社会権としての「教育を受ける権利」は、すべての人の教育を受ける機会を保障し、とりわけ経済的事情などの困難を抱える人も教育による利益を得て、人間らしい文化的生活を手に入れるためのものである。このために国家が教育諸制度を整えることになる。そして、もしそれらが十分でない場合は、国民は諸制度の整備を国家に要求できる権利を有している。教育を受ける権利は、まずこのような条件整備要求権である。[7]

憲法解釈は長くこの経済的観点から「機会均等」を中心に保障する考え方が支配的であった。文字どおり、個人の努力だけでは実現できない人間の尊厳を確かなものにする社会権の意義どおり、国がその権利に対する義務として教育制度を整え、教育を受ける権利を保障したということである。この意味は重要であり、義務教育や義務教育段階での教科書無償はもちろん、奨学制度の根拠となっている。

以上のような経緯で、「教育を受ける権利」の保障として整えられた『教育』とはどのような教育であるべきだろうか。確認すべきことは「教育を受ける権利」は、憲法十四条と相まって、当然にすべての人が平等に教育を受ける機会が保障されてさえいれば、国が決定し、国が与えた内容や方法による『教育』を一方的に受ける権利を有する、と考えることは妥当ではない。私たちが「権利」として受けるべき教育は、極端な例ではあるが、旧憲法下の教育のように国家主義であったり、その下で戦争を賛美したり他民族などを差別したりするような『教育』を受ける権利ではないはずである。これらは憲法体系から自明のことである。あわせて、知らない言語や難しい表現によって通常では理解することができない教育を受ける権利でもないはずである。これらは、当然に現憲法の個人の尊重や尊厳の原理に合致するとは言えず、それとは逆に、教育を受ける権利は憲法原理に基づいた十三条の個人の尊重や人格的生存に不可欠な権利としての幸福追求権と関連づけられなければならない。つまり、権利に対する保障としての教育は、一人ひとりの幸福追求に貢献する教育であり、そのような価値を相互に大切にする社会へと向かう教育でなければならない[8]。このように、一人ひとりの人格的存在に貢献する教育の在り方が、憲法原理を通して自ずと規定されてくる。

また、教育と国家との関係も、憲法十九条「思想及び良心の自由は、これを侵してはならない」、二十一条「集会、結社及び言論、出版その他一切の表現の自由は、これを保障する」など、憲法が精神的自由を保障しているにも関わらず、もし国家（行政権力）が学齢期の子どもの発達途上でその内心に介入して都合のよい価値や政策の教育内容を教え込むようなことがあれば、もはや成人した時点で、人々の内心は気づかぬうちに国家（政府）にコントロールされた意思でしかなく、憲法で保障する精神的自由やそれに基づく参政権の行使など事実上の画餅となる。それゆえに、国家が教育内容を通じて個々の内心を支配しないよう、教育の内容においては国家の介入を制限する自由権的側面が重要となる。

以上より、憲法二十六条の「教育を受ける権利」は、個人の尊厳に不可欠な権利の一つとして、社会権に属する憲法二十五条「生存権」と相まって一人ひとりの人間らしい文化的生活を築く文化的側面を担うと同時に、教育が精神的な自律を促す観点から国家や公権力は教育を通じて個人の領域に介入しないことで自由な精神的発達や成長を遂げる自由権的性質を有する両面を有している。[9]

このことは、社会権としての「教育を受ける権利」および「生存権」が、「国家による自由」として積極的に個人の領域に関わる諸施策（条件整備）を国家が遂行するかたちで「介入」する一方（教育の社会権的性質）、教育の自由権的性質の観点からは、教育内容において「国家からの自由」として、特定の国家意思などの教育を排した「不介入」の両義性をもっている。すなわち、この両義性によって、個人の尊厳や人々の自由が実現される性質を持つ関係となる。佐藤（功）はこれらの意義を「『ひとしく教育を受ける権利』は、自由権としての性質と生存権的基本権としての性質の両面を持つと言えよう。すなわち、自由権の側面としては、国民が、その受ける教育の内容に対して国の介入・統制を加えられることなく、自由に教育を受けることができることを意味する。」こと、そして社会権的側面として、「経済的資力のない者も、教育をうける機会を現実に保障されなければならないという生存権的基本権としての性質をも持つ。[10]」とまとめた。

(3) 小　括

前述のとおり、教育を受ける権利と人権概念および憲法原理との関係は、教育を受ける権利をめぐる国家と個人、国家と教育との関係を明瞭にし、憲法解釈だけでなく法令や行政施策を大きく規定して、教育問題に関する考察の座標軸となる。その関係性とは、個人の尊厳と人格的存在のためには、それを実質化するにあたり教育は不可欠な権利であること。そして、それを保障する国家は社会権的関わりと自由権的関わりの相反する関係性を持たなくてはならない、ということである。具体的な教育に落とし込むならば、個人が自由に幸福追求をするために保障される自由権と、もはや教育制度等、個人の努力だけでは幸福追求が困難であるからこそ、国家の積極的な施策を求めることができる社会権的側面[11]をもって幸福追求を実現する両面[12]を有した教育活動が必要である、ということである。

そして、本著が提起する大きな問題は、前述の、教育と「教育を受ける権利」の憲法原理ならびに国家との関係性の中に、第１章で示したような「教育からの疎外」の深刻な問題がどのように位置づくか、ということである。それは、一般的な行政権力の教育の保障の範囲や仕方を問題とするだけでなく、具体的な学習者に対する保障内容、あるいは二十六条一項に示される「能力に応じて」が量的・質的な保障の差の問題として考察される必要があると考える。

第２節　能力に応じた「教育を受ける権利」の具体性

（１）「能力に応じて」受ける教育の意味

前節（第１節）において、「教育を受ける権利」が、人間として不可欠な権利であり、人権として個人の尊重と尊厳を具現化する権利であることを示した。同時にこの権利が憲法の基本原理に基づく社会権的意義と自由権的意義を複合的に内包している憲法体系に位置づく権利であることを確認した。そうであるならば必然的にこの権利に対応する義務としての保障も前述の憲法体系に基づくものであることが求められる。

そこで、次に「教育を受ける権利」について、重要な内容を示す「能力に応じて」について検討を加えたい。

憲法二十六条第一項は、「すべて国民は、法律の定めるところにより、その能力に応じて、ひとしく教育を受ける権利を有する」と定め、国民、とりわけ学習は個々人の「能力に応じて」教育を受ける権利があることを宣言する。すなわち、一人ひとりにそれぞれの能力があり、その能力に応じた教育を受ける権利が宣言される。[13]

では、この「能力に応じて」をどのように理解すればよいだろうか。「能力」論は、本来教育学の範疇に入るものであるかもしれない。そういう意味では、憲法的に保障する法的権利としての能力論と教育上の能力論は多くの異なる思考が交錯する。

たとえば、山崎真秀氏はこの異なる分野を踏まえて、「教育における『能力』とは何か、という問題自体は教育学の課題であるが、少なくとも、それが環境との相互作用の中で変化し成長する人間の、学習によって発達する権利を内側から支えるものであるならば、『教育を受ける権利』の保障とは、そうした能力自体の発達を助長する教育条件の整備とそれを享受する機会の平等が保障されることを意味[14]」すると、教育学的視点を加味しながら法的権利に対する保障として説明する。

加えて、山崎氏は、清水寛氏の引用を援用して、「そうであるならば、『能力に応じて』とは、人間の『発達の可能性を現実のものにしていくために必要なあらゆる手だて……を適切に保障する』[15]という観点から、発達過程における発達の態様に応じて、という意味に理解されなければならない。[16]」と説明する。しかしながら、このような「能力に応じて」の解釈が、個人の尊重をはじめとする憲法原理との関係からどのような意味を持つか、との吟味が必ずしも十分ではないままに用いられていることの問題を指摘したい。つまり、教育上の理念や思想上の「能力」の意味がそのまま条文上の意味として付加されているように思われ、解釈として混乱をきたすことになる。

たとえば、社会一般に影響力のある考え方からの解釈として、「各人にはそれぞれ能力の差があり、各人が実際にどの程度の教育を受けるかは、その能力いかんによるものである」[17]との現実的かつ能力の一義的な優劣の観念に応じて教育の程度が決まる、とも受け取れる解釈がある。続けて、「教育の機会均等とは、能力以外のいかなる要素によっても教育上差別されないことであり、各人が実際に受け取る教育の内容は、能力に応じて個別化されるのである。その意味において、普通児を対象とする教育のほかに、特殊教育や英才教育が必要とされ、その振興が望まれるのである。」と解したものもある。[18]このような解釈は、ある意味において、現代においても極めて影響力のある捉え方であると考えられよう。しかしながら、端的に理解すると、「教育の程度」は「能力いかんにかかわる」に象徴されるように、「能力に応じて」の解釈が、現実の学校の受験難易度や高等教育へ進学することを目的としたある優秀さを前提とした受験界の社会的要請による能力観に基づくことがあってはならない。同様に、今日において、「能力」の意味を人間の能力の一部分だけを数値化したに過ぎない偏差値や入試学力に置き換えて捉える人はいないだろう。そもそも、先の憲法原理や憲法体系に基づいて公教育における入学試験の意義を考えると、それは、入学を希望する応募者の中から定員に満つるまで選抜する趣旨であり、教育を受けるに値する人物を選別する意味ではない。つまり、能力のある人が教育を受ける資格があり、ない人はその資格がない、という意味ではない。

このように、「能力に応じて」は、直ちに教育理念や教育思想、[19]また現実的な入試学力などを前提として解するのではなく、原則として個人の尊重、平等原則をはじめとする憲法原理と憲法体系に基づく合理的な文理解釈および論理解釈などを用いた学理解釈による意味の具体化が求められる。その上で、憲法学における「能力に応じて」の解釈は、次のように各時代の変遷が見られる。

1946年に行われた日本国憲法審議録に残る当時の質疑より、木村公平議員（日本自由党）の質問に対して金森徳次郎（国務大臣）の答弁は、

「能力——それは決して知力ばかりではないと思います。体力もありましょうが、それらの能力あってしか

も学問ができないと云うような途を、不平等に作ってはいかぬと云うがこの趣旨であるのであります」、「能力は、その人の持って居る、身体にくっ付いている能力と云う意味でありますがゆえに、財的なことは眼中に置いておりませぬ。[20]」

と説明されていた。

日本国憲法の審議過程ですでに能力観においても、「知力」（知的能力）以外の能力として「体力」（身体的能力）などが挙げられており、かつ、「知力」以外の能力があるにもかかわらず、「学問ができない」ことがあってはならないこと。そして、そのような場合は不平等にあたることを示している。これは、憲法二十六条の趣旨の一つとも言えよう。

1955年　宮沢俊義は次のように解釈した。

「『能力に応じて』とは、教育を受けるに適するかどうか、の意である。したがって、『各学校でその性質に応じて入学試験を行い、合格者だけを入学させるのは差し支えないが、教育を受ける能力と無関係な事情――財産・家庭など――を理由に入学を拒否することは、許されない[21]』」

これは、憲法二十六条二項の「義務教育はこれを無償とする」との関係で導き出されていると考えられ、家庭の経済力によって教育を受ける機会が左右されてはならないことの強調だと考えられる。ただし、「教育を受けるに必要な能力」の有無等によって（極端な表現をすれば）機会が左右されてもよい、と受け取ることもできることから、特に義務教育段階での考え方としては大きな疑問が残る。
同様に、小林直樹は、前述の解釈に対し「入試などによって測られる『能力』が、真に人間の能力というに値するものであるのかどうか、また全人的な能力が教育の各段階で真に伸長されるようになっているかどうか、にある。ひいてはさらに、偏頗な測り方で決められた『能力』による『差別』が『当然である』などとはとてもいえそうにない[22]」と宮沢俊義氏の解釈に対する見解を述べている。

１９７１年　文部省の事務次官を務めた天城勲[23]は、

「個人の精神的、身体的能力に応じて幼稚園から大学までの各段階の学校制度、個人の適正、能力に応じた教育内容、心身障害者のための教育制度などの制度化が本項において期待されている[24]」

と著している。この解釈は、およそ次のような能力観から構成されていると推量できる。①上級学校へ進学するための能力に応じて、②教育内容が個人の適性や能力に応じていること。そして③障害の種類や程度に応じた教育という能力観で捉えられる。いずれも個人の尊重の原理に基づいていることが理解でき、①は、より高位の学校で学問研究を行うために必要な能力に応じて進学できる観念である。②は、教育内容や方法が学習者にとって習得可能性をもっていることを求める観念である。③は、障害を有しながらも、その障害を受容したり克服したりしながら、各事情に応じた能力の発揮を意味する。

１９７８年　佐藤幸治は次のように解釈する。

「各人の能力の違いに応じて異なった内容の教育を可能ならしめる趣旨と一般に解されている」

と説明し、同時に「教育の実質的平等化、つまり、たとえば、心身障害者に対しより手厚い保護を要請したものと解すべきである」との考えを述べている。[25]

1978年　兼子仁は次のように述べる。

「すべての子どもが能力発達の仕方に応じてなるべく能力発達ができるような（能力発達上の必要に応じた）教育が保障される」[26]

先の宮沢（1955）が示した、家庭の経済力によって教育を受ける機会の有無が左右されてはならない趣旨に加えて、佐藤（幸）が示した、「各人の能力の違いに応じて異なった内容の教育を可能」にする原理を付加している。また、兼子も同様に、能力を「能力発達の仕方」として、各自の能力の発達ができるような教育を受けることができる、としている。教育を受ける権利における能力観の原理は、憲法の個人の尊重に基づき、かつ幸福追求のために一人ひとりにとっての教育であることを示している、といえる。

1983年　佐藤功は次のように解釈する。

「教育を受けることによってその人としての能力を向上せしめうる資質を持ちながら、その資質とは関係ない他の事情によりそれが妨げられることがあってはならないことを意味する。」

「この場合、『能力に応じて』は各人の『智能の相違に応じて』の意味ではない。国民が智能の相違に応じて、それぞれの智能に適合する教育を受けるべきであるということは、特に憲法の規定を待つまでもないことである。」

とした。

この解釈によると、先の佐藤（幸）（1978年）同様に、経済的事情に依拠して教育が受けられるか否か、となるのではないことの強調であると考えられるが、一方で「教育を受けることによって能力を向上させる資質」の必要性を要件としているとも受け取れる。その上で、「国民が智能の相違に応じて、それぞれの智能に適合する教育を受けるべきであるということは、特に憲法の規定を待つまでもないことである。」として、教育が各人の「智能」に応じることは当然であることが述べられる。[27]

１９８８年　浦部法穂は次のように述べる。

「国民が、おのおの能力以外の理由によって教育を受ける機会を逃してしまうことのないように、国は条件整備をすべきである、というよりも、国民すべてが、等しく、おのおの能力に応じた教育を受けられるように、国は条件整備をすべきである、というところにある（略）」

と解釈した。

この解釈は、条文の内容を明瞭にし、かつ憲法原理とも明確に合致すると言える。つまり、経済的理由による教育を受ける機会の有無、というよりも（強調するよりも）、一人ひとりの能力に応じた教育を受けられることの保障に重点が置かれた解釈である。確かに二十六条は、経済的な要因によって教育を受ける機会が左右されてきた歴史的経緯を背景としている。これら問題は二十六条二項の「義務教育」および「無償」を規定することによって、その解決の趣旨がすでに含まれていると考えられ、その点において二十六条一項は、教育を受ける機会が経済的理由によらないことを補強はするが、むしろ一項は、直接的に憲法原理である「個人の尊重」と関連させて解釈し、「一人ひとりの能力に応じた教育」と解する方がより明瞭な理解となる。さらに浦部は、前述の解釈が教育基本法四条一項の「すべて国民は、ひとしく、その能力に応じた教育受ける機会を与えられなければならず（略）」の規定の意味を明瞭にし、整合化することを述べる[28]。

1997年　中村睦人は次のように解釈する。

「すべての国民にその個人差と生活の必要に応じた教育を与えることを意味する」[29]

と解釈した。

中村氏が示した解釈によると、これまでの能力や資質という抽象的概念から、「個人差」という人の外部から認識しやすい一人ひとりの特徴や違いに着目する視点。また、特に憲法二十六条の教育を受ける権利が社会権に属する観点から、「生活の必要」という社会生活を営む実際のニーズに応じる視点が示されている。　以上より、「能力に応じて」の意味については、二十六条「教育を受ける権利」の初期の解釈は、およそ社会権として位置づけられた歴史を考慮して、家庭の経済的事情によって教育を受ける機会を逸することがないよう国家が条件整備を行うことに重きが置かれ、一項の「能力に応じて」は二項の社会権的側面と合わせて、能力以外で教育機会を逸することがないように、との解釈が行われた。すなわち、「教育を受ける能力と無関係な事情――財産・家庭など――を理由に入学を拒否することは、許されない」（宮沢1955）ということである。ただ、この解釈は、教育を受けるに値する能力を有する人のみが権利の対象となることを明示しているようにも取れる。

しかし、日本国憲法制定過程の帝国議会の審議過程に遡ると、「能力に応じて」は、教育を受けるに値する能力の有無が「教育機会」を得る要件であることを意味しないことが当時の政府答弁より確認でき、個人の尊重原理に基づく趣旨が述べられている。

政府答弁：「能力――それは決して知力ばかりではないと思います。体力もありましょうが、それらの能力あってしかも学問ができないと云うような途を、不平等に作ってはいかぬ[30]」より、「能力」とは「知的」能力だけではない「他の能力」も含まれることから、人それぞれの多様な能力を前提としていることを示している。さらにそれらは「能力の違いに応じて異なった内容の教育を可能ならしめる趣旨」（佐藤幸治1978）、また「智能の相違に応じて、それぞれの智能に適合する教育を受けるべきであるということは、特に憲法の規定を待つまでもない」（佐藤功1983）、「等しく、おのおの能力に応じた教育を受けられる」（浦部法穂1988）、「個人差と生活の必要に応じた教育」（中村睦人1997）と、およそ一人ひとりが異なる多様な能力を有していることを前提に、各人の能力に応じた教育を受ける権利を有することを示唆している、と捉えられる。

（2）憲法二十六条における「能力に応じて」の意味

憲法二十六条の教育を受ける権利は、まず十三条の個人の尊重と、一人ひとりの幸福追求という原理、ならびに教育を受ける権利が有する自由権的性質と生存権的性質の両義性を合わせた解釈が前提として求められよう。すなわち、「能力に応じて」は、「教育」が有する一人ひとりの人間らしい文化的生活（生存権の文化的側面）を実現する意義と同時に、一人ひとりの自由な精神的発達や成長（自由権的側面）などの自律を実現する意義を有する。このような意義を踏まえた両義の内実を備えるために、誰一人として教育から捨てられることなく「教育を受ける権利」を有していると捉える必要がある。そのためにも、同権利を有していても、仮に実質的には学校において自分が対象から除外されている教育では、権利に対応する義務の提供を受けているとは言えず、憲法的権利を享受しているとは言えない。すなわち、当然に一人ひとりが教育の対象となっていなければ「人権規定」としての教育を受ける権利とは言えない。

このように考えると二十六条一項の「ひとしく、能力に応じて、」は、権利の保持者である児童生徒が誰一人として排除されることなく、一人ひとりの能力に応じて、一人ひとりに意味のある「教育を受ける権利」である、と理解する必要がある。

そして、この理解は、浦部法穂氏の「等しく、おのおのの能力に応じた教育を受けられる」という解釈と相俟って、権利の保持者である学習者一人ひとりが各自の能力に応じた教育の対象となることを導く点で、最も明瞭かつ妥当な意義を提供する。しかも、憲法十四条の「法の下の平等」も関連して、誰一人そのような教育から捨てられないことを意味して、「ひとしく」その恩恵に浴することができることになる。

（3）下位法における「心身の発達」の解釈

次に、下位法での「能力に応じて」は、教育基本法四条一項において「すべて国民は、ひとしく、その能力に応じた教育を受ける機会を与えられなければならず、人種、信条、性別、社会的身分、経済的地位又は門地によって、教育上差別されない。」こと、そして第二項にて「国及び地方公共団体は、障害のある者が、その障害の状態に応じ、十分な教育を受けられるよう、教育上必要な支援を講じなければならない。」ことが定められる。

これらは、憲法二十六条一項の「能力に応じて教育を受ける権利」に基づき、教育基本法四条一項において、まず、学校教育諸制度が学習者個々の「能力に応じた教育を受ける機会」の保障として整備されなければならないことが記される。そしてこの同義として、教基法四条二項で国および地方公共団体は「障害に応じて教育が受けられる機会と支援を整備しなければならない」（傍点筆者）と、統一的に読むことができる。

あわせて、教基法四条三項の「国及び地方公共団体は、能力があるにもかかわらず、経済的理由によって就学が困難な者に対して、奨学の措置を講じなければならない。」との規定により、学習能力があれば（学習能力がない人は事実上皆無であるから）誰でも、経済的事情を理由として教育を受けることができないことのないように奨学の諸制度を用意しなければならない、と読むことができる。

次に、前述の、憲法二十六条一項および教育基本法四条一項の趣旨に基づいた具体的な学校教育等の教育の保障として、学校教育法ならびに学校教育法施行規則における次の条文は、憲法体系および教育基本法体系に基づく法規的解釈または論理解釈を行うことによって「能力に応じた教育」を具体化する教育的な義務の一翼を担うことになると言える。

本書「第1章 第2節（1）教育に潜む「一定」という非多様性」の（事例2）で紹介した「筋ジストロフィー症中学生の高校入学不許可」事件（神戸地裁平成3年（行ウ）第20号 平成4年3月13日判決）に関する判決の根拠

は、直ちに「能力に応じた教育」を具体化するものと考えられる。すなわち、学校教育法二十九条「小学校は、心身の発達に応じて、義務教育として行われる普通教育のうち基礎的なものを施すことを目的とする」は、単に学年を基準とした発達年齢だけを意味するのではなく、心身の発達や状況の「個人差」を前提としていると解するべきであろう。

また、中学校では、学校教育法四十五条において「中学校は、小学校における教育の基礎の上に、心身の発達に応じて、義務教育として行われる普通教育を施すことを目的とする」とある。したがって、小学校、中学校の義務教育全体を通じて教育は各々の心身の発達に応じることが求められている。高校においても「高等学校は、中学校における教育の基礎の上に、心身の発達及び進路に応じて、高度な普通教育及び専門教育を施すことを目的とする」とあり、いずれも「心身の発達」、「心身の発達及び進路に応じて」（高校）とされる。[31] そして、この「応じて」についての具体的対応は、学校教育法施行規則によって、より詳しく示されている。

学校教育施行規則では、第４章 小学校、第２節の教育課程について定めた五十四条で、「児童が心身の状況によって履修することが困難な各教科は、その児童の心身の状況に適合するように課さなければならない。」と示され、学校教育法の「心身の発達」という時間的な各々の差異への着目だけでなく、「心身の状況」という健康的状況、内的状況、背景的状況、その他状況など学習者のどの発達段階であろうと生じる個々の状況に適合することを義務づけている。これは憲法や教育基本法の目的を達する下位法による具体化の規定だと言える。この施行規則は義務教育学校（七十九条の八）、ならびに中学校併設型小学校、および小学校併設型中学校の管理、教育課程にも教育課程の基準の特例（施行規則七十九条の十）として適用され、あわせて、施行規則五十四条は高校においても準用（規則百四条一項）される。[32]

以上より、憲法二十六条一項の「能力に応じて」の意味は、教育基本法においては「能力に応じた教育を受ける機会を与えられ」（傍点筆者）ることや、「障害に応じて」と具体化され、続いて学校教育法および同施行規則では「心身の発達」や「心身の状況」、「進路に応じて」とより個々の状況に応じることが具体的に示される。これらより、「能力に応じ」る教育が、権利の主体者である学習者、とりわけ児童生徒の一人ひとりの事情や状況に応じた教育でなければならないことがわかる。

（4）教育行政における「能力」観の転換事例

教育行政施策においては、憲法二十六条の解釈、とりわけ「能力に応じて」の歴史的な解釈の経緯の中で、その対応にも大きな変化があったことが確認できる。

たとえば、文部省（現文部科学省）は1984年（昭和59年）、1991年（平成3年）に当時の高等学校入学者選抜における考え方を転換する通知を発出し、入試における「能力」に関する考え方を示した。続いて、有馬朗人文部大臣のもとで開催された中央教育審議会（平成10年（1998年）11月6日）に「初等中等教育と高等教育との接続の改善について」において入学試験のあり方を問う諮問[33]を行った。翌年に出された同答申（平成11年／1999年）では、文部省が高等学校入試と能力との関係を転換した内容が次のように記されている。

「初等中等教育と高等教育との接続の改善について」の「第2章 第4部」には、文部省が（これまで）『高等学校の入学者の選抜は、……高等学校教育を受けるに足る資質と能力を判定して行なうものとする』とする考え方を採っていた」ことを転換して、「一律に高等学校教育を受けるに足る能力・適性を有することを前提とする考え方を採らない」（傍点筆者）ことを通知[34]した。続いて、平成9年に出されたし初等中等教育局長通知[35]では、第14期中央教育審議会答申（平成3年4月）および「高等学校教育の改革の推進に関する会議」の報告（平成5年1月）を踏まえ、「いかに自校にふさわしい者を選抜するか」という視点とともに、「多様な能力・適性や意欲・関心を持つ生徒が、いかに自分に合った進路を的確に選択できるようにするか」（傍点筆者）（平成9年11月28日文部省初等中等教育局長）という視点を重視して、入学者選抜の一層の改善に向けた努力を傾注すべきであること。そして、「受験機会の提供などの条件整備にさらに努める必要」があることを答申した。[36]

これら背景から、文部省（現文部科学省）も多様な能力を前提とした教育を受ける機会を踏まえているということが確認できる。ただし、先に記した通知および答申は一律、画一的な能力による「入学試験」における選抜の考え方を転換して多様な能力で測ることを明らかにしただけであり、受験の種類（入学試験の種類）は多様化したが、第1章で示した、学習過程での「教育からの疎外」を解消するものではない。同様に憲法二十六条に示されている「能力に応じて」受ける教育の内容・方法等についての見解を示すものではないと言える。これらに対する筆者の見解は最終章で述べることとする。

(5) 小　括――教基法や学教法における「能力に応じて」の具体化

憲法第二十六条一項「すべて国民は、法律の定めるところにより、その能力に応じて、ひとしく教育を受ける権利を有する」の「能力に応じて」は、教育基本法四条一項に直接的に反映されている。

同条によると「すべて国民は、ひとしく、その能力に応じた教育を受ける機会を与えられなければならず、人種、信条、性別、社会的身分、経済的地位又は門地によって、教育上差別されない。」と定められる。

ここで、憲法二十六条一項の「能力に応じて」の解釈において、個人の尊重など憲法原理との関係から「等しく、おのおの能力に応じた教育を受ける権利」と解されることに基づき、そのような教育を受けるということは、学習者一人ひとりの能力・事情に応じて「わかる」「理解できる」「経験できる」「認められる」「配慮される」などの教育が受けられることを実現するものと考えられる。これらをまとめて「学習者一人ひとりにとって意味のある教育を受ける権利がある」と解することが憲法原理に合致すると考えられよう。

次に、教育基本法四条一項の「その能力に応じた教育を受ける機会を与えられる」（傍点筆者）は、憲法上の（能力に応じて）「教育を受ける権利」が、教基法では（国民は）「能力に応じた教育をうける機会を与えられる」となり、それは「能力に応じた機会を得る権利」として理解されよう。すなわち、学習者一人ひとりにとって「わかる」「理解できる」「経験できる」「認められる」「配慮される」などの意味のある教育を受ける機会を与えられることと解釈できよう。

また、教基法第四条二項では、「国及び地方公共団体は、障害のある者が、その障害の状態に応じ、十分な教育を受けられるよう、教育上必要な支援を講じなければならない」としている。この第二項は、第一項が国民の権利として定められているのと異なり、国や地方公共団体の義務として定められている。しかし、二項条文中には、「障害に応じて」と記されていることから、第一項と相まって「障害の内容および程度に応じて十分な教育が受けられる」ことを明らかにしている。

さらに、学校教育法および同施行規則では、「心身の発達」や「心身の状況」、「進路に応じて」と記され、憲法上の「能力に応じて」は、「心身の発達に応じて」、「心身の状況に応じて」、「進路に応じて」との学習者の身体的・精神的な実態に応じた児童生徒の状況に応じることが具体化されている。しかも、「心身の発育・発達」という成長発達の状況を示しているだけでなく、「心身の状況」という、きわめて個々の事情に帰する内心の事情や心身の健康の状況に「応じる」と解することが可能な点で憲法二十六条を具現化している。

第3節　「一定」から排除される子どもたちの現状を憲法から評価する

前章（第1章）では、学校や教師が、学習指導や生活指導上において「一定」を前提とした指導や対応をせざるを得ない制度的な状況、あるいはその「一定」に学校や教員が積極的になることによって、児童生徒が「一定」の内外に峻別されて疎外を受けている実態の一例を示した。また、結果的に、その「一定」にあてはまらない児童生徒は、大人が言うところの『困った子どもの問題』として現実的に片づけられてしまうことが多いことも示した。

繰り返すと、このような事態を子どもから捉えると、それは「教育からの疎外」や「学びからの疎外」を受けていることであり、そのことが、やがて自らが大きな社会的不利益を被る危険に晒されて一層の〝荒み〟などを抱え悪循環に陥る可能性を含んでいる。

これら実態を踏まえ、本章・本節（第2章 第3節）では、第2章の第1節・第2節で整理、考察された教育を受ける権利、とりわけ「能力に応じてひとしく教育をうける」権利（憲法二十六条）、そして「ひとしく、その能力に応じた教育を受ける機会を与えられる」権利（教育基本法四条一項）の意義から、先の「教育からの疎外」をどのように評価することができるかを考察する。

第1章で挙げた事例を代表例として検討すると、学校教育上大きく分けて四つの「一定」による画一的な教育下で、児童生徒の「教育からの疎外」が起こっている。

一つは、教育課程や授業での「わかることからの疎外」である。

学校（教員）は、文部科学省が定めた学習指導要領に基づく教育課程につき、検定を受けた教科書を用いて授業を行う。したがって、教育課程の全内容を年間授業日数約35週分の授業回数で振り分けるとすると、一回当たりの単元の進度が決まる。そして、前述の教育課程と各学校単位で策定された各教科・科目ごとの指導目標や指導計画に基づいて行われる。この結果、理解に時間がかかる児童生徒にとっては「わからない」ことが蓄積される。一方、理解が早い児童生徒にとっては、教育課程上の「ゆっくり」とした進度に合わせることが苦痛であり、「もっと学習したい」との願いがあったとしても、それが叶わないことによる疎外が生まれる。つまり、教育課程の進度や方法に合わない児童生徒の存在である。

第１章 第２節の事例では以下の点が該当する。

・第１章冒頭で取りあげた、「K高校生徒が経験してきた『わかる』ことからの疎外の蓄積」
・事例２の「高校教育課程の履修見込みの可否の観点から障害者を不合格にした『機会』からの疎外」
・事例３－①の「進学校での成績上位者に合わせた内容の授業による『わかる』ことからの疎外」
・事例３－②の「旧帝大への受験者に向けた内容と進度の授業による学校から向けられる『期待』からの疎外」
・事例４の「授業がわからない児童の授業中の放置」

これら事例の特徴は、「数学が特に得意である」「理解が早い」などの進度を早く進めることが可能な能力を有する人に向けた授業や、逆に（たとえば）「数学が苦手」であったり、「理解に時間がかかる」児童生徒を放置する授業であるという点にある。

この事態は、「わかることからの疎外」、「学ぶことからの疎外」、そしてこれら疎外を起因として、価値の乏しい自分であるとの低い自尊感情を経た内心の荒みとその態度化に至る自己の「人格疎外」をもたらし、結果的には、先生や大人から「困った児童、生徒」としてクラスの構成員や学校から排除の対象となる（これら疎外を総称して「教育や学びからの疎外」、「人格疎外」と称する）。この状況は、形式的には学校で教育を受けても、授業内容がわからないままに放置されて、学習者からすると実質的には教育を受ける権利を行使しているとは言えない状況だと言える。[37] 逆にその権利に対する義務としての「教育」を提供しているとは言えない事態だと言えよう。

憲法二十六条の「能力に応じて教育を受ける権利」や、教育基本法四条「すべて国民は、ひとしく、その能力に応じた教育を受ける機会を与えられなければならない」の規定からすると、ここでの「能力に応じて」は、学習者一人ひとりの「理解の仕方に応じて」、「理解の早さに応じて」、「わかり方に応じて」、という「個々の習得の度合いや仕方」に応じることを意味すると解するのが論理的帰結だと言える。特に、「わからないことが何か」を自らが伝えることができない義務教育段階、とりわけ小学校段階ほど、これら個々の習得の仕方に応じるべき憲法的要請は強いと言わなければならない。

二つ目は、「学校や教員の支配的指導」による教育からの疎外である。

教員は、授業や課外活動も含め教育活動の一環として指導を行う場合は公権力の行使[38]にあたる。その教員による支配的、硬直的な教育活動が行われた場合、当該教員の一方的な指導に従わなければ成績評価の対象とならずに原級留置や退学処分となるなど、本人の教育を受ける権利そのものに影響する重大な不利益を受忍させるものである[39]。

第1章 第2節の事例にあてはまると、

・事例1の「格技授業の剣道実技をしなければ結果的に退学になる指導」

・事例5の「妊娠している生徒にも卒業の要件として体育実技を求める指導」

などが該当する。

事例1の「格技授業の剣道実技をしなければ原級留置を経て結果的に退学になる指導」については、剣道実技の履修は自らが依って立つ宗教上の理由により、人格的な信念としてこれに参加できないこと。そして当該生徒はこの代替としての見学、レポート、他の種目での実施などによる配慮を学校に求めたが、高校側からはそれらがことごとく認められずに最終的に退学処分となったものである。言わば、公権力の行使者である教員の指導として、これに従えない場合は退学処分をもって排除することを為した事例である。

最高裁判決では、「公教育の教育課程において、学年に応じた一定の重要な知識、能力等を学生に共通に修得させることが必要であることは、教育水準の確保等の要請から否定することができず、保健体育科目の履修もその例外ではない。しかし、高等専門学校においては、剣道実技の履修が必須のものとまではいい難く、体育科目による教育目的の達成は、他の体育種目の履修などの代替的方法によってこれを行うことも性質上可能というべきである。」（判決理由二）と述べた上で、「退学処分は学生の身分をはく奪する重大な措置であり、学校教育法施行規則十三条三項も四項目の退学事由を限定的に定めていることからすると、当該学生を学外に排除することが教育上やむを得ないと認められる場合に限って退学処分を選択すべきであり、その要件の認定につき他の処分の選択に比較して特に慎重な配慮を要するものである」（判決理由二）として裁量権を超えた違法な処分であるとした。

当該教育活動は、権力的な指導により、教員の指定した内容と方法でしか学習の態様を認めないという「一定」をもって生徒へ学習活動が指示された。これにより、極めて深刻な葛藤を当該生徒へ迫ったことになる。すなわち、生徒は、

①「『教育』からの疎外・排除」に陥っても信仰上の自由（人格的信念）を守るか。

②「『教育』からの疎外・排除」に至らないように、信仰上の自由（人格的信念）を捨てるか。

という択一的な選択を迫られることになる。まさにこの点において憲法原理である個人の尊重と尊厳が「公教育」によって危機に陥っていよう。

これを先の「能力に応じた教育」の観点から検討する。

ここでの能力は、理解の仕方や理解が早いかなどの本人の学習能力というよりは、教育を受ける権利の保持者である「生徒の内心の事情に応じて」や高等専門学校ゆえの「進路に応じて」、あるいは、憲法二〇条 第一項「信教の自由は、何人に対してもこれを保障する。」の権利主体の信仰の事情（心身の状況）に応じた教育と考えることで、憲法理念に合致するだけでなく憲法二十六条一項にも合致する。

そして根本的には、まさに大人と同じ人権共有主体である子ども（児童生徒）がその権利行使を行うにあたり、とりわけ今次の場合は、思想・信条や信仰の自由をどのようにとらえるか、という問題にも帰着する。これに関しては7章で後述する。

事例5の「妊娠している生徒にも卒業の要件として体育実技を求める指導」については、卒業要件である各教科の単位の認定要件として保健体育の体育実技を妊娠している女子生徒にも一律に課すことの問題性が指摘し得る。教員が当該生徒に対して卒業と引き換えに実技への参加を求めることは、表見的には「体育実技を行う」か、それとも「休学届を出す」かの選択を迫るものである。

しかし、体育教員が当該生徒に対してこの選択（指導に従うか、従わないか）を求めることは、実質的な意味として次のような重大な選択を迫ることになる。

①「母体の安全」（胎児の生命）のために実技を行わず卒業を断念して休学する。

②「母体の安全」（胎児の生命）を危険にしても実技を行い、卒業を選択する。

ということである。

問題は、公権力の行使者である教員が行う当該指導は、母体や胎児のいのちに対する尊厳だけでなく、当該生徒の人格的生存や幸福追求からの疎外に至るような人としての根幹に関わる選択を迫っていることである。

権利として受ける教育は、「第2章 第1節（2）教育を受ける権利と憲法の基本原理との関係」で記したように、どのような教育内容であってもよいわけではなく、人権としての教育の観点から、（当然に）安全に教育を受ける権利が内包されていなければならない。これを踏まえて生徒が妊娠している事実に着目して学校の指導を評価すると、個人の尊重と尊厳のほか、胎児の安全、母性の安全などの尊厳性、そして当該生徒が持っている幸福追求権から、教員は授業形態や内容において代替可能な履修方法を生徒に提案すべきであったと考えられる。

その根拠となる原理は、憲法原理だけでなく憲法二十六条一項「その能力に応じて、ひとしく教育を受ける権利」、および教育基本法四条一項の「その能力に応じた教育を受ける機会」に求められる。そして、本件での能力とは、「2章　教育と憲法との関係と位置づけ／第2節のまとめ」より、「心身の状況」に応じて、（妊娠している女子生徒と胎児の）「心身の発育・発達」に応じて、さらに「進路に応じて」との根拠がそのまま適用可能であることがわかる。そうでなければ、「教育そのものからの疎外」、「人格的存在」からの疎外に陥る。

三つ目は、「学校の実績づくり」による期待される存在からの疎外である。

特に高等学校における「伝統」継承や進学実績の目標達成など、学校間競争を背景にして「学校目標」の達成率を数値化することが行われている。この類型はその学校が設定した進学実績の目標に貢献しない生徒が疎外を受ける場合である。事例では、いわゆる「進学校」が「旧帝大」などへの進学実績を競う中で、それに向けて特化された授業内容や進度にあてはまらない生徒の疎外の問題である。

・事例3－①②は、ある西日本の県の進学校での事例である。

進学校は、その進学実績を学校目標や評価として用いることが多いため、それに貢献すると期待される生徒と、期待されない生徒に分けられがちである。各高校のホームページでは大学合格実績が掲示されているが、国立難関大学、他の国公立大学および医学部、難関私立大学、他の大学、短期大学、専門学校などの順で掲示されることが多い。場合によっては必ずしも難関ではない大学は大学名さえ省かれている場合がある。しかし、この進学実績の序列の背後にあるのは、「第1章」で示した「K高校」の事例の他、「事例3－①進学校での成績上位者に合わせた内容の授業」、「事例3－②旧帝大への受験者に向けた内容と進度の授業」のように、多くの場合、期待されない生徒に「わかることからの疎外」を生み出しながらつくられた進学実績である。

これは「教育課程」「授業内容」からの疎外と連動して、学校として制度的に行われている可能性のある事例でもある。すなわち、ある特定の受験対応能力を持っている生徒を対象として授業内容を設定して、これに対応できる生徒は鍛えることができる。しかし、その授業内容がわからない生徒は事実上「わかることからの疎外」と、そのまま放置されるという差別的扱いを受けることになる。そもそも、進学実績の序列的な公表は、自らが期待された生徒であったか、あるいはそうではない生徒であったかを生徒自身が自覚させられ、かつ広く社会に対して、適正に応じた進路指導の結果というより、むしろ自分が期待される生徒でなかったことを知らされたことになる。

本事例の場合、一人ひとりに応じるという意味の「能力に応じて」は、教員が設定した「難関大学に合格する可能性の高い生徒を対象とした授業」に適する生徒と、それに適さない生徒、という意味で学校や教員にとって都合のよいように用いてはならず、生徒の教育課程における理解の仕方や、多様な進路や選択に応じて、「ひとしく」学習指導がなされなくてはならない、というべきである。

そして**四つ目**として、「教育の機会均等」からの疎外である。

これらには、たとえば性同一性障害などやＬＧＢＴである生徒が既存の教育課程およびそのための学校施設を用いた教育を受けるにあたり、利用できない教育内容や施設があることによる事実上の排除などがある。[40]

このように、「一定」にあてはまらない当該児童生徒は、自己が疎外の状況におかれたままの学校教育によって、本来深めるべき学びが阻害される状況にある。もちろん、これらに対する対応が進んでいる地域や学校があるが、小学校、中学校、高校の学校段階ごと（教育委員会単位）の整備の度合いや指導する教員の研修や理解には大きな差があることが報告される。[41]当然にこれら問題は、現実的には法と制度によって当該事態が一律に回避されなければならない問題であることから、根源的に何らかの学習者の権利保障となる理論を構築する必要がある。前述のに対する基本的問題は、次のように整理される。

先の性同一性障害等の生徒の場合は、憲法二十六条の「教育を受ける権利」による機会均等の恩恵を享受でき、形式的にその〝機会〟に浴したとしても、学習者にとって学校生活を送るにあたって基本的な施設利用上、あるいは授業における困難を伴う場合は、実質的に「教育」からの疎外が起こっていると考えられる。すなわち、このような疎外が放置されることは、教育を受ける機会が形式的にあったとしても、実質的には教育を受ける権利が保障されていない実態が発生していると評価すべきである。これに対する教育行政および学校の対応根拠は、憲法規定だけでなく、教育基本法四条一項「能力に応じた教育を受ける機会」、および学校教育法二十九条、四十五条によって「心身の発達に応じて」を根拠として早急に対応がとられる必要がある。さらに、学校教育法施行規則五十四条の「児童が心身の状況によって履修することが困難な各教科は、その児童の心身の状況に適合するように課さなければならない。」などを根拠として、直ちに履修上の困難を回避する対応が求められる。

ところが、問題は「心身の発達に応じて」「心身の状況に応じて」をどのように教員や学校、教育行政が把握するか、である。また、どのように対応することが「心身の状況に適合する」ことになるか、という学習者（児童生徒）の立場に立つ視点である。これまで、支援学校などの学校種では障害を有する児童生徒の発達や状況に応じる教育内容と教育課程が定型化されてきたことで、当該児童生徒への対応が進んで来た背景がある。しかし、現実的には、各学校においては、多様な背景と事情を持つ児童生徒の「状況」を学校が把握することは極めて困難な一面もある。すなわち、これら児童生徒の「状況」を把握するシステムが学校や教育行政に具体的になければ、先の法の意図が「教育」に及ばないことになるものと考えられ、同時に児童生徒の「状況」に学校として対応する組織的適合システムがなければ「適合」を実現させることはできない。

では、先に示したような4つの疎外を回避し、たとえばそのための「システム」を構築することによって、児童生徒が先（第1章）の弊害から逃れて教育を受ける権利が実質的に保障されるためには、どのような権利論に基づき、あるいは憲法原理に基づいてシステムを根拠づければよいだろうか。次章では、与えられた教育を受ける権利としてではなく、一人ひとりに応じた学習要求など、積極的な権利行使の側面を持つ学習権論を適用することの可能性を検討する。とりわけ最高裁旭川学テ判決で定義された学習権論について、その可能性と意義を整理し、問題解決に資する権利性を考察する端緒を提示する。

注

（1） 浦部法穂『憲法学教室 第3版』（日本評論社,2016）42頁
（2） Yves Daudet and Kishore Singh, *The Right to Education: An Analysis of UNESCO's Standard: —Setting Instruments.* Paris, UNESCO, 2001,pp10
（3） Yves 前掲注（2）66,pp10
（4） 山崎真秀氏は、日本国憲法が保障する人権規定中の教育人権に関する条項を成文教育法の法源とし、憲法が「人権としての教育」を明確にしていることを述べる（山崎真秀『現代教育法の展開 その領域と課題』（勁草書房,1987）15

頁)。また、「戦前の義務教育は権利性を一切捨象した『強制教育』でしかなかった。これに対し日本国憲法は『国民の教育を受ける権利』を明文化し、教育の人権性を端的に確認した。同時に「権利としての教育」の思想こそ憲法・教育基本法法制の基本哲学である」ことを述べる(山崎・同47頁)。また、堀尾輝久氏は、「人権としての教育」という大きな括りでこれらを述べる。(堀尾輝久『人権としての教育』(岩波書店,1991) ほか。

(5) 国連文書 A70 / L.1:4

(6) 堀尾輝久『人権としての教育』(岩波書店,1991) 67頁以下/山崎 前掲注(4) 47頁他。

(7) 浦部 前掲注(1) 216頁/同様に、佐藤幸治は技術文明の進展に伴い、教育施設や教育専門家の助けを借りなければ教育が成り立たない社会的背景から「現代国家にあって、教育を受ける権利とは、国家に対し合理的な教育制度と施設を通じて適切な教育の場を提供することを要求する権利を意味せざるを得ない」と述べる。(佐藤幸治『現代法律学講座5 憲法』(青林書院新社,1978) 427頁)

(8) 教育を受ける権利の社会権的側面の理念の一つとしての公民権(政治的権利)説の立場からは、「将来の主権者たる国民を育成するという方向の教育＝主権者教育を受ける権利」「そのような内容の教育を要求しうる権利」(永井憲一『憲法と教育基本権』(勁草書房,1970) 273、277頁) と表現される。

(9) 佐藤功『憲法(上)〔新版〕』(有斐閣,1983) 444～445頁/樋口陽一・佐藤幸治・中村睦男・浦部法穂『注釈日本国憲法上巻』(青林書院,1984) 599頁 では、教育を受ける権利は「生存権たる性質をもつが、同時に国民の精神的自由に関わるものとして自由権的な性質を持つ」ことや、通説として「教育を受ける権利が社会権的側面と自由権的側面を併有した複合的性格の人権であることを認めるに至っている」ことが述べられる。

(10) 佐藤功『全訂第4版 日本国憲法概説』(学陽書房、平成6年) 288頁

(11) 佐藤・同書 274頁では「生存権的基本権を憲法によって保障するということは、国家権力が不介入・不干渉であればかえって現実には失われてしまう権利を掲げて、それを現実に確保するために国家権力が積極的に介入しなければならないとするものである」と説明する。

(12) 樋口陽一、中村睦男、佐藤幸治、浦部法穂『注解法律学全集2 憲法Ⅱ』(青林書院,1997)152頁。生存権や教育を受ける権利は元来、社会権として分類されたが、今日では自由権的側面の法的性格も有していると理解されることが一般的である。
(13) 浦部 前掲注(1)218頁
(14) 山崎 前掲注(序章 11)82頁
(15) 清水寛「障害者の『生存と教育』の権利」日本教育法学会年報1『権利保障の理論と実態』(有斐閣,1972)148頁
(16) 山崎 前掲注(序章 11)82頁
(17) 沖原豊『日本国憲法教育規定研究』(風間書房、昭和55年(1980))343頁
(18) 沖原 前掲注(17)343頁
(19) 他にも、牧正名氏は「『能力に応じて』ということは、『その人間の必要・要求に応じて』ということを意味するといえる。もう少し一般化して言えば、個性的存在である人間(子ども)の発達の要請に即して教育を受けることが権利保障である」との見解を示した。(牧柾名「子どもの権利と教師の権利」牧柾名教育学著作集1『教育権の歴史と理論〔上〕』(エムティ出版,1998)201頁)
(20) 清水伸『逐条日本国憲法審議録第2巻』(日本世論調査研究所,1962/有斐閣、2012年オンデマンド版)579~596頁
(21) 宮沢俊義『日本国憲法』(日本評論新社、昭和30年)267頁
(22) 小林直樹「現代教育における疎外―受験競争と能力観を中心に―」『日本国憲法と戦後教育』(三省堂,1979)297頁
(23) 元文部省初等中等教育局長、元文部事務次官で戦後の教育委員会制度創設を担当した。
(24) 天城勲『教育学叢書別巻 教育法規解説』(第一法規出版、昭和46年(1971))119頁
(25) 佐藤 前掲注(7)427頁
(26) 兼子仁『教育法〔新版〕法律学全集16－1』(有斐閣,1978)231頁

(27) 佐藤（功）前掲注（9）445～446頁
(28) 浦部 前掲注（1）217頁
(29) 樋口他 前掲注（12）174頁
(30) 清水 前掲注（20）579～596頁
(31) 学校教育法では、二十九条、四十五条のほかに、四十九条の二、四十九条の六、五十条、六十三条、六十七条一項および二項、百二十五条二項が該当する。
(32) 学校教育施行規則では、二十六条一項、五十四条、七十九条、七十九条の八、七十九条の十、九十条、百四条、百十三条などが該当する。
(33) 具体的な諮問は次の３つである。１高等学校および大学の役割分担の明確化と両者の教育の連携について。２高等学校と大学の接続を重視した大学入学者選抜の改善について。３その他関連する施策について。同年12月に「初等中等教育と高等教育との接続の改善に関する小委員会」が設置され、有識者からのヒアリング等を踏まえながら審議を重ね、平成11（１９９９）年11月１日に「中間報告」がまとめられた。続いて平成11年12月に最終答申が提出されている。
(34) 昭和59年７月20日 文部省初等中等教育局長通知－文初高第283号「公立高等学校の入学者選抜について」
(35) 平成９年11月28日 文部科学省初等中等教育局長通知－文初高第243号「高等学校入学者選抜について（通知）」
(36) 答申（平成11年12月）は、これまでの一律的な「能力」観を否定し、多様な能力を認めて高等学校教育を受けることができるような条件整備を求めている。まず、文部省のこれまでの施策を確認しつつ、その上で諸制度の改革の必要性を次のように答申した。
「入学者選抜については，高等学校進学率が約67％であった昭和38年の『公立高等学校入学者選抜要項』（初等中等教育局長通知）において，『高等学校の教育課程を履修できる見込みのない者をも入学させることは適当ではない』とした上で，『高等学校の入学者の選抜は，（略）高等学校教育を受けるに足る資質と能力を判定して行なうものとする』とする考え方を採っていた。しかし，進学率が約94％に達した昭和59年の『公立高等学校の入学者選抜について』（昭和59年7月20日 文部省初等中等教育局長通知－文初高第283号）においては，『高等学校の入学者選抜は，各高等学校，学科等の特色に配慮しつつ，その教育を受けるに足る能力・適性等を判定して行う』として，高等学校の入学者選抜は，あくまで設置者及び学校の責任と判断で行うものであることを明確にし，一律に高等学校教育を受けるに足る能力・適性を有することを前提とする考え方を採らないことを明らかにした。これに基づいて（略）平成11年度からは，高等学校の入学者選抜について，生徒の多様な能力，適性等を多面的に評価するとともに，一層各学校の特色を生かした選抜を行い得るよう，調査書及び学力検査の成績のいずれをも用いず，他の方法によって選抜を行うことを可能とする制度改正を行い，選抜方法についての設置者及び各学校の裁量の拡大を図ったところである。」（傍線筆者）との施策をさらに進めて「受験機会の提供」などの条件整備に努める必要性を答申している。

(37) たとえば、教育学者の佐藤学は、流れ作業のような授業の状態を、文化人類学者レイブとウェンガー（Lave&Wenger1988）の「正統的周辺参加」理論による現代学校制度への問題提起を用いて、「通常の学校カリキュラムでは、学習者は孤立した個人であり、教授活動が学びの活動を統制し、カリキュラムは部分から全体、低次から高次へと階段状に組織され、学びはこの一方方向的なアセンブリ・ライン（大工場の流れ作業）を段階的に処理していく過程として組織されている」旨を紹介し、このような「子ども一人ひとりを孤立させている学びの現実」を批判的に評している。（佐藤学「学びの共同体の系譜―フェミニズムとのクロスロード」国立女性教育会館研究紀要Vol6（2002）22頁）

(38) 国公立学校の場合は国家賠償法一条の「公権力の行使」にあたる。私立学校の場合は、教員が公権力の行使者という法的地位には該当しないが、学校教育法一条に該当する以上、憲法上の人権保障および関係法に基づく。教員の支配的指導などによる不適切な教育指導が民法上の不法行為責任ないし債務の不完全履行に基づく債務不履行責任を構成することがある。

(39) 苅谷剛彦は「教師と生徒の不平等な関係のもとでの力の行使」との表現を用いている（苅谷剛彦「ニッポンの教育

第８回規律・訓練」総合教育技術４月号（小学館,2013）96頁）
(40) 井上典之編『憲法の時間』〔井上〕（有斐閣,2016）57頁、132頁
(41) 文部科学省、「学校における性同一性障害に係る対応に関する状況調査について」（平成26年６月13日）「２．結果概要、（４）特別な配慮をしているか」の回答より

第3章　教育を受ける権利と学習権との関係

第1節　論考方針

序章では、子どもたちの声なき反乱とも言える深刻な「教育荒廃」や「子どもの心の問題」に直面しつづけて来たことを概観し、その上で、大人の論理でこれらを位置づけ、都合よく「困った子どもの問題」「できない子」として扱ってきたのではないか、ということを問題にした。そして、「教育を受ける権利」の主体者である子どもの立場を基点にして論じられる視座の転換を提起して、理論的・実践的に「教育のあり方」や「学び」を子どもの手に取り戻す法的・制度的な方途を考察する必要性を述べた。

これを受け、第1章では、序章の問題提起を基に、「教育を受ける権利」の主体者の立場から、教育の荒廃や児童生徒の荒みを創り出している要因の一つとして、学校教育の画一的な「一定性」や学校（教員）の一部の権力的あるいは支配的な指導の下で、どのような「教育からの疎外」が生じているかについて現実の事例を示した。結果、教育の各場面にある「一定性」や「画一性」は、教育行政、学校運営、教師の指導など多方面にわたることがわかる。

その上で、第2章では、第1章で挙げた学校教育に潜む（ある意味制度的に生み出している）「疎外」の事例が憲法体系や憲法二十六条および下位法から、その「一定性」などがどのように評価できるかを整理した。とりわけ、憲法二十六条に示される「能力に応じて」の解釈は、個人の尊厳と尊重の原理から、本来一人ひとりの「能力」、つまり「わかり方」や「理解の仕方」、「経験の度合い」などの個々の違いに着目したことを表す概念であり、一人ひとりの学びとして意味のある教育であるべきはずであることを示した。また、それゆえに教育基本法においても教育の目的が「人格の完成」に置かれる点で、憲法的理念の教育上の根幹の一つと考えられる。

一方、このような憲法的要請から、学習者は一人ひとりに応じた教育を求める権利を有しているにも関わらず、現実的には大きな乖離がある。それゆえに、前述の権利に基づいて、学校に（ある意味伝統的に）潜む「一定」に沿わない児童生徒が、学校側のさまざまな理由や、無自覚・無意識による不作為によって放置や排除を受けたりすることのないよう、児童生徒にとっての「教育を受ける権利」が実質的に保障されることが重大な意味を持つことを示した。

ところが、このように憲法体系が疎外と排除を生み出さない法理を本来的に有しているとしても、教育関係機関が事実上その法理に反する（あるいはその疑いがある）内容の教育行政や教育活動を行い、結果的に憲法的保障を受けることができない児童生徒が存在する場合、権利主体の児童生徒らはこれに対してどのように救済を求め、あるいは権利の回復が可能であるだろうか。そして、この問題解決に憲法はどのように貢献できるか、ということを考える必要がある。

そこで、本章（第3章）では、教育を受ける権利の実質的な保障の観点から、教育に関する積極的側面としての学習要求を重要な権利概念として提唱されてきた『学習権』について検討する。なぜなら、この概念の検討を回避して「教育を受ける権利」の保障を論ずることはできないものと思慮されるからである。

この場合、先の疎外や排除などは、憲法二十六条の「教育を受ける権利」の保障として制度化されている学校教育制度における条件整備が、権利保障に満たないものとして論理構成することが考えられるが、いずれにしても「学習権」が生み出す法的利益などの有効性の有無についての検討は避けて通れない。そこで、本件問題への学習権論の適用の可否や今日的解釈およびその内容と意義を検討するため、学習権の原初概念の生成や背景に基づいて、本来の意義を検証する。そしてその上で今日的意義を見出すこととする。

ところで、学習権は、教育を受ける権利と同時に「国民の教育権」、「国家の教育権」などの教育権論や、「教育の自由」など自由権論と同時にさまざまな当事者の「権利」や権限など、付随する周辺概念との関係で論じられる。しかし、一九七六年の最高裁旭川学テ判決では、学習権の原初概念を基本にしつつも、その権利概念を構成・補強する他の「権利概念」の多くが採用されないか、あるいは否定されてきた。また、憲法学の立場からも学習権論の議論に対して疑義が呈されていたことを踏まえ、本章ではあえて問題解決への適用可能性および今日的意義の検討においてはこれら学習権の原初概念と周辺概念とを峻別する。

また、学校教育や教育行政、研究分野において、学習権が必ずしも子どもの現実に基づく問題から論じられたわけではなく、同時に子どもにとっての直接的な具体的利益から考察されてきたわけではない。[1] 一方、憲法学からは、「ある者が憲法上学習権をもつという場合、どんな権利が意味されているのだろうか。誰に対して、どんなときに、何を要求する権利なのだろうか[2]」との学習権の権利性そのものが憲法上の枠組みの前提において問題が指摘されたり、単なる教育理念と混同された議論に対する論理的問題性も指摘されたりしている。[3] そして、何よりも学習権自体の通説的理解や具体的な権利が今なお曖昧であることなどが今日に至っても指摘され続けている。[4] そこで、本章（第３章）では、まず憲法に位置づけられる学習権の意義を「最高裁旭川学テ判決」の内容から整理し、その上で学習権が抱える根本的課題と曖昧さ、さらに問うべき疑問点を明らかにする。

続いて次章（第4章）では、継続して学習権の可能性を考察する前提を示し、学習権の原初概念に遡ってその本来的意義を問い直して再分析する。一方で子どもの地位や権利から出発する権利性を内包させて発展した学習権を構成する重要な価値や意義を今日的に再考しながら、学習権の限界と可能性を明らかにする。

第2節　最高裁旭川学テ判決「学習権」を考察する意義

(1) 憲法二十六条の背後に位置する「学習権」の意義

子どもの権利条約が[5]1994年に批准された約40年前の1950年代後半、日本では子どもの立場から教育を問い直そうとする「学習権」概念が生まれていた。この学習権は、本著の基本的問題意識である、子どもが関わる教育問題が「子どもの困った問題」ではなく、子どもが「教育からの疎外（権利侵害）」などの状況におかれている場合に、教育の権利の主体者である子ども自身が、どのように状況の改善を求めることができるか、との考察に極めて重要な手掛かりをもたらすものと考えられる。

この学習権論は、教育を受ける権利の積極的側面や「国民の教育権」、そして「教育の自由」等と合わせて議論が展開され、結果的にいわゆる最高裁旭川学力テスト事件判決（昭和51年〈1976年〉5月21日大法廷判決）の中で、その権利性が以下のように定義された。

（憲法二十六条「教育を受ける権利」の）「この規定の背後には、国民各自が、一個の人間として、また、一市民として、成長、発達し、自己の人格を完成、実現するために必要な学習をする固有の権利を有すること、特に、自ら学習することのできない子どもは、その学習要求を充足するための教育を自己に施すことを大人一般に対して要求する権利を有するとの観念が存在していると考えられる。換言すれば、子どもの教育は、教育を施すものの支配的権能ではなく、何よりもまず、子どもの学習をする権利に対応し、その充足を図りうる立場にある者の責務に属するものとしてとらえられているのである。[6]」

この「学習をする権利」により、憲法二十六条第一項の「…ひとしく教育を受ける権利を有する」と示される「権利」には、特に、学習主体である子どもが、「学習要求を充足するための教育を自己に施すことを大人一般に対して要求する権利」（いわゆる学習権）が内包される。これにより二十六条の理解は、制度的に整備された「教育」を受ける権利と同時に、それ以外に学習要求による「教育」を受ける権利がある、との二つの権利として捉える必要性が生まれた。この点に権利の主体者である子どもが真に教育の主人公となることができる可能性を内包していると言えよう。

もちろん、このことは学習権が単独で独自の意味を持つものではなく、第2章で示したとおり、憲法原理と憲法二十六条が有している元来の体系に関係づけて理解される必要性があることが前提となる。すなわち、

①　個人の尊厳など、憲法原理とその体系に基づく教育を受ける権利。
②　社会権的意義と自由権的意義の両義性。
③　二十六条一項の一人ひとりの「能力に応じ」た教育を受ける権利。
④　最高裁判決により付加された（二十六条の背後にある）「学習をする権利」（学習権）

との関係から学習権が位置づけられる必要がある。特に①②③に、④「学習権の権利内容」を付加する上で、

二十六条を構成する解釈上の関連性についてどのように整理するべきかという考察が必要と考えられる。そして、その上で「第1章」に記した「学びからの疎外事例」のような教育問題に、当該学習権が「教育を受ける権利の主体者」の立場を基点にして問題解決を図ることに有効であるか否か。また、有効であるならば、権利の主体者はどのような利益や結果が具体的に得られるのかを検討する必要がある。

(2) 憲法二十六条の社会権的側面と「学習権」との関係

ところで、最高裁判決で承認された「学習権」ではあるが、事実上学校現場ではほとんど話題にされたり用いられたりすることはない。しかも、学習権の「権利」概念が、今日では複雑かつ曖昧なものとなっていたりするため、その使用において教育行政や教育現場ではやみくもに濫用されている場合があるように思われる。あわせて、学習の主体者である児童生徒やその保護者には学習権に関する知識がほとんどないことにより、教育行政を含めた教育を為す側によって「都合よく」用いられている状況も見受けられる。その背景には、今日、学習権概念はその理論を推進する立場と、逆にこの権利概念の内実に疑問を呈する立場から、それぞれの学習権に関する多くの見解が学説レベルで交わされてきたことも、理解を複雑にしてきたともいえよう。端的に、**学習権は具体的に何を求める権利であり、逆に何を保障することが必要な権利なのか。あるいは、誰が権利の保持者であり、どのようなことを求めることができるのか(この学習権によってどのような利益があるか)が曖昧なまま存在している。**それゆえに、前述の事例のような問題に対して学習権がどのように有効に機能するかが問われることすらなかったのではないかと思われる。

そこで、学習権が生徒に関わる教育上の問題について解決につながる有効な論理となり得るのかを問うために、憲法上どのような性質を有した権利と言えるのか、という点を整理する。

憲法二十六条の規定は、「第2章 第2節（2）」で整理したとおり、本来的には社会権的性質を持つ規定であるから、ある部分を除いて自由権としての防御権ではなく作為請求権として教育の制度や環境整備を要求する権利である。それは、社会権の性質から、どのようなものでも可能な限り最大の作為（効果）をもたらす制度を国家に求めることができる規定ではない。

第一項　すべて国民は、法律の定めるところにより、その能力に応じて、ひとしく教育を受ける権利を有する。

第二項　すべて国民は、法律の定めるところにより、その保護する子女に普通教育を受けさせる義務を負ふ。義務教育は、これを無償とする。

次に、教育を受ける権利は憲法によって認められる権利であるが、この権利の内容は、一つには、第一項の「能力に応じて、ひとしく教育を受ける権利」と第二項の「義務教育はこれを無償とする」から、義務教育制度を基本とする学校制度によって能力に応じた教育を受ける機会を得る権利であることは明白である。ただし、普通教育の内容や保護者に課す義務の内容、さらに義務教育諸制度は法律によって定められることになる。

その上で、第一項の「能力に応じて、ひとしく教育を受ける権利」とは、すべての国民にとっての権利であるから、義務教育だけに止まらない「教育を受ける権利」であるとの前提に立ちつつ、特に「子ども」にとってはどのような権利なのか、ということが問題となる。ところが、二十六条一項だけではそれを特定する具体的な権利内容が示されていないことから、条文のとおり「法律の定めるところにより」教育を受ける権利に対応する教育制度等を通して権利内容が具体化されることになる。したがって、この憲法二十六条は立法府の関与を留保した抽象的権利としてある。[7]

加えて、同「第2章 第2節（2）」で整理したとおり、第一項の「能力に応じて、ひとしく教育を受ける権利」の意味・性質は、憲法十三条の個人の尊重、ならびに二十六条の一人ひとりの人間らしい文化的生活（社会権として、生存権に関係する文化的側面）を実現する意義と同時に、一人ひとりの自由な精神的発達や成長（自由権的側面）などの個々の自律を実現する両義性の観点から、「誰一人として教育から捨てられることなく、一人ひとりの成長・発達の仕方や能力に応じて必要な意味のある教育を受ける権利」と捉えるべきことを示した。そして、このような性質と解釈が、最高裁旭川学テ判決で示された「学習要求を充足するための教育を自己に施すことを大人一般に対して要求する」という、「教育を受ける権利」の学習主体者からの作為請求権（積極的側面）を根拠づけ、最高裁判決で示された「学習する固有の権利」（学習権）の存在を明瞭にする。前述の立法（の関与）による一層の権利保障の制度化には、このような学習権概念を前提とした立法が求められよう。

以上のように、憲法二十六条一項の解釈は、先の「（1）憲法二十六条の背後に位置する「学習権」の意義」で示した、「① 憲法原理」、「② 社会権（作為請求権）と自由権の両義性」、「③ 能力に応じての意味」、「④ 学習権」（教育を受ける権利概念の背後にある学習をする権利）を踏まえて為されなければならず、そのような立法によって権利を実現する制度が整備される必要がある。たとえば兼子仁氏の学習権説では、次のとおり学習権が法の定めるところによる国の条件整備によって達成される位置づけであることが確認される。

「すべての人、とくに子どもは、生まれながらにして教育を受け学習して人間として成長・発達していく権利を持っているのであり、この子どもの生来的学習権を充足するために、国は条件を整備し学習に値するような教育内容を提供しなければならず、教育を受ける権利は、このようなサービスを国に対して要求する権利である」[8]

（３）憲法二十六条への「学習権」の内在化と問題

ここまでのまとめとして、学習権を取り入れた二十六条一項全体の解釈としては、前述の①、②、③、④を踏まえて、次のように理解することができる。

二十六条第一項「すべて国民は、法律の定めるところにより、その能力に応じて、ひとしく教育を受ける権利を有する。」は、「一人ひとりの人間らしい文化的生活（生存権の文化的側面）と、一人ひとりの自由な精神的発達や成長（自由権的側面）などの自律を実現するために、誰一人として教育から捨てられることなく、一人ひとりの成長・発達の仕方や能力に応じて、各人に必要な意味のある教育を受ける権利を有している。そして、そのための学習要求を充足するための教育を自己に施すことを要求する権利（学習権）を有している。」となる。[9]

同様に、浦部氏は、学習権を踏まえて「教育を受ける権利は、ただ単に経済的な面での条件を整備しすべての国民に教育を受ける機会を形式的に保障すれば足りるという性質のものではなく、すべての国民（とくに子ども）の学習権を実質的に保障すべきことを国に対して要求する権利である」[10]と、これまで経済的側面で捉えられがちであった二十六条一項の規定の意味を捉えなおす。

さらに、「学習権」に「能力に応じて」の解釈を付加して関連付け、「国民すべてが、ひとしく、おのおのの能力に応じた教育を受けられるように国は条件整備をすべきである」こと。あるいは（教育は）「人間としての成長・発達に欠かせないものである。そして、それぞれの個人には、それぞれの能力がある。だから、すべての人がそれぞれの能力に応じた教育を受けられるように条件整備することは、当然に必要である。」[11]（傍線筆者）

このように、これまでの形式的な条件整備にとどまらず、それぞれの成長・発達の仕方による個々の能力の特徴に応じた教育を受けられる権利として、一人ひとりの教育に対応する教育の条件整備を要求する権利として説明する[12]。

また、野中俊彦氏も「教育を受ける権利は、かつては一般に、教育の機会均等を実現するための経済的配慮を国家に対して要求する権利という捉え方をされていた」が、「教育を受ける権利は、そのような子どもの学習権の観念を前提として、国民が国家に対して合理的な教育制度と施設を整え、適切な教育の場を提供することを要求する権利である。[13]」ことを整理して、これまでの教育環境の整備要求権を「学習権」を踏まえた内容で整理している。

ところが、問題はこの次にある。学習権を前提とした教育制度を整備することを要求するにあたり（逆にそれを保障するにあたり）、この「学習権」とは具体的に何を誰に対して求める権利であり、誰が何をどのように保障する必要のある権利なのかが明確でないことである。たとえば、先の最高裁旭川学力テスト事件判決に示された、学習権概念に着目すると、下記学習権の説明部分より、以下の（ア）～（エ）の解明が必要である。

「この規定の背後には、国民各自が、一個の人間として、また、一市民として、（エ）成長、発達し、自己の人格を完成、実現するために必要な学習をする固有の権利を有すること、特に、自ら学習することのできない子どもは、その（ア）学習要求を（イ）充足するための（ウ）教育を自己に施すことを大人一般に対して要求する権利を有するとの観念が存在していると考えられる。換言すれば、子どもの教育は、教育を施すものの支配的権能ではなく、何よりもまず、子どもの学習をする権利に対応し、その充足を図りうる立場にある者の責務に属するものとしてとらえられているのである。」（最高裁判所刑事判例集第30巻5号632頁）（以上判決原文中の記号・傍線は筆者。なお下記の問いの便宜上、記号の順序を一部変えている）

（ア）どのような「学習要求」がこの憲法上の学習権の権利となり得るか。
（イ）何をもって「充足」とするか。
（ウ）その教育を「自己に施すこと」を誰に要求し、誰が義務を負うのか。
（エ）それが「成長や発達、そして人格を完成、実現」することと、どのように関係するか。

これらの問題が整理されない限り、仮に国に対して学習権保障を求めたとしても、立法行為を通じた学習権を保障する制度とはなりにくい。しかも、重要であることは、子ども自身の力（特に児童）で自らが被抑圧的状況にあることなどを説明して権利に値する主張を発することなどできようはずがないことから、これまでは、大人が、とりわけ学校の教員や教育関係機関が子どもに代わって提示してきたことがある。その結果、学習権の権利概念を巡って多様な学習権概念が生まれ、あるいは「権利」であることが無視されて概念理解の混乱を招いている様相がある。極端なことを言えば、子どもの自由や放任などをすべて「成長・発達」に必要な固有の権利（学習権）と捉えるのか、あるいは生徒が要望したとおりの教育を行うことが「学習欲求の充足」と捉えられるのか、など問うべき事項が多々ある。他にも、事例報告などの中には、子どもの自由にさせることが学習権保障である、との見解も散見できる。逆に、教育行政機関が一方的に指定した内容を学習させる場合に、それをも学習要求の保障とするのか、などの多くの疑問を想起させる。仮に、これらの疑問内容を含めて学習権の守備範囲と仮定するならば、それぞれの事例における学習権を用いる必要性の主張内容に、憲法によって保護し、憲法が法に命じて制度化しなければならないほどの具体的な「個人の尊厳」を阻害する教育制度上の問題や現実、あるいは行政裁量の違法性などが指摘されなければならないはずである。

この点については、学習権の権利内容に関する問題提起として、１９８０年代に今橋盛勝氏が「これまでの学習権の概念と法理論が必ずしも『具体的な内容』と『内実』が明確ではなく、十分でないことを示している」[14]と指摘し、1990年代では奥平康弘氏等から「憲法上学習権を持つという場合、どんな権利が意味されているのだろうか。誰に対して、どんなとき、何を要求する権利なのだろうか」[15]との根本的な疑問が発せられてきていた。加えて、「学習主体としての子どもが、いかに教えられ、いかに学ぶべき権利があるか、つまり子どもはどんな学習権を持つかが、熱っぽく議論される。しかしそこで語られる権利は、第一義的には子どもの道徳哲学・教育哲学上のそれであるにとどまる。(略) 子どもの道徳上の権利は、ただちに『憲法が保障する権利』となるのではない。」[16]と、明瞭に疑問と問題の本質が指摘されてきていた。そして、近年に至ってもこの問題は解決していない。[17]

すなわち、先の最高裁判決から導いた (ア) ~ (エ) の問いに応え得る学習権の権利内容は、いまだ共有できていないと言えよう。むしろ、教育のあり方を示そうとする一環として、あるいは教員専門職としてのあり方や教育思想の実践根拠として児童生徒の立ち位置から思考しようとする「教育理念」としての「学習権」を憲法上の議論に載せることと、憲法によって保障しなければ憲法的価値が喪失されるがゆえに、二十六条に付加されるべき学習権とは分けて論じられる必要があろう。[18]

(4)「学習権」と周辺概念の峻別と問い直しの必要性

前項 (2) で示したように、「最高裁旭川学力テスト事件判決」が示した教育を受ける権利の積極面としての「学習をする権利 (学習権)」は、先の (ア) ~ (エ) (「学習要求」、「充足」、「要求する対象」、「成長や発達との関連」) の検討を踏まえることによって、子どもにどのような憲法的利益をもたらすか。あるいは、それらが得られなければ、どのような利益が喪失されるかという観点で学習権が捉えられる必要がある。これによって、子どもの尊厳や人格完成に寄与する権利内容の基本が形成されるものと考えられ、学習権の制度的な環境整備への具体的な立法を通した保障をもたらすことになる。

そこで、学習権概念の理解の複雑さを招いていると考えられる先の教育理念論と法的権利論の混在する議論の内、具体的な憲法上の権利論として考察するには、学習権の生成時に遡って学習権概念を根拠づける問題意識やその背景、そして具体的な利益などの意味を検討して両議論を峻別した考察が必要であると思慮される。特にこの理由は、本章（第3章）第1節「論考方針」でも記したように最高裁旭川学テ判決によって承認されない、あるいは否定された概念などが判決後も学習権として論じられることで、その後の学習権の浸透に影響を与えてしまっている観がある（詳細は第5章 第3節参照）。このような意味で、これらを整理・峻別をすることで学習権論の本来の意図の明確化と同時に、あえて考察から外すべき概念を明確にする。このような意味で、取り上げられるべき学習権に付随する諸概念を問い直す必要がある。

特に、学習権は学説において「国民の教育権」論や「教育の自由」論が密接不可分の論理的補完関係を形成して、学習権の周辺概念として国家の教育への介入（国家の教育権限）を抑止する論理を構成してきた。これら議論を通して、学習権論はおよそ「学習の自由」とそれを基に対応する「教育の自由」が論じられるに至った。[19] この結果、学習権は教育理念と相俟って、教育内容の自己決定権、学習しない権利、[20] あるいは校則による児童・生徒の生活規制と学習権[21]との関係、など広く派生し、あらゆる欲求（個人の自由）を議論の対象としてしまっているように思われる。そこで、前述の、教育理念論と法的権利論との峻別により、「法的権利性」に基づく適用可能性を探る「問い直し」の必要性を提起する。

以上から、学習権生成時の社会背景を視野に入れながら、また生成過程を通じて、本来、学習権によって目的化された子どもにとっての利益（保護されるべき利益）は何だったのかを探り、結果として最高裁旭川学テ判決が示した学習権の性質を明らかにすることで、先の（第3章 第2節（3））（ア）～（エ）（「学習要求」、「充足」、「要求する対象」、『成長や発達との関連」）を確認することが可能と考えられる。

一方、学習権を1960年代に最初に生成した堀尾氏等は、本来の学習権が意図していた利益が、第二次家永教科書裁判「杉本判決」〈昭和42年（行ウ）第85号〉1967年6月23日提訴、1970年7月17日判決、東京地裁）、最高裁旭川学力テスト判決（昭和43年（あ）第1614号　昭和51年5月21日大法廷判決）によって一定の定着に至ったことを評価しつつも、実際には学習権の意義が曖昧になってしまったことを次のように言う。堀尾氏等は、「最高裁判例にまで定着した学習権は、それゆえに、逆に、それをいうことの具体的、現実的意味が曖昧になってきたという感をまぬがれない」、また、「そもそも学習権論の問題提起の直接的動機としては、『国の教育権』に対して、親権としての教育権や、教師の教育権を対置する問題設定に対して、親や教師の教育権の根拠そのものを、子どもの権利との関係で問い直すことを求めるものであった。[22]」と述べ、子どもの権利宣言によって形づくられた子どもの権利（権利主体としての子ども）を軸とした学習権の目的とする利益や効果は、判決の成果（示された学習権の内容）とは必ずしも一致しないことを示唆していた。

さらに、今橋盛勝氏は、1983年に同様の問題提起を著書で提起している。[23]

たとえば、「憲法二十六条解釈として子どもの学習権を中軸に据えた画期的な展開が示された[24]」ことを評価しつつも、「杉本判決」では「教科書統制が学習権侵害になると判決に明示したわけではなかった。また、学力テスト最高裁判決も、一般的に国民の学習権を肯定するにとどまっており、学力テストの学習権侵害が問われたわけではなかった。[25]」ことを突き、教育に対する国家不介入を意図する学習権の「用語法がもっていた批判性が曖昧となることにもなった。[26]」ことを指摘した。それは、学習権が教育を受ける権利の「背後にある」ことが最高裁旭川学テ判決によって承認されたとしても、教育行政の施策を子どもの権利を根拠として違憲判断にするレベルでは捉えられていなかったことに対する指摘でもある。

加えて、今橋氏は、「学習権の概念と法理は、教育内容決定権の所在を導き出すための法理論上のたんなる道具概念にとどまるのではなく、個別的・具体的な教育行政施策・決定、学校のあり様、教師の教育実践を教育法的に問いうるものでなければならない。そうでなければ、学習権概念は教育法学上の法概念ではなく、教育、教育学、教育思想上の概念というべきであろう[27]」と、本来の権利論としての学習権論とは異なり、結果として「学習権」が他の異なる議論の論理的手段と化していることを危惧した。それゆえに、先の最高裁旭川学テ判決で示された学習権を抽象的・観念的に探るだけでは、学習権によって予定された子どもにとっての具体的利益（保護されるべき利益）とは何だったのか、との問いや、その学習権の射程を明確に捉えることができないものと考えられる。

筆者は、前章および第1章で示した学校教育を通じて恒常的に発生している（大人の側から見た）「困った子どもの問題」などの教育問題、そしてどの根本にも通底する「教育からの疎外」や「学ぶことからの疎外」が、憲法的原理である個人の尊重および教育を受ける権利を著しく害しているのではないか、との問題意識から、「教育を受ける権利の主体者」の立場に立脚して問題解決を図ることに学習権が有効であるか否かを問うものである。このためにも、本来、学習権が子どもの権利を基点として意図した利益は何だったのかを探り、その上で、最高裁旭川学テ判決で承認された学習権を具現化する、先の（ア）～（エ）（「学習要求」、「充足」、「要求する対象」、「成長や発達との関連」）を明らかにする必要があると考える。

以上より、次章以降では、学習権概念が、子どもの権利を基点として成長や学習の意味、あるいは子どもがおかれている教育上の現実（課題）や、教育実践および教育制度の（批判的）問い直しを求めようとしてきたことを、学習権生成の歴史的背景と権利概念形成過程に遡って明らかにし、今日的意義へと問い直す。それは、子どもの権利を中心に据えつつも、本来どのような子どもの利益を意図した権利であるか。その利益を得る権利の内容は何か。また、これによってどのような問題解決が可能か、ということを整理することで、学習権が問題解決可能な権利か否かを検討する。

注

（1） 喜多明人は「必ずしも子どもの側からの権利行使として十分には取り上げられてこなかった。（略）学習主体側の権利行使の対象や範囲といった内実を十分に吟味することなしに、しばしば教育法解釈学の領域で『教育権』の説明概念として用いられてきたといえるのではないだろうか」と述べて、権利行使主体にとっての意味について問うている。（喜多明人「中学生の学習観と学習に対する権利意識―川崎市での調査から―」早稲田教育評論第16巻第1号（2002））

（2） 奥平康弘「教育を受ける権利」芦部信喜編『憲法Ⅲ人権（2）』（有斐閣,1981）207頁）。同様に、高乗智之は「『学習権』なる権利は、具体的にどのような内容の権利なのであるのか依然として不明」であることを指摘する。（高乗智之『憲法と教育権の法理』（成文堂,2009）70頁）

（3） 内野正幸は、（教育法学の方法をめぐって）「法解釈は、法の条文のわく内で行われ、しかも厳密な法理論（裁判所を説得しうる技術論）をそなえていなければならない。（略）法律論と運動論とは、ごちゃまぜにすべきではなかろう」と指摘する。（内野正幸『教育の権利と自由』（有斐閣,1997）86頁～）

（4） たとえば、大島佳代子は「学習権の意味内容について通説的な理解があるようには思われない」と学習権の今日の状況を端的に表している。（大島佳代子「『教育を受ける権利』の意義・再考」同志社法学64巻7号（2012）428頁）

(5) 子どもの権利の概念は1924年の「子どもの権利に関するジュネーブ宣言」、1959年の「子どもの権利宣言」を受けて成立した。
(6) 最大判 昭和51年5月21日 刑集30巻5号633頁（最高裁旭川学力テスト事件判決：「造物侵入、暴力行為等処罰に関する法律違反被告事件」昭和43年（あ）第1614号
(7) 同様の内容は、奥平康弘『憲法Ⅲ　憲法が保障する権利』（有斐閣,1993）247頁
(8) 兼子 前掲注（第2章 26）228頁
(9) 渋谷秀樹氏は「教育を受ける権利を教育権と略すと教育を授ける権利との区別があいまいとなること、またもっぱら受動的に教育を施されるという合意を持ちかねないことから、現在では学習権と呼ぶことが大勢となった」と述べている。（渋谷秀樹『憲法 Japanese Constitution Law』（有斐閣,2007）314頁）
(10) 浦部 前掲注（第2章 1）217～218頁
(11) 浦部 前掲注（第2章 1）217頁
(12) 筆者が、前項「(1) 憲法二十六条と学習権からの問題整理」において、憲法二十六条一項の「すべて国民は…その能力に応じて、ひとしく教育を受ける権利を有する」ことと、旭川学力テスト事件判決によって承認された二十六条の背後にある「学習権」との関係（前記、②と③の関係）について整理する必要性を述べた。
(13) 野中俊彦 ほか『憲法Ⅰ〔第4版〕』（有斐閣,2006）493頁
(14) 今橋盛勝『教育法と法社会学』（三省堂,1983）71頁
(15) 奥平 前掲注（7）207頁
(16) 奥平 前掲注（7）207頁
(17) たとえば、松原悠「判例における『学習権』の取り扱いに関する研究：学習者の学習の自由に着目して」教育制度研究紀要9号（2014）24頁 にも提起される。
(18) 内野正幸氏は、「学習権は、教育思想としては重要であろう。また、生徒を教育する者の心構えとしても意義があ

ろう。しかし、だからといって、学習権が法律学的にも有用であるとは当然にはいえない」とも評している。（内野前掲注（3）210頁）

(19) 兼子 前掲注（第2章26）228頁

(20) 佐藤修司「教育制度における教育権論の課題と展望」日本教育制度学会編『現代教育制度改革への提言（上）』（東信堂,2013）2013年26頁

(21) 渋谷 前掲注（9）316頁

(22) 堀尾輝久「学習権論の教育学的基礎」日本教育法学会編『講座教育法2 教育権と学習権』（総合労働研究所,1981）34頁

(23) 今橋盛勝氏は「『学習権の具体的な内容』、『内実をもった学習権の法理論的構築』が急務である」ことを述べる。今橋 前掲注（14）71頁

(24) 堀尾 前掲注（22）34頁

(25) 堀尾 前掲注（22）34～35頁

(26) 堀尾 前掲注（22）35頁

(27) 今橋 前掲注（14）72頁

第4章　学習権の利益とは何か

はじめに

前章では、憲法に位置づけられる学習権の意義を最高裁旭川学テ判決から整理し、その上で学習権が抱える根本的課題を考察して同権利における曖昧さや問うべき疑問点を明らかにした。その曖昧さとは、本来、学習権が国の教育介入を抑止するために、学習の主体者自らが求める「学習の自由」をいかに可能にするか、という趣旨であったにもかかわらず、(たとえば)近年では、一律に「君が代」を斉唱させる指導が学習権の保障、との行政側の論理に使用されるなど、[1]本来「学習権」が予定していなかった用いられ方を生み出している点などに表れている。

そこで、本章（第4章）では、「教育の自由」など学習権と不可分に論じられた概念を除き、「国民の教育権」などの周辺概念の議論はあえて最小限にし、学習権の原初概念にみられる子どもの地位や子どもの権利から出発する権利性とは何であったか、を再考しながら、学習権の可能性と限界を明らかにする。

このために、学習権生成時の社会背景を視野に入れながら、また生成過程を通じて、本来、学習権が目的とする子どもにとっての利益（保護されるべき利益）は何だったのかを確認する。なお、学習権概念をその生成時に遡って分析することは、今もなおさまざまな教育場面でさまざまな立場から学習権概念が持ち出され、時に概念的混乱が生じている状況に鑑み、本分析は不可欠といえる。また、この分析は、学習権を用いなければ（あるいはなければ）憲法上の利益を逸する具体的な問題の発見と、それに対してどのように学習権が貢献できるかを考察することの基盤ともなるものである。ただし、憲法二十六条の性質から、国民は「教育を受ける権利」や「学習権」を用いて直接的に具体的内容を請求することはできず、法を通じて権利保障を行うための現行の教育諸法規をもってしても憲法二十六条の最低限の保障を満たさないことに対して学習権がそれを補うことができる可能性として考察する。

第1節　学習権の理論構築を支えた3つの原点と意図

（1）学習権生成の時代背景と概略

『学習権』という権利概念は、終戦後の比較的早い時期に、主に教育学の中で形成されてきた歴史を持つ。そういう意味では、日本国憲法が制定されて国民の中に人権概念が醸造されつつあった時代に、新しく形成されてきた権利概念である。

しかし、実際はこのような洋々たる背景のもとで学習権が生成されたわけではなく、むしろ戦後民主化政策が一変し、教育における国家統制色が復活した１９５０年代中ごろを境にして、教育政策をめぐる「国家」と「国民」との対立的論争の中で後者の立場から生成されてきた。

終戦直後に始まる民主化政策の一環として行われた教育改革は、日本国憲法と教育基本法原理を柱に据え、民主的な教育を取り戻す目的で行われた。[2] このため、旧憲法下で続いた中央集権的な教育行政の権限を大幅に縮小し、行政の役割は「教育内容に介入すべきものではなく、教育の外にあって、教育を守り育てるための諸条件を整えることにその目標を置くべきもの」[3] との外的事項に限定された。これに従い、１９４８年に施行された教育委員会法は、行政の内的事項への介入を回避する意図から、「この法律は、教育が不当な支配に服することなく、国民全体に対し直接に責任を負って行われるべきであるという自覚のもとに、公正な民意により、地方の実情に即した教育行政を行うために、教育委員会を設け、教育本来の目的を達成することを目的とする」（同法一条）と規定された。両法は、「国家の教育への不介入」（教育の中立性の原則）、ならびに①民主化、②地方分権、③一般行政からの教育行政の独立が謳われて戦後の教育の基盤として位置づけられる。

ところが、戦後の東西冷戦の対立が東アジアでも激化し、日本にも影響が及んだ朝鮮戦争（１９５０〜１９５３）が休戦になると政府の政策は一変した。休戦の翌年（１９５４年）、政府は「教育現場において偏向教育が行われ、教育の中立性が破壊される危険にさらされている」[4] との理由から、義務教育の政治的中立ならびに地方教育公務員の政治的行為に関する制限を厳しくする法律案を国会に提出した。ところが、この法案の審議過程において衆議院文部委員らによる立法事実の調査が行われ、その結果「事実無根」との調査報告[5] が出された。すなわち、法案の根拠とされる事実の信憑性そのものが問題となった。同時に、偏向教育の定義ならびにその認定権者などを巡って国会で大きな論争が起こったが、[6] １９５４年５月、「教育二法」[7] が警察力を導入した強行採決を経て成立した。

続いて１９５６年、政府は戦後教育改革の具体的方策であった「教育委員会法（１９４８年）」を教育二法と同様の理由により廃止し、戦後民主化政策としての教育改革とは逆行する「地方教育行政の組織及び運営に関する法律」（地教行法）を成立させた。内容は、①教育委員の公選制を廃止し、地方公共団体の長による任命制（四条）、

②都道府県の教育長の任命は文部大臣の承認を要する（十六条二）、③文部大臣は教育委員会または地方公共団体の長に措置要求権を持つ（五十二条）、④教員の勤務評定（四十六条）、⑤職階制（四十四条）など、地方教育行政の一般行政からの独立性が崩れ、さらに教育行政における教育の内的事項に対する命令監督権が強化されるに至った。[8]学習権が生成された背景にはこのような社会動向があった。

『学習権』『教育権』という考え方が、どのようなプロセスで生成され、国民や教育関係機関の間に自覚されてきたかは単純ではない。むしろ憲法・教育基本法原理の現実化への動きと、それに逆行する政治潮流や教育行政の時代背景の中で、これら権利概念が自覚されてきた経緯がある。ここでは学習権が生成されるに至った主要な論文を取り上げ、まず両権利概念の生成過程の概略を史的に整理して、学習権が何を目指して生成された権利かを捉える。

１９５０年代中ごろより始まる国家の教育への介入に対して、堀尾輝久・勝田守一、有倉遼吉、宗像誠也諸氏は、それぞれ異なる視点から国の教育行政を抑止しようとする理論を発表する。堀尾・勝田は、（ア）子どもの権利の承認から、宗像は（イ）親の発言権（教育権）を出発点として、有倉は（ウ）制定されたばかりの憲法の解釈から理論を展開する。そして、それぞれが複雑に影響しあって今に至る『学習権』、『教育権』へと進化する。また、同時期に行なわれる教科書裁判等でこれらの理論が援用された背景もある。ここでは、国家の教育への介入を抑止する理論の出発点ともいうべき諸氏の問題意識を紹介すると同時に、両権利概念の生成過程における理論形成を整理する。

〈教育行政の動きと代表的な著書や論文、裁判などの時系列〉

１９５４年　「教育二法」（中立性二法）成立

１９５６年　教育委員会法廃止　教育委員任命制へ
１９５８年　堀尾輝久・勝田守一　論文「国民教育における中立性の問題」[9]
同　年　学習指導要領に道徳が追加（法的拘束力があるとされる）
１９５９年　宗像誠也　論文「教育行政権と国民の価値観」[10]
１９６０年　堀尾輝久　論文「児童憲章とその問題点」[11]
１９６１年　堀尾輝久　論文「教育を受ける権利と義務教育――親権思想の変遷を手がりに」[12]
同　年　有倉遼吉　著書『教育と法律』[13]
同　年　宗像誠也　論文「教育と教育政策」[14]
同　年　田中耕太郎著書『教育基本法の理論』[15]
１９６３年　兼子仁　著書『教育法』「法律学全集」有斐閣
１９６５年　家永教科書裁判第一次訴訟［国家賠償請求訴訟］
１９６６年　堀尾輝久　著書「現代における教育と法」『講座現代法八巻』[16]
同　年　宗像誠也編 堀尾輝久 著書『教育基本法－その意義と本質』（新評社）
１９６７年　家永教科書裁判第二次訴訟［行政訴訟］
１９６８年　旭川学力テスト訴訟提訴
１９６９年　兼子仁　著書『教育法学と教育裁判』勁草書房
１９７０年　家永教科書裁判第二次訴訟判決（杉本判決）
同　年　宗像誠也　著書『全書・国民教育１　国民と教師の教育権』[17]
１９７４年　家永教科書裁判第一次訴訟判決（高津判決）

（2）子どもの権利の承認から教育行政を抑止する理論

〈1958年　堀尾輝久・勝田守一 論文〉

1954年に始まる教育行政に関する諸法律の制定改廃は、戦後教育改革の基本である「教育が国家から独立（＝中立）する」という地位から、再び「国家統制の対象」たる地位へ回帰する危惧を抱かせた。これは、当時の多くの国民に危機感をもってとらえられ、とりわけ「教育二法」の持つ社会的文脈とその運用における問題性が、1957年に堀尾輝久・勝田守一両氏らによって次のように指摘されている。[18]

「中立性二法（教育二法）というのは、教育基本法が示している国家と教育の原理的な関係を大きく転換させるものだったわけで、この法律の成立は、『教育の中立性』は国家が教育に介入しないという原理から、そうではなくて、国が中正の保持者として、何が偏向しているかを裁定する主体になるという主張へと転換したことを意味する」[19]。

「一方の対立者である政府が、国家の立場をインタレストや価値志向を異にし、対立する諸々の諸集団の上に立って、これを調停するものとして、自らの政策を正当化するのは言うまでもない」[20]

このように、教育の中立性を、何が偏向しているかを国家が裁定することにより確保するという主張は、実は国家が裁定者の地位を用いて自らの政策を正当化することに他ならないことを指摘する。堀尾氏等は、国家は中立性の基準の保持者とはなり得ず、それに代わる「中立」概念の基準とその根拠を、学習の主体者である子どもの立場から科学的に導き出すことを述べた。それは、子どもの自発的学習や子どもの成長の可能性に眼を向けた教育の現実、子どもの発達の事実、教育の自由、自律性などから、中立性の基準が導き出されるべきものとする主張である。[21]この考え方は、子どもの成長が大人によって一義的には予想されない可能性を含んでいることから、その固定的な意図によって「成長」を貧しくしないこと。[22]さらに、学習の過程において、子ども自身が確信する内的欲求としての幸福追求を目指す選択が子どもにとっての権利（「子どもの権利」）であることの承認に基づいている。[23]すなわち、「教育の主人公である子どもの全面発達につながる学習を『学習の権利』[24]」と捉えて、この承認に即して教育の中身を考えるということである。

次に、このような〝子どもの権利〟を中心にした教育を保障するために、教師の「教育の自由」が保障される必要があることを述べる。[25]そして、学習する側の「子どもの権利」と直接的に教育行為を行う側の「教育の自由」との関係を軸に、諸主体の権利義務関係を整理し、教育行政の統制を排しようとするものである。堀尾等は、この整理を憲法二十六条の法的解釈の手法をとりながら理論化し、[26]最終的に両者の密接不可分な関係に基づく『学習権』の生成に至る。

（3）親の発言権の承認から教育行政を抑止する理論
＜１９５９年　宗像誠也　論文＞

宗像誠也氏からは、国の教育内容への介入に対して、特に心の問題について、なぜ保護者の権限を越えて国がそれを行うのか、との親の立場で疑問が発せられ教育権へと深められている。たとえば、教育の内的事項への介入とされる「法的拘束力がある」とされた学習指導要領（１９５８年・昭和33年）に対して、特に「道徳」の授業においては、親の子に対する教育の自由および教育の自律性が保たれることが個人の思想・良心などの自由を確保することになるという「親の教育への発言権[27]」を問題にする主張である。また、１９６０年には、東京都葛飾区立小学校の父親グループによって民法八百二十条による親の監護教育権から、前述のと同様の主張がなされる動きが起こっている。[28]

これらは、教育行政によって一方的に教育内容、とりわけ価値観に関する部分について決められることへの問題を指摘したものである。宗像は、自然的権利[29]としての自らの子を教育する権利から「親の発言権」の存在を導き、「教育行政にはオフ・リミッツがある。教育行政権が踏み込んではならない聖所がある。それは国民一人ひとりの内奥の価値観であり、思想・良心の自由の領域である。[30]」と国の教育への介入を抑止する。これは、後に「教育権」概念へと発展する。

（4）憲法「教育を受ける権利」の解釈から教育行政を抑止する理論
＜1961年　有倉遼吉　著書＞

有倉遼吉氏は、当時の社会情勢を背景に二十六条の「教育を受ける権利」を「教育を受ける子どもの権利」と読み替え、この権利に対する親・教師・国の権利・義務関係について整理した。[31]

親の権利については、「親の権利の範囲が民法八百二十条に基づき親権者として教育する権利を有しているが、子どもをどのようにでも教育する権利があるというのではなく、教育を受ける子どもの権利を害するような親権の濫用とならない範囲で認められる[32]」とした。このような解釈の背景には、当時の国民や親は遅れた存在であり、親こそが民主化されるべき対象として捉えられていたことが背景にある。[33]

教師の権利義務については、「子どもの教育を受ける権利が内容的に保障されるために、専門職としての教師がその理性と良心に基づいて、内容・方法などにおいて自由に教育することが保障されねばならない[34]」ことをあげている。また、教師の教育する権利については、「学校教育においては親より優越した権利の存在」を示し、同時に

「国家も教師の教育の自由に従属する」関係を述べる。[35]

国家の義務については、「義務教育無償を実現するという積極的義務ばかりでなく、教育内容に介入し教師の教育の自由を侵害してはならない、という消極的義務をもつ」ものとした。[36]

以上のように、有倉遼吉氏は、新憲法に沿った新しい形態の教育へ移行するため、親の親権者としての「教育する権利」を認めつつも、子どもの「教育を受ける権利」を中心に据えて親・教師・国（教育行政）の権利・権限の関係を構成した。

（５）国の介入を抑止するための新しい「権利関係」まとめ

現在使用される、「学習権」、「教育権」などの概念の淵源は、再び国家による教育の統制・介入が強められようとしていた１９５０年代に、堀尾、勝田、宗像、有倉各氏らによって憲法・教育基本法および教育の原理から「教育」の意味を問い直し、教育の各主体者間の新たな権利義務関係から提起された。これらは、教育諸権限の名宛を国家が独占した時代に立ち返らせず、憲法や教育基本法にふさわしい権利義務関係を構築して、国（教育行政）の教育への介入を抑止しようとするものであった。堀尾、勝田、宗像、有倉各氏らによる主張はこのような点で共通する。

一方、それぞれ国の介入を抑止する根拠として新しい権利関係を再構成するための理論的な視点は以下の（a）～（c）の３つにまとめられる。やがて、これら視点は整理されて学習権論と教育権論の二系統の理論展開へと発展し、やがて「学習権」を中心とした「教育権」論へと至る。

（a）堀尾・勝田氏は、「教育二法」の成立により、国は自らの政策を擁護する以上、中立の保持者になることはできないことを指摘した。そもそも、子どもの成長・発達は、国が教育内容を決定した固定的な範囲内でなされるのではなく、子どもは、子どもの幸福追求の権利に基づいて自由に学習し、成長・発達（全面発達）する権利があるとする（子どもの権利の承認）。そしてこの教育の主人公である子どもの全面発達につながる学習を『学習の権利』とした。ここで「全面発達」の定義はなされていないが、趣旨から、特定の技能や価値、能力を意図しない、あらゆる可能性を目指した成長・発達であると解せられる。つまり、これにつながる学習を求める権利を主張した。（傍線筆者）

――（学習の権利）

（b）教育行政によって一方的に教育内容、とりわけ価値観に関する部分について決められることへの問題を指摘した。そもそも、各個人の心の問題に関する教育は、第一義的に自然的権利としての『親の発言権』であるはずで、国はそれを無視して教育内容を決めることはできない旨を主張した。

――（親の発言権：後に、親の教育権という用語に変わる）

（c）子どもをどのようにでも教育する権利があるという「親権の濫用」とならないよう、子どもの教育を受ける権利が内容的に保障されるために、専門職としての『教師の教育の自由』に国と親が従属する関係を述べた。

――（教師の教育の自由）

以上、「学習権」、「教育権」の基底となる考え方が確認できる。

第2節　学習権の周辺概念としての「教育権」の本質

先に、（a）「学習の権利」、（b）「親の発言権」、（c）「教師の教育の自由」という学習権論に欠かせない概念の生成の淵源を整理した。これら概念は憲法との関係を意識しつつ独自の理論的展開を為し、やがて「教育権論」へと収斂された。ここでは、その「教育権論」の生成・発展プロセスを主要論文からまとめる。

（1）教育権の始源と性質
＜宗像誠也1959年論文・1961年著書・1970年著書より[37]＞

宗像誠也は、先に挙げた3つの視点を整理しつつ『教育権』の生成を行い、この権利の性質および内容を定義した。宗像の教育権論の考察は、1959年論文（「教育行政権と国民の価値観」）において、子どもが受ける教育について親が発言する権利があるかどうかを手がかりに、『教育権』の元となる親の子への教育についての考察が行われ、1961年著書（「教育と教育政策」）、1970年の著書（「全書・国民教育1　国民と教師の教育権」）を経て『教育権』の権利内容が定義される（次項（2）参照）。この「親の発言権」が考察の手がかりとなった背景は、法的拘束力を持つようになった学習指導要領を直接の契機として教育への教育行政の介入が強まったことがある。宗像は、「なぜ教育権を考えるのか」について、当時行なわれた教員の勤務評定や学力テストが「国家権力の政策の結果[38]」として、子どもの人格を傷つけるような教育の荒廃を生み出していた調査結果[39]に憂慮し、このような教育統制に対して「人間の尊厳と民主主義のための教育は、それにめざめた国民がみずから創造し推進しなければならない」（宗像,1970,17）。そして、そのためには「国民の教育権というものを考えなければなら」ない、（宗像,1970,17）と述べる。[40]考察の結果、宗像は、人間の尊厳と民主主義のための教育を「創造し推進する」主体者とは、親、教師、そして国民一般であり、これら各主体に教育を推進していく権利があること。そして、この権利を「親の教育権」、「教師の教育権」、「国民の教育権」[41]と命名した。これらを総じて『教育権』という。[42]

『教育権』の性質について、宗像はその生成の背景から「もともと現在の日本の国家権力の教育政策への対抗の性質を帯びているのである。私には、その性質を抜いてしまっては、教育権を論議する意味がなくなるように思われる。」（同17頁）と述べ、一連の国家の教育政策への対抗の性質を帯びた概念として説明している。[43]

次に、『教育権問題』とは、教育に対する政府、国民、親、教師、そして子どもの権利関係の問題[44]、として意味づけられ、具体的に「いかなる教育がいかように行なわれるべきかの決定に際しての、右の諸主体の、発言権ないしは参与権の関係の問題」（宗像,1970,18）と整理する。[45]

とりわけ、価値観にかかわる教育内容の決定は最も重要なものであり、国民の思想形成に直接関係するものとして教育権問題の中核をなしている旨を位置づける（宗像,1970,18）。ただし、宗像はこれら教育権概念が実定法上のものではなく、むしろ実定法の解釈にあたっての法理論的根拠として意義を有する概念としてその性質を付加する。[46]

（2）教育権の生成と原意

『教育権』論の発端は、昭和33年の学習指導要領の改訂で「道徳」が追加され「法的拘束力がある」とされたことに対して、宗像が「文部省という役所が、国民の良心や価値観に関わることを決定してその拘束力に従わせることが許されるか」[47]との疑問を示し、「親の教育への発言権」の必要性を問題にしたことに端を発する。[48]この「発言権」の正当性について、宗像は自身の子の価値観の決定を手がかりに「教育行政権に対抗して親たる私が発言する権利があるのかどうか」[49]を考察し、以下のようにその権利性を根拠づける。

宗像は、まず、ワイマール憲法百二十条や当時の西ドイツ憲法（ボン基本法）六条から、「子どもを教育して肉体的、精神的および社会的に有能にすることは、両親の最高の義務であり、かつ自然的権利である」ことを引用し、親の発言権が国家以前に存在する自然的権利であり、当然に「国家に対する権利」、「国家の容喙を許さぬ権利」という親の教育権の優越的性質を述べる。[50]

次に、有名なアメリカ最高裁・国旗敬礼問題の判決（ウエスト・バージニア教育委員会対バーネット・１９４３年[51]）から、「われわれの憲法という星座の中に不動の星があるとすれば、それは、いかなる公務員もその地位の高低を問わず、政治、ナショナリズム、宗教、または他の領域の意見に関して、これが正当である、と指示することなく、また市民をして、言語または動作によって、それへの忠実を告白させることがない、というそのことである[52]」と内心および価値決定における私事性を確認して、個々の価値については国家からの強制を受ける性質のものではないことを確認した。

さらに、宗像は、明治憲法下での教育の本質や権利義務関係が、国家は教育する主体者かつ権利者であり、国民は国家から教育される義務を負うという関係にあったこと。また、教育する権利を持つ国家に対して、児童生徒は直接教育される者であり、保護者は公法上の義務者として就学させる義務を負担したこと。さらに、この義務の中には、国家からどのように教育（養成）されようとも、それを受忍する義務が内包されていた関係であったこと[53]などを明らかにして、日本国憲法二十六条の親の義務や国家・公共団体の責務・義務とは原理的に違うことを明らかにした。そして、国民に「教育を受ける権利」がある、という日本国憲法原理が示す権利主体の地位から〝親の発言する権利〟の正当性を述べ、これを〝親の教育権〟と言い換え、同時に「教育権の構造の礎石は国民の教育を受ける権利[54]」であると位置づけて『教育権』論の出発点としている。

以上から、宗像は、１９７０年国民教育研究所編「全書　国民教育　第１巻」『国民と教師の教育権』の中で、

1961年に書かれた『教育と教育政策』（岩波新書）を引用して次のような結論に至る。

ここでわかることは、教育権は元来「親の教育への発言権」（傍点筆者）の問題であり、元来親の子どもへの教育について、国家といえどもそれを無視することはできないことを言う。一方的に教育内容を教育行政が決めて、それに従属的に子どもに服させることが日本国憲法下において適さないことを言う。これは、以下のように整理することができる。

（1）子の教育について親が国家に対して発言する権利をもっている。

（2）根拠は、日本国憲法の保障する思想・良心の自由から見て、法律――委任命令――告示によって価値観が決められ、それを義務教育で国民に押しつけることは憲法の趣旨から通らない。

（3）また、大人の思想・良心は自由だが、子どもの価値観形成には文部省が専行し、親の発言権を認めない、ということは、どこからも出てこない。

（4）『皇国史観』を私の子に注ぎ込もうとするようなものになった時、私の子に、社会科の授業を選択して受けさせたり受けさせなかったりする権利を親が持つ。これが結論である。

〈原文〉

「憲法二十六条には親の権利が明示的には出ていないが、それは、国民の教育を受ける権利を高く掲げ、つまり子の教育をうける権利を表面に出し、その文脈から親の教育を受けさせる義務をいうことになっているのであって、子の教育について親が国家に対して発言する権利を否定したものとは受けとれないし、受けとってはならない。この権利は、明示的には出ていないが、基本的人権を尊重する憲法全体の性格からいって、また明治憲法との基本的性格の違いからいって、そうだと思う。もっと具体的にいえば、日本国憲法の保障する思想・良心の自由から見て、法律――委任命令――告示によって価値観が決められ、それを義務教育で国民に押しつけることが許されるとは思わない。大人の思想・良心は自由だが、子どもの価値観形成には文部省が専行し、親の発言権を認めない、ということは、どこからも出てこない。（略）『道徳』学習指導要領の告示は、もしも、当局がそうしたいらしいが如く、拘束力をもつのだということになれば、憲法違反である。君が代の拒否権を私は持つ。学校の『道徳』の内容に対する批判の自由を私は持つ。社会科の学習指導要領が反憲法的になり、その教科書が、検定でいじくられて、平和希求と人権尊重とに反したものになり、『皇国史観』を私の子に注ぎ込もうとするようなものになった時、私の子に、社会科の授業を選択して受けさせたり受けさせなかったりする権利を私は持つ。これが私の結論である。[55]」

（3）「親の教育権」から「国民の教育権」へ　――その原意がもつ意義――

宗像は、教育に対する「親の発言権」という権利意識の自覚を基点として、親の子への教育の権利が元来自然権的性質をもつこと、また、明治憲法とは違う日本国憲法の基本原理やアメリカの裁判事例から「親の教育権」という権利概念を導き出した。さらに、彼はこの権利概念をより強固にするために、次の克服すべき『問題』を考察し、やがて「親の教育権」から親全体「国民の教育権[56]」という権利概念へと理論的拡大を果たす。

『問題』の一つは、宗像は自身の子への教育について、たとえば、〝君が代〟を歌わせたくないという親の意思を明確にする一方で、他の親は同様の権利に基づいて（君が代を）〝歌わせたい〟という逆の意思を明確にする場合の理論的整合性の問題であった。[57]

二つ目の『問題』は、親の教育権は、「自然的権利だと観念するのが世界の常識である[58]」としても、先の〝君が代〟を歌うか歌わないかという問題は自然的権利で片づけてしまうべきことであるのか。国民として守る日本国憲法の原理は高度に政治的な認識であることから、そのようなことが自然的権利ということで説明されてよいのだろうか、などの問題である。[59] 宗像は、それぞれについて以下のように考察している。

一つ目の『問題』について、宗像は「私は、ただ歌わない自由を認めよ、と要求するに過ぎない。（略）法的には、国家権力をして、価値観の多様性を確認させ、保障させればよいのであり、その画一的統制を許してはならない」と、親の発言権を憲法の自由権的文脈で相対化し、価値の多様性を国家に承認させておく必要性を述べる。[60]

二つ目の『問題』について、宗像は親として〝君が代〟の問題が自らの子どもだけの問題だけでなく、できればすべての子どもたちが歌うことを強制されないことを望む。つまり、このことは一人の親を超えて国民全体の問題である性質を述べ、自由というものが我が子の利益だけでなくすべての国民の利益の問題だとする。

（教育権を自由権的性質と捉える視点）

宗像は、このように主権者国民の視点に立って教育行政に対する発言や態度を決めることは、「親の教育権」というよりは、むしろ「国民の教育権」というレベルで捉えられるべき問題であると考え、[61] さらに、すべての国民が国家権力（教育行政）によって価値の強制を受けないことは、「親の発言権（教育権）」という個人の問題であると同時に、個々のレベルを超えた主権者全体の利益を表わす「国民の教育権」というべき権利概念で表わされるとした。宗像は前述の考察のまとめとして、「日本国憲法の下で教育を受けることは国民の権利となり、国家公共団体は無償の義務教育の機会を国民に提供する義務を負っている。ここでは国家が教育権を持ってなどいないのである。教育権は国家から解放されたのである。[62]」と親だけでなく、国民が国家による教育に服従しなくてもよいことを説明した。[64]

以上より、親の教育権の源泉は、親の教育への発言権であり、これは「どのような子どもに育ってほしい」か、という親が家庭を通して求める私的な幸福追求の一つとして、子どもへの願いに基づくものである。重要であることは、この親の発言権は、親が自然権としての「教育する権利」を国に対して排他的に有することを言うのではなく、家庭として大切にする価値を無視して、わが子に国の決めたとおりに一方的に教育される（内心に干渉される）ことを拒否する権利があるはず、だということを表す概念として「親の教育権」を主張している、ということである。

そして、このような「拒否権」は、当該親と子どもだけにとどまらず、国民の誰もが自らの思想や良心とは異なる教育を強制されない点において、共通の利益を有することから、「国民の教育権」と拡大して称している。すなわち、教育権の本来的な意義は、国が決める教育内容に対して盲従的に服するのではない、国民自らがそれを「選択」して「拒否する権利」を有する、ということを「教育権」と称していることがわかる。つまり、国だけが教育内容を決める地位や権限を有するのではなく、教育が民主主義的に解放され、親、国民、国などそれぞれが当事者として関わり得る関係性の総称と捉えることが適切だと考えられる。

このような考え方は、近年議論されて成立した「義務教育の段階における普通教育に相当する教育の機会の確保等に関する法律」（平成28年12月14日法律第105号）[65]とも関係し、主に不登校生徒が学校教育法一条に規定される学校以外で学ぶことを正式に承認することで、教育に対する社会的当事者性が開放されているとも言える。

（４）「教師の教育権」の原意と今日的意味

教育に関する国家からの「解放」に伴い、「親の教育権」は前国家的自然権などから派生して根拠づけられ、さらにそれは「国民の教育権」へと引き上げられた。その意味は、教育が民主主義的に解放され、親、国民、国などそれぞれが当事者として関わり得る関係性の下で、国の統制的な教育に対しては、親や国民全体が国の教育に対して「選択」して、場合によっては「拒否権」を持つという意味であった。残された問題は、これらと類似の子どもの教育に直接かかわる「教師の教育権」は何に基づくのか、という問題である。すなわち、「教師は、いったい何の権利があって、人の子を教育するなどという大それたことをしているのか」[66]という問いである。

この問いについて、宗像は（教師の教育権が）、「教師が真理の代理者たることにもとづく、ということのほかない」と考え、「真理の代理者とは真理を伝えるもの、真理を子どもの心に根づかせ、生かし、真理創造の力を子どもにもたせるもの」であるがゆえに教師の特別の役割を認める。[67]

つまり、「教師の教育権」の意味は、教師は「真理の代理者」ゆえの「特別の役割」に基づく何らかの資格を有していることを表す。

一方で、その真理の代理者ゆえの特別の役割に基づく何らかの権能（「教師の教育権」）も、子どもや親に対しては非優先的な権能であり、それは「子どもの学習権という側面から言うならば、子どもは文化を継承し真理を学び取る権利を有するが、教師はその権利に奉仕するために、文化・真理の代理者として子どもの前に立ちあらわれることをしているのだ、といってよい。教師の教育権とは、子どもの学習権の照り返しだ」[68]と述べて、「教師の教育権」を堀尾氏等が説く学習権から導き出して根拠づけた。すなわち、「真理の代理者」ゆえの「特別の役割」に基づく何らかの権能としての教師の教育権は、子どもの「文化を継承し真理を学び取る権利に奉仕するため」にある教師の何らかの権能だと理解することができる。ここで注目すべきことは、「教師の教育権」と「学習権」両概念の接点が初めてうまれている事である。

なお、「教師の教育権」については、今日において権利概念としてその妥当性に乏しいことが問題とされている。たとえば、「教育の自由に関して、教師の教育の自由が憲法上の人権であるとするのが教育法学会の通説であるが、しかし、法的にみれば、教師は地方公務員であり、教室での授業は公務員としての教師の職務行為なのであって、このようなところで教師の教育に関わる行為を『人権』ととらえることができるか疑問がある。[69]」と人権論、権利論として成り立たないことの疑問が示されている。本来ならば、「教師の職務上の裁量」という概念が妥当であると考えられ、憲法学の立場から最高裁旭川学力テスト判決によって同概念は否定されている。（第５章 第３節 参照）

（５）国家の教育権の意味

一方、このような宗像の考えに対して、国家に教育権があるとする説が展開された。終戦直後の教育行政を担った田中耕太郎は、自然権としての教育権が両親にあることを認めながらも、次のように国家の教育権の存在を述べる。

自然権としての親の教育権については、「教育権はその起源を家族に発し、両親に所属する。両親の教育権は人間性の中に深く根ざしているところの人類普遍の原理である自然法上の権利である[70]」、「私は日本法に教育権の自然法的性格に関して直接の規定を欠くにしても、理論上これを承認せざるを得ないと考えるものである。」また、「両親の教育権が自然法上の権利であるところからして、これについては憲法が基本的人権に与えている保障がこれにも与えられると見なければならない。憲法に掲げている人権や自由の目録は決して網羅的のものではなく、両親の教育権のごとき、人権に属するものと認めなければならない。従って両親の教育権は不可侵であり、永久の権利として現在及び将来の国民の与えられたところのものである。[71]」と、実定法上の根拠として民法八百二十条の妨害排除の機能を有する絶対権を挙げながら、本源的な教育権が両親に属することを確認する。

しかし、一方では「教育をなす権利は両親のみが有するものではない。義務教育に関する憲法二十六条第二項の反面からして国家に教育する権利が認められることになる。（略）そこで国家に属する教育権と両親のそれとの限界や両者間の順位が問題とならざるをえない。[72]」として、国家に教育権があることも主張した。

田中は、具体的に「国家の教育権」を導き出した解釈の道筋には触れていないが、宗像が述べたところの（義務教育の）「『反面からして』の意味を推測するならば、それはおそらく『国民が・・・義務を負う』ということは、すなわち国家が権利を持つことだ、という論理なのだろう[73]」と述べたことに対する反論として「国家の教育権」に言及した。さらに、田中は憲法二十六条の教育を受ける権利を「教育の請求権」としてとらえ、親の教育権が前国家的自然権としての性格を有することに対して、教育を受ける権利（=「教育の請求権」）が、国家が承認することによってはじめて存在する実定法的権利であることを、「国民に教育請求権が無制限に認められるものではなく、国民が教育を受ける権利を有するというにしても、どんな内容の教育をどのくらいの期間にわたって受ける権利を有するかはこの権利の性質からは導き出し得ないのである[74]」（傍線筆者）と社会権的基本権および福祉国家としての一般的論理をもって反論している。また、国の裁量によって教育を受ける権利を実現する意味で、「そこで国家は予算上可能な範囲において一定の教育政策を樹立し、これを法律でもって規定し、国民の教育請求権を一定の範囲内で可能ならしめなければならない[75]」として、教育内容や学校制度などは、教育請求権の及ばない国家の権限の領域を示唆して、親の教育権が自然権から派生する絶対的権利である一方で、教育を受ける権利は、国家が承認して初めて認められた実定法的権利としての（教育の）請求権という教育の前国家的意味と後国家的意味両面から捉えた。

（6）教育権論総括　――親・国民・教師・国の「教育権論」の本質――

以上から、親の教育権、国民の教育権、教師の教育権などの「教育権」は、これまで『教育』に関するすべての権限が国家に集中していたことが、日本国憲法によって、「国家の教育」に服従することから解放されたことを確認する意味で用いられたことがわかる。そして、教育の主人公、とりわけ子どもや親が個人の尊厳や幸福追求のために、また主権者として、自由に成長・発達することができるように、積極的に自らの教育を自由に考えることができるようになったことの総称だと言えよう。その中には、教師の地位も含まれ、戦前の国家意思を教え込む教育から広く多様な価値を含む教育への開放にともない、子どもの「真理を学び取る権利に奉仕する」教育活動を、国の統制や支配から逃れて行うことの意味で用いられた概念であるといえよう。したがって、元来、この教育権は、(子どもを)「教育する権利」という法的な権利を表した概念ではなかった。

このように、「教育権」は、前述の、親の発言権、親の発言権を拡大した国民の権限、教師の役割や権能の三つの意味の総称として理解されたが、やがて「国家の教育権」を主張する教育行政に対抗あるいは抑止する概念を本質として「国民の教育権」とまとめられた。[76] したがって、今日においても同概念を用いた論考が行われることがあるが、その考察の前提となる当事者において混濁を引き起こす危険がある。

一方、「国家の教育権」は、前述の「教育権」の意味からは、必ずしも「親の教育権」とその派生である「国民の教育権」、あるいは「教師の教育権」とは完全な対抗的な意味の関係にはならないはずである。

国と教育とのかかわりに関する田中氏の見解は、自然権論的な理論構成として「親の教育権」を承認しつつ、一方では憲法二十六条が社会権であることから、国の立法政策等によって国民の「教育請求権」が初めて具体的な権利として実現する性質に根差した内容となっている点である意味自然な整理だと言える。しかし、「教育権論」は当初の議論を離れて、「教師の教育権」＋「国民の教育権」対「国家の教育権」の展開となり、教育内容決定権限を巡って憲法論（人権論）としての法的論争から教育理念の論争へと展開したように思われる。

本来、「近代における自由権としての教育の自由と異なるのは、国家に対し、義務教育の実施や教育施設の整備を要求し得る権利をふくんでいる点」にあるならば、「金のない者も機会均等に教育を受ける権利があるという思想は、国家の手による機会均等の実質的保障への要求を、その内容として当然にふくんでいる」[77]という、基本的人権と国家との新しい関係に基づいたその妥当性を巡る検討であるべきはずだったと考えられる。すなわち、機会均等の実質的保障や援助という名の下で、学習者の精神的自由が規制されたり支配されたりすることに対する防御権の一つとして、「教育を受ける権利」の自由権的性質を議論することもあり得たのではないかと思われる。

第3節　学習権のねらいと生成プロセス

(1) 学習権の始源

＜堀尾輝久・勝田守一1958年論文・堀尾輝久1966年著書より＞

学習権の始原は、先に紹介した堀尾・勝田前掲1958年論文[78]の中に述べられる。

論文では、教育の中立性二法（第4章 第1節（1））の成立に関して、自らの政策を正当化する国家が「中立性の保持者」たる地位にはなり得ないことを指摘し、逆に、中立というものが学習の主体者である子どもの立場から、子どもの自発的学習や子どもの成長の可能性に眼を向けた教育の現実、子どもの発達の事実、教育の自由、自律性などを軸に導き出されることを述べる。[79] すなわち、教育の中立は「教育の主人公である子どもの全面発達につながる学習」が多様な立場からなされることによって導かれると考えられた。学習権は、このような考察、ならびに後述の「教育の本質」「学習の自由」の考察を経て、『学習の権利[80]』という名称で登場し、概念化されたものである。

なお、本書では一般的な使用に倣って、『学習の権利』や最高裁旭川学テ判決（第3章 第2節）で用いられた『学習をする権利』を総称して「学習権」と記す。[81] ただし、学習権が生成された最初の概念の場合を「堀尾・勝田学習権」あるいは「原初学習権」と記し、学習権の再概念化（第4章 第4節（5））が堀尾氏によって行われた後の学習権を表す場合は「再概念化以後の堀尾学習権」あるいは「再概念化後の学習権」と記して区別して、原初概念と再概念化後の学習権を分けて記すこととする。

ところで、学習権はその形成過程の特徴から、さまざまな理解と用いられ方が生じ、結果的にそれらが積極的な「権利」の認識を妨げ、かつ享受すべき利益を曖昧にしてきたと考えられる。ここで、単に国家の教育政策への対抗のような意味としてだけではなく、また原意を離れた解釈を生まないためにも、堀尾・勝田両氏による『学習の権利』の把握にもとづく整理を行う必要があろう。なぜなら、両氏が当時の時代的背景から教育行政の教育内容への介入を抑止し、同時に新しい教育の意味を提起する考察を通じて形成してきた経緯があったとしても、その学習権が権力抑止の手段としてだけの概念ではなく、教育における学習者（とりわけ児童・生徒）の憲法上の地位を今日的に明らかにする重要な内容を持っていたからである。

このような理由から、学習権の把握を以下のように行い、同権利が形成されてきた歴史的・時代的背景の中で当該権利内容ならびにその性質を明らかにする。『学習の権利』の生成にかかわる論文としては、前掲１９５８年「中立性」論文、１９６１年論文、および１９６６年に出版された堀尾論文「現代における教育と法」[82] を中心に学習権論の時代的意味を見通しながら権利内容ならびにその性質をまとめる。

堀尾・勝田両氏は１９５８年の「中立性」論文の中で、明治憲法下の教育の本質と「中立」観、次に、戦後教育改革の教育思想に対する教育行政の転換と「中立性」（第4章 第1節）の変質について整理し、これについて反論を加えながら戦後の「新教育」思想に基づく「人権としての教育」として学習権を提起した。

しかし、ここで重要であることは、後述する「教育の本質」や、それをめぐる教育に関わる当事者間の権利義務関係の日本国憲法的価値への転換とはどのようなものか、またそれは憲法上どのように位置づけられるのか、という教育と憲法との原理的関係の再構成を伴うものであったことである。それについて、両氏は、日本国憲法や（旧）教育基本法によって要請される新しい価値に基づく教育の本質的意味を明確にし、国家と教育、国家と学習者（子ども）、教師と子どもなどの当事者間の権利関係を考察・形成していった。本節では、堀尾・勝田両氏の考察過程を整理しながら、再構成された当事者間の諸権利関係とそれによって生成された学習権の沿革と内容、そして学習権を正確に理解するために必要と思われる同権利に付随する諸概念（周辺概念と記す）を押さえながら把握する。

（2）学習権生成の前提　――明治憲法下の教育と戦後教育思想について――

堀尾氏は、考察のすべての前提として、まず明治憲法下の教育の本質について整理する。その第一は、天皇大権に基づく教育勅語体制[83]によって教育を支配する国家と国民との関係についてであり、特別権力関係に基づく包括的支配権によって行う教育の性質を以下のように挙げる。

「教育勅語を支柱とし、天皇大権の一つである独立命令によって、諸学校令以下が立案・運用され（教育の勅令主義）、教育は帝国議会の意志さえ超えて、超然主義の名において、強い国家統制のもとに置かれていた。学校は営造物であり、教師の勤務関係及び児童生徒の営造物利用関係には、特別権力関係が成立し、命令及び懲戒の権利を中心として、行政当局は教師に対し、教師は生徒に対して包括的支配権が及ぶと考えられた[84]」

第二に、具体的にその教育行政と教員の関係については、内務行政の一環として、国定教科書制度や学校長による検閲などによって授業内容が厳しく画一的に統制されていたことを挙げる。

「内務行政の一環として、警察行政と深く結びついていた。教科書は国定制度のもとで、画一的に統制され、授業内容に関しては、『小学校令施行規則』により、学校長は『教則』や『教授要目』にのっとって『教育細目』を定めるべきであるとされ、教員はこれらに基づいて『教案』をたて、校長の検閲を受けねばならなかった。こうして授業のすみずみまで統制され、公教育は教育勅語を中心とする天皇制価値体系の注入の場であり、国民的一体性の確保の場として画一的教育が押しつけられ、教師の創造的教育の自由はなかった[85]」

さらに、明治憲法下での教育の中立性（中正性）については、以上のような「『国』の絶対神聖な権威と背光によって、現実のあらゆる政治的対立や理解を超越する統合者としての『国』の意思を体現する（天皇の）官僚体系」（堀尾・勝田1958:14）によって維持され、天皇の意思（国家の意思）こそが「中正性」であることを担う官僚は「行政担当者であるとともに、公教育の教師の教師に自ら任じ、ここに、政治支配と教化とはつねに密着[86]」する形で維持されていた、と整理する[87]。

これに対して、堀尾氏は戦後教育改革の思想はいかなるものかについて整理する。その第一は、戦後教育改革による新しい教育が「軍国主義的人間に対して、平和主義・民主主義的人間を対置し、新しい価値観と人間像を目指すものであり、他方、教育行政の基本原理として、教育の官僚統制の撤廃、教育の地方分権化・民主化・教師の創造的教育を保障するための教育の自律性、教育行政の責任と限界、国家権力の教育内容への不介入の原則などを確認する[88]」というものである。このように、新しい人間像を明らかにすると同時に、教育と国家、教育と行政との関係、さらにその際の教師の役割を戦前と対置させた。

その第二は、国民主権の原理に則り、教育を「国家権力の側から、公法的（行政法的）観点からとらえられるのではなく、市民の側から教育を問題にする」[89]という立場に立つことである。具体的に、憲法二十六条が示す『国民の権利としての教育』によって、「教育が、国民の生存権的基本権の文化的側面にかかわる基本的人権の一つとして位置づけられた」[90]とする人権としての教育を前面に掲げるとともに、学校は「公の性質」、教師は「国民全体の奉仕者」、教育は国家権力をはじめとする「不当な支配」に服することなく、「国民全体に直接責任を負う」などの教育構造の転換を示すものである。すなわち、明治憲法下の教育に対して主客の転換を前提とする。

第三の考察の前提として、堀尾氏は、近代市民社会の形成過程で生まれたロックとルソーに代表される「人間の教育」の教育思想を挙げる（堀尾・勝田1958:4）。これは、「国家あるいは、権力による公教育に反対」して、人間の内面形成にかかわる教育は「市民の、自己自身による、自己自身のための人間教育であり、それは、本質的に私的なものとしてとらえられ」（堀尾・勝田1958:4）るものである。すなわち、教育の目的が全体の一部を示す「公民の教育」（堀尾・勝田1958:4）にあるのではなく、個々の人間形成におかれたことを重視する近代教育思想の本質の一つである。これゆえに、ルソーの場合は人間の形成過程に「子どもの権利の発見」があり、ロックにおいては、人間の内面形成にかかわる問題は、国家権力が干渉してはならない「私事」とする原則が現在も生きつづけていることを挙げる。[91]なお、「人間の教育」という教育思想は日本国憲法（十三条）の「個人の尊厳」に合致するだけでなく、教育基本法（一条）に示される教育の目的が「人格の完成」にある点からも戦後教育改革の基本的価値の一つとも言える。

（3）堀尾・勝田両氏による学習権生成の考察道筋

以上の前提を基盤にして、堀尾氏の考察は、まず戦前と戦後教育との根本的な違いである、教育の「私事」性と同時に、国家が独占すべきものではない性質を持つ教育の本質を述べる。そして、その『私事』としての教育」を制度化する（組織する）場合において、国家と教師それぞれが有する明確な役割の違いを明らかにして、両者に備わる権利義務の内容を整理した。その際に重要な論点となるのが教師の「教育の自由」の意味、国家および教師の「自律性」の問題であり、いずれの問題についても両氏は子どもの権利の観点から考察を加えた。

なお、「教育の自由」の考察では、憲法二十三条の「学問の自由」から導き出される「教授の自由」が、当時（１９５８年ごろ）の憲法解釈の限界から「教育の自由」を根拠づける理論とならないことに着目し、堀尾氏はやはり子どもの権利を根拠として「教育の自由」を導く考察をする。そして、この子どもの権利の立場から「教育を受ける権利」を再検討して構成されたのが『学習権』概念であり、前項（２）に示された「中立性」の意味を踏まえた今日の『学習権』概念の原型となる。

第４節　学習権における「教育の自由」の分析と峻別

（１）「教育の私事性」と「私事の組織化」

ここでは、「学習権」生成の始源から、何を意図し目的とした権利かなどを明瞭にし、本来、最終的に学習権はどのような利益をもたらそうとしたのかを把握する。

論理構造の最初は、そもそも「教える」「学ぶ」などの『教育』と総称される行為の主人公は誰であり、誰の利益を目的とするのか。さらに教育を制度化する目的・理念・利益は誰を対象とするのか、という教育の根本的な意義から考察される。
堀尾氏は、『教育』の性質を教育学と憲法的価値である個人の尊厳という観点から吟味して、「教育の私事性」という概念の始源を明らかにした。その「教育の私事性」とは、各個人の幸福追求というものが、それぞれに多種多様なものであり、各自の内面の問題である点で、「私事」であること。そして、このような幸福の追求には、それぞれに応じた教育を受けることが欠かせず、「私事」である「多様な幸福追求の実現に応ずる教育が不可欠である」、と「教育の私事性」について定義する。
しかし、同時に教育が「私事」とされることで、かつて教育が単純に各家庭の問題であった18世紀後半~20世紀前半に起こった深刻な貧富の差のように、逆に人間の尊厳が著しく阻害された歴史を振り返らざるをえない。つまり、家庭生活や経済的・文化的環境における教育資源は各家庭において千差万別であること。また、仮に資力を含めてそれらが比較的恵まれた家庭であったとしても、もはや現代においては一家庭だけの力だけで十分な教育環境を整えることは不可能である。すなわち、それぞれの幸福への希求が切実であっても、そのための教育の手だてが十分に整えられるわけではなく、また平等に存在しているわけではない。そこで、何を幸福とするかはすべて個人の問題であることを承認しつつ、そのためにも、すべての人に幸福追求の能力が開発される平等の機会が保障されることが必要であり、そのための教育諸制度が必要となる。堀尾氏は、諸制度を整えるという意味で「私事である教育を集団的に準備すること」を「教育の組織化」、あるいは「教育を組織」すると定義した。さらに、堀尾氏は「私事」としての教育を集団的に組織する（制度的に整える）ことを「私事を組織する」とも称し、具体的には学校教育制度そのものが、各人の幸福追求に必要な「私事」としての学習が組織化された制度と位置づけられる。[92]
以上より、教育が家庭の私事であること、そして、宗像氏による「教育は第一に親の権限」の問題である、とする「教育権論」から、これら概念を生成した堀尾・勝田両氏そして宗像氏ともに、教育の基点が「私」の領域を起点としたことがわかる。

ただし、「教育権論」について、宗像氏は、国家が独占していた「教育」から国民が解放されたこと、そして、教育の民主化にふさわしく、教育に関わる諸主体が自ら当事者となることができることを、とりわけ親、国民、教師の観点から関係づけた。それは国家だけが教育の主宰者ではないことを表す意味で、教育に関わる各当事者の関係性を総称して「教育権」と称していた。この点、宗像氏は「教育権」の概念を（たとえば教師が）「教育する権利がある」、という意味では使用していなかったことも注視する必要がある（第4章 第1節（3））。すなわち、「教育権」概念は長く多様な意味で用いられてきたが、元来、その意味は「教育する権利[93]」という意味での使用や、学校の教師が「教育活動の内容を自主的に決定する権能[94]」を有する意味で使用ことは妥当ではなかった。[95]むしろ、教育に関わる「資格」を有しているか否か、あるいはその「地位」にあるか否か、という問題であろう。

以上のように、学習権を把握するにあたり、その本質を支える概念と、必ずしもそうではない概念を峻別して学習権の利益に迫る必要がある。

堀尾・勝田両氏が提唱した原初「学習権」は、「第4章 第1節（1）背景と概略」で記したように、1953年の「中立性二法」（教育二法）によって、国家意思こそが中立であり、国家が教育内容や『真理』の独占者となろうとすることへの問題意識から考察された。その結果、「教育の私事性」とは各個人の幸福追求というものが、それぞれに多種多様なものであり、各自の内面の問題である、という意味で「私事」である、ということ。そして、当然のことながら「私事」である「多様な幸福追求の実現に応ずる教育が不可欠である」という、国家が教育の独占者となることへの対抗軸とも言える教育の考え方と国民との関係を示すに至った。このことは、同時に国家と個人との関係における緊張関係において、各自の幸福の追求のためには、国が教育を一律に支配することを否定するものである。この私事性の一連の論理は、教育を受ける権利の淵源として、個人の尊厳と尊重、そして、幸福追求へ向けた各自それぞれに応じた「教育」の意味を表している点で、憲法原理に即していると言える。

なお、この私事性については、最高裁旭川学テ判決においても論点として取り上げられており、「第5章 第3節(5)」にて後述する。

(2)「教育の自律性」と今日的意味について

次に、堀尾氏は、「私事」である幸福追求に不可欠な教育を組織する(制度化する)にあたり、どのような内実を伴った制度を整備するべきか、について述べる。その内実は、学校等の施設整備はもとより、直接教育に携わる教師の資質向上を挙げる。たとえば、教師には「子どもの権利としての教育を実質的にその名に値するものとするため、教育の文化的内容と技術的知識および熟練という点で、ルソーの著書『エミール』の中で形象化される」ような資質[96]を期待する。この根拠は、「私事である幸福追求の願いを〝追求の能力〟にまで育てる」ことが教師の職務であり、私事の組織化の目的であることから発生する。[97]ここで示された「追求の能力」については、第8章第2節の子どもの権利条約二十九条の国際解釈と同趣旨と捉えることができる。

ところで、このように教師に高い資質を求めるが、堀尾氏は、教師が父母からの前述の期待に直接応えるためには、とりわけ教師の「専門的指導の自律性」が要求されるとする。この場合の「自律性」は、教師個人に課す自律性と国家に課す異なる二つの自律性がある。教師個人に課す自律性については「宗教教育や意識的イデオロギー教育を公教育から切り離す」(堀尾・勝田1958:19,下段注3)ことで、信仰や価値の選択において、その選択がひとりひとりの子どもに委ねられることを可能にする教育的あるいは技術的な配慮を行う自律性である。したがって、公教育の教師は、自らの宗教・信条や思想について自己を抑制し指導上の限界をおく必要があり、「子どもたちや親たちそれぞれの幸福の追求と本質的に結び合う」ような「確信的・自主的態度」(堀尾・勝田1958:18,上段)が求められる。[98] すなわち、教師の価値的、思想的恣意性と一線を画した「自律」を説く。ただし、この場合の教師の自律性としての「自己抑制は〝権力機関〟に対する関係においてではなく、子どもや親たちに対して指導を有効にはたす」（堀尾・勝田1958:18,上段／19,下段）観点から要求されることである。

一方で、国家に課す「自律性」は教育に介入にしようとする国家に求める自律性である。内容は、国家権力によって定められた価値や事実によって教育が行われるべきでなく、まさに国民それぞれが直接必要とする教育内容を教師が自律的に指導する、ことを内容とする。[99] これは、戦前・戦中の教育が国家意思を教育した大きな反省に立つものであり、教育が学習者一人ひとりの幸福追求（私事）に寄り添うものであるべきとする憲法的価値から出発するものである。このように、教育は、国家が教員をして国家の意思の体現を図ることなく、権力に対して自律を要求すると同時に、子どもや親たちに接する教師にもまた自らの思想を授与するかのごとく教育することを抑制する「二重の自律性」を要求する。これらの自律性は、子どもの幸福追求のために私事を組織化した公教育に不可欠な原理であると主張される（堀尾・勝田1958:18,上段）。

教育の自律概念は、前述のとおり、教員の教育活動に対する規範化を示すことによって「教育の自由」の濫用を防ぐ根拠を見い出し、自律した教師の教育の自由が生徒の学習権（第４章 第1節（２））を保障する関係を築く。すなわち、学習権によって「子どもたちや親たちの幸福の追求と本質的に」結びつき、ひいては「国民全体に直接に奉仕する」（堀尾・勝田1958:17）教育を行うために、子どもの教育要求に応えることのできる教育内容を自由に選択して提供することを可能にしようとする。つまり、このような子どもや親の期待に応えるために「教師の（教育の）自由」が必要である、との結論を導き出す（堀尾・勝田1958:17）。これについては次項「教育の自由の吟味と今日的意味」で詳述する。[100]

【整理と私見】

以上より、堀尾氏は、教育が憲法的価値である個人の幸福追求を目的とする点で私事」であるということ、そして一人ひとりの「私事」である教育を「組織化」して生み出される「公教育」は、「国家権力」と「教師」が踏まえなければならないそれぞれの自律性（二重の自律性」）が備わっていなければ成り立たないことを導き出した。しかし、これら教師の自律について、最高裁は旭川学テ判決において憲法解釈上採用できない旨、これを否定する。つまり、学習権を構成する論理としては、その基点となる「教育の私事性」までであり、教師個人や国家との関係で規律する「自律性」の論理は採用されない。（詳細については第5章 第3節で後述する）

すなわち、堀尾氏が言うところの「自律性」とは、教員の場合は、教員の思想や価値を教育に反映させることを控え、子どもたちや親たちそれぞれの「幸福追求のための価値選択を可能にするように配慮すること」である。そして、「国家の自律性」は、国家意思を子どもや親たち、そして彼らに接する教師にもまた強制することを抑制する点で学習者の幸福追求に基づく学習の自由を確保しようとする。

しかし、先の「教員の自律性」は、教師の倫理的な規範や崇高な職務上の理念などに関する教育学上の論議の範疇として、あえて法的な学習権把握のプロセスからは除かれるべき性質のものと思われる。すなわち、自律のために教師が有すべき高い倫理規範は、教師の地位や身分、そして職業上、親や社会から求められるが、児童生徒の教育を受ける権利に対する責務や義務としての教育を論じる場合は、法的な義務の問題として論じられなければならず、堀尾氏等による学習権論で述べられるところの教師の教育の自律の問題は、学習権の考察の過程には論点化すべきものではないと考えられる。したがって、学習権論から教師の自律論を切り離して考えられなければならない。

そして、学習権把握の議論から捨象して憲法的な視点で焦点化すると、「教師の自律」論は教師が公権力の行使者としての地位であることから、学習者（国民）と国家との関係における自由権的意味（あるいは防御権）で考察されるべきものと考えられる。また、「国家の自律性」は国家と国民の関係における自由権保障の問題であり、別途「国家からの自由」の問題として検討されるべきものである。つまり、ここでの二つの自律の問題は、学習者が、国や教員の一方的な（たとえば、政治的な）価値を教え込まれずに自由な精神的発達を行うことは、憲法二十六条「教育を受ける権利」が有する自由権的側面と社会権側面のうち、自由権的側面を確保する問題の観点から、教師の公教育を担う地位に付随する規範の問題として扱われるべきである。

(自律性について、原文)　堀尾輝久・勝田守一「国民教育における中立性の問題（上）」思想No411号

（集団的に教育を組織する必然性がうまれてきたことで）「そこで、重要なのは、施設はもとよりであるが、教師という、専門的指導者の存在である。現実の教師が、教育の文化的内容と技術的知識と熟練という点で、すべて満足な状態にあることからは遠い。とくに、民衆の教育が、『安あがり』であることを求めてきた社会の伝統が、その教養の質の向上を抑えて来た。しかし、原則的にみるならば、父母に子どもを委託される教師は、すべて『エミール』の中で形象化された教師の資質を当然期待される。現代の文化的遺産を身につけ、子どもの権利としての教育を、その名に値するものとする実質が教師の職務の内容なのである。幸福追求の情意を、追求の能力にまで育て上げるのがほかならぬその職務である。このことから当然専門指導の自律性が要求される。親の委託にこたえ、『国民全体に直接に奉仕する』教師の自由は、教育の自律性を保障する条件であると共に、同時に、教師の人間的欲求に根ざしている。ここに、教師が権力を通してでなく、子どもと親とに奉仕するという公教育の実質的方向がある。[101]」

「しかし、個人としての教師は、最終的には教育の自律性の体現者であっても、現実では、そのために、さ

まざまな組織が求められる。個人としてはすぐれた教師も、現代の文化的・社会的状況では、教師集団や地域的集団や文化的集団やその他の組織の中で、その自律性を支えなければならない。教育の自律性は、子どもたちや親たちの幸福の追求と本質的に結び合うのであるが、しかし、確信を持たない追従は、かえって、その本来の任務を遂行するのを妨げる。むしろ、自律性は指導としての性格を放棄することはできない。したがって教育は、権力に対して自律を要求すると同時に、子どもや親たちに対してもまた、指導を有効に果たすために、自律的なのである。確信的・自主的でありえない教師は、親の委託にこたえられないのである。この二重の条件に照らして、公教育の組織が評価されるだろう[102]。」

「もちろん公教育は、国家権力から自由であっても、別の次元で人間形成のすべての分野に立ち入ることはじっさいにも困難であるし、また、集団としての子どもに対しながら、教育的欲求が、現実には地域的・職業的なそして階層的なインタレストの違いを反映する以上、信仰や価値の選択において、教育的あるいは技術的な配慮を必要とするのはいうまでもない。基本的に幸福追求の権利と教育との結びつきが、信仰や基本的な価値選択と一応離れて可能であるように、宗教教育や意識的イデオロギー教育を公教育から切り離す方向が必要とされる。公教育の教師がこの点で、自己を抑制しなければならない限界をおくということは、しかし世俗的な価値が、子どもと教師、子どもと子どもの関係において現実的となり、その選択がひとりひとりの子どもに委ねられるという関係を否定することにはならない。もちろん、教師の自己抑制は、政府権力に向かってではなく子どもと親たちに向かってのものだということが基本的な点である[103]。」（傍線筆者）

（3）「教育の自由」の吟味と今日的意味について

次に、堀尾・勝田両氏は、国家と教師に求める「二重の自律性」によって、一方的あるいは恣意的に教育を行うことに陥らず、「私事」としての教育を公教育として組織（制度化）するにあたり、それを可能にするための要件を吟味する。この要件とは、前項（2）において、幸福追求を導くための「教員の（教育の）自律性」と結びつく「教育の自由」という概念である。ここでは、堀尾・勝田論文に基づいて論考を整理し、「教育の自由」に関する憲法上の評価を行うこととする。

堀尾氏は、「教育の自由」概念を吟味することについて、教師は国家権力を通してではなく、また自らの恣意に陥ることなく、子どもや親などの「国民全体に直接奉仕する」教育活動を行うためには、国民それぞれが必要とする教育内容を自律的に指導することができる「教師の自由」が条件であると関連付けた（堀尾・勝田1958:17,下段）。この「教師の自律」と「教育の自由」が関連づけられる論理的関係性は、教師が学習者の私事としての幸福追求に基づいて教育を行うとき、教師は自ずと児童生徒に対して、何をどのように教え導くかという判断、工夫、教材選択などを行う。このとき、教師は幸福追求などの目的達成のために自律性が発揮されて教育活動を行うが、同時に子どもたちの願いを達するための教育上の判断や工夫を「自由」に行えることが保障されなければならない。

すなわち、「教師の自由は、（自己を抑制し指導上の限界をおいて、子どもたちや親たちそれぞれの私事である幸福の追求と本質的に結び合う、という）教育の自律性を保障する条件」[104]（カッコ内／傍線筆者）（堀尾・勝田1958:17,下段）であり、これが「教師が権力を通してでなく、子どもと親とに奉仕する公教育の実質的方向」であるとする。このような関係を規定して、教師の自律的教育活動に必要な教師の『教育の自由』を位置づけている。（なお、この「教育の自由」論は、堀尾・勝田両氏の当初の概念の意図を離れ、憲法上の保障対象となる自由権論に変容し、議論されてきた観がある。）

次に、このような教師の自律に必要な「教育の自由」は、「教育を個人（国民ひとりひとり）の私事とする原則を貫徹」（堀尾・勝田1959:92）して公教育を組織化するということであり、同時に「すでに存在している公教育の組織を思想的にも実践的にも組みかえる」ということである。そしてこのことは、新しく「現代の教育が守らなければならない価値の内実をつくり出す」（堀尾・勝田1959:92）ことになる新たな教育の意義が理解される必要がある。すなわち、本来自由を本質とする『私事』が「組織化」されることによって、自ずと自由の意味が変化し、同時に『私事』そのものが変容して、やがて学校の役割やあり方そのものが公教育を担う社会的役割へと変容することを意味する（堀尾・勝田1958:19,上段）。その意味の変容から、従来からの「教育の自由」概念を捉え直す必要性を述べる（堀尾・勝田1959:92上段）。

さらに、教育の自律の前提となる「『教育の自由』という概念の役割が、逆に教育の中立性の意味を規定するという一面を見落とすことはできない」ことを述べる。すなわち、学習の主体者である子どもの立場から科学的に導き出す子どもの自発的学習や子どもの成長の可能性に眼を向けた教育の現実から、また、子どもの発達の事実などからの児童生徒の現実（ありよう）など、多くの子どもが残す学習成果と、開花する可能性（現実）の蓄積の結果に生み出される（子ども中心で捉えた）中立性の基準が導き出される。[105] 堀尾氏等はこのような教育の自由と教育の自律と結びつく学習成果や可能性の蓄積から導かれる中立性の意味を提起した。[106]

このように、「教育の自由」概念は、それがもたらす「教育の自律」、それを実現する学校や「公教育のあり方」、そしてこれらの根拠となる「学校と私事性の関係」、さらに「学習内容の中立性」の意味を規定する関係性を示した。

ここで改めて整理する。「『教育の自由』は、すでに自明であるかのように多くの人たちによって使われ」（堀尾・勝田1959:92）ていながらも、「思想・学問・良心の自由」と同じような程度で定着しているとは言いがたく、また、「権力からの自由とそのままひとしいわけでもない」（堀尾・勝田1959:92）と、『教育の自由』をめぐる社会的認知の程度とその難しさを述べている。その上で、「思想・学問・良心の自由」が権力からの自由を条件として成立することと同様、『教育の自由』についても権力からの自由を前提とし、かつ教育活動の自律性（＝『教育の論理の内在的発展』堀尾・勝田1959:92頁下段）を通してはじめて発揮される自由の概念である。[107]すなわち、「教育の自由」は、子どもたちや親たち、それぞれの私事である幸福の追求に奉仕することに本質的に結びつく教師の自律性（第４章 第４節（2））に基づく教育活動を行うために必要不可欠な教育上の条件であると捉えられた。そして教育に伴う「中立性」は、国家の意思を実現しようとする、その国が決めるものではなく、子どもの現実に基づいた「教育の自由」に基づく教師の自律的実践の蓄積によって、幸福追求としての学習を実現し、そのような学習内容の科学的な蓄積こそが「中立性」を持つものとして捉えられた。

一方、先にも述べたとおり、現実的にはこの『教育の自由』という概念がさまざまな捉えられ方で使用され、場合によっては逆に教育そのものを規定してしまう結果となっていることを堀尾氏は指摘する。たとえば、子どもの現実に立った教育実践の蓄積によって「教育の中立性を認めながら、あるいは、それをみとめるゆえに、『教育の自由』を原則的にみとめない」という見解すらあることを紹介する（堀尾・勝田1959:93）。つまり、画一的にマニュアル化されるような教育をもって「中立」であるかのように捉えられるなどである。この場合、中立性の理解の不十分さが『教育の自由』の意味を、教師の「勝手」な教育かのように変質させ、逆に『教育の自由』の把握の不十分さが、同時に元来の「中立性」の意味も変質して捉えられて規定されている一面を指摘している。[108]

では、なぜこのように『教育の自由』の概念が社会的に熟していないか、という問いに対し、堀尾氏はいくつかの理由を挙げ、その一つに憲法解釈の問題をあげる。

憲法解釈の問題については次項（４）で後述する。なお、最高裁旭川学テ判決では、この教育の自由論も先に示した教育の自律性同様に論点となった。結論として教師の自律性と結びつく教育の自由は否定される。教師の自律

の否定については第5章で後述する。（第5章 第3節（5））

（原文）

「もちろん、ここでいう画一化は、かならずしも教育に対する権力による統制的画一化をさしているのではあるまい。しかし画一化の例証として、教科書の検定、教科事項の監督庁による決定があげられている。ところで、現在では、教科書検定の政府による統制強化や監督庁である教育委員会の性格の変化による中央集権化は、画一化を権力統制と同義とし、それが教育の中立性そのものの否定を露骨に示している。[109]」

【整理と私見】

前項「（2）教育の自律性と今日的意味について」と「（3）「教育の自由」の吟味と今日的意味について」および中立性の関係から、国と教師、そして学習者や保護者との関係は次のように整理される。また、学習権論における今日的な意義を考察するにあたり、学習権の周辺概念として「教育の自由」論がどのように影響するかについても整理する。

国が中立性の保持者として国家意思などの教育内容を「中立」なものとして画一的に定め、その教育内容を、教師をして子どもや保護者に教育させる構造ができあがっていた（第4章 第1節）。そこで、堀尾氏等は、教師が国の定めた国家意思としての教育内容を学習者に一方的に教育をすることを抑止するために、学習者の幸福追求と結びつく教師の役割と新たな概念としての「教育の自由」を、「教師の自律性」と共に関係づけることで教育の国家統制から教育を守ろうとした。

この「教育の自由」の意味は、学習者が求める「私事」としての「多様な幸福追求の実現」に対応した内容、方法などを工夫する「教師の自律性」と、その自律的教育活動を支える教育上の条件・環境としての「教育の自由」である。したがって、先のとおり、教師自身が自己の教えたい個人的関心を（恣意的に）教育したり、直接児童生徒に関係しない学問的知見を一方的に教えたりする自由を意味するのではない。もちろん、教師の個人的な価値や思想・信条を教え込むことも意味しない。学習者の幸福追求の学習のためには、それと向き合う（責任を果たすための）教師の自律的教育活動が必要であり、それゆえにその自律的教育活動を支える「教育の自由」が保障されなければならない、という関係性で説明される。つまり、学習者が教育を受ける目的を実現することができるよう、その役割を担う教師に（目的の範囲内での）自由が必要である、という論理である。これによって、教員の個人的な関心による恣意的内容や、教育の国家統制から逃れ、個人の尊厳と尊重にふさわしい教育を守ることを意図したと言える。つまり、「教育の自由」概念は、教師および国は自己の思想や国家意思などを、教育を通じて学習者の内心へ介入することを抑制し、一人ひとりの事情や背景などに即した幸福追求のための教育を行う責任を果たす教育活動を意味する。このように、堀尾氏は、学習者の「私事」としての「幸福の追求」に寄り添うための、教師と国家の「二重の自律」に基づく教育を行うために、教師の「教育の自由」が必要であることを述べた。

ところで、ここで定義される「教育の自由」は、堀尾氏が定義したとおり（第4章 第4節（3））、「学問の自由」のように国家と個人との関係において保障される自由権とは必ずしも一致しない。ここで述べられる「教育の自由」は、もともと「国家からの自由」とは概念が異なり、同時に教師が自己の一方的な見解を教える自由とも異なる。むしろ、私事としての学習者の幸福追求に応える教育内容やそのための環境を、他から干渉を受けることなく形成し、また教育方法を工夫することができる、という点で学習者と教師との信頼関係に基づく自由な環境（自由な裁量や環境）を表していると言える。すなわち憲法上の自由権論とは峻別される必要がある。[110] しかし、このような理解も、必ずしも堀尾・勝田両氏が説いた正確な「教育の自由」論ではない。学習権の原初概念生成時の論考において示された「教育の自由」は、「思想・学問・良心の自由と同じような程度で定着しているとは言いがたく、また、権力からの自由とそのままひとしい（ママ）わけでもない」（堀尾・勝田1959:92）と堀尾氏が述べるように、ある種の独自の概念と評してもよい内容である。したがって、堀尾・勝田両氏の「教育の自由」は、憲法上の権利としてのものか否かは、堀尾氏自身においても明瞭に説明されていない。

また、理解を複雑化している「教師の自律」概念は、その教師による指導上の自律の効果として、児童生徒が得る具体的な学習上の利益を説明していないことから、「教師の自律」を行うために「教育の自由」が必要との論理が整合性を持つとしても、それに対する教育現場の実態が具体的に合致するかどうかは不明であったと言える。むしろ、現実的な児童生徒の立場において考えると、彼らの私事としての幸福追求に対して、どのような具体的な障害や不利益から逃れることに結び付く概念なのかが不明瞭な観念的なものであった。「教育の自由」の原初概念は、以上のような内実であった。

ところで、後述する教科書裁判を通じて論点化された教師の「教育の自由」論は、前述の堀尾・勝田両氏が説明する原初概念としての「教師の自律」と結びつく「教育の自由」概念を正確に用いた主張ではない。教科書裁判の原告側主張に示される「教育の自由」論は、堀尾氏等が定義した「教育の自由」論とは異なる、「学問の自由」から導かれる「教授の自由」の憲法的意義を教師の「教育の自由」論にあてはめて主張し、教師が国家から干渉を受けずに自由に教育活動を行うことができる旨を主張したものであった。この場合の「教育の自由」は、「学問の自由」の派生として導かれる以上、「国家からの自由」という範疇で用いられた。その結果、教科書裁判が提起された時点において堀尾氏等が述べていた「自律」と結びつく「教育の自由」論は、国家との関係において教師が自由権を主張する構造に変容してしまったと言える。[111]（この内容と問題性については次項（4）にて詳述する）

これは、憲法上の防御権の論争に持ち込むための訴訟技術上の要請であったものと思われるが、その是非はともかく、結果として堀尾・勝田両氏らが構想した「教師の自律性」と結びついた「教育の自由」論は、その意義と内容を変えて、「学問の自由」の派生としての教師の「教育の自由」で論点化された。（これは、結果的に最高裁旭川学テ判決（1976年）において否定される。次項（4）および第5章 第1節（5）2）参照）。

振り返ると、本来堀尾・勝田両氏が述べる「自律」と結びつく「教育の自由」論は、実際的には児童生徒の教育を受ける権利に対して教師が責務を果たす上での（教師の専門職としての）「裁量」の問題として捉えられるべきものであったと考えられる。この点について、前述の「学問の自由」の派生として問われた「教育の自由」の是非についての最高裁の判決文中にも、（教師の）「ある程度自由な裁量」（最大判昭和51年5月21日 刑集30巻5号634頁）という表現で表されて、防御権としての自由権の問題とは異なる扱いが為されている。さらに述べるならば、仮に、「国家からの自由」の範疇で「教育の自由」を論じるとした場合、原告が用いた「学問の自由」の派生としての「教育の自由」の保障対象者を、公教育の教員とすることとなる。すなわち、「教育の自由」を憲法論の問題とした場合、公教育の教員が「公権力の行使者」である地位にあるにも関わらず、国との関係において自由権を主張することは、国家と国民との公法関係における規律に混乱を生じさせることになろう[112]。また、憲法二十六条一項の「法律に定めるところにより、ひとしく能力に応じて教育を受ける権利を有する」に即して考えると、教員は、児童生徒が有する「ひとしく、能力に応じて教育を受ける権利」に対する教育制度上の義務負担者であり、教育内容と教育方法の多様性を教育活動や制度的整備によって負担する地位にある、と考えなければならない。これが憲法的保障の論理として取るべき立場であろう。すなわち、（私事である）幸福追求として行う児童生徒の学習に対して教師が「責務」を果たす関係が、憲法二十六条が本来有している社会権的性質に即する捉え方である（第5章にて詳述する）。以上より、児童生徒が有する学習権を論じる場合に、教師の「裁量」としての義務の負担の仕方を論じる以外に、教師が独自に児童生徒の学習権を保障するために国家との関係において自由権を有する地位を前提にすることは困難だと言え、また自由ではなく「裁量」の問題として捉える場合も論ずる前提を逸することになり、今日的に学習権の構造から捨象されるべきものと考えられる。

(4)「学問の自由」からの「教育の自由」論の限界

前項(3)に記したとおり、「教育の自由」論は、もともと堀尾・勝田両氏が述べていた「教師の自律」と結びつく「教育の自由」とは異なった「教育の自由」論、すなわち「学問の自由」の派生としての教師の「教育の自由」論が、教科書裁判等などでの主要な論点となったことを受け、堀尾氏らもその主張に転じたことを整理した。同時に、筆者は、前項(3)において、そもそも国家と個人との関係としての自由論を、国家と教員との関係に置き換えることの問題性を指摘して、学習権論を論じる際には当該教育の自由論は除かれるべきことを示した。

一方、「教育の自由」を「学問の自由」との関係で述べることに転じた堀尾氏等は、憲法二十三条の『学問の自由』について、当時の憲法の標準的解釈といわれた『註解日本国憲法』[113]を引用して、憲法学において『教育の自由』概念がいまだに十分に検討されていなかった背景を挙げて、同概念が社会的理解に至っていないことを批判した。すなわち、堀尾氏らは、『註解日本国憲法』に示される学問の自由が、「学校体系の如何を問わず、又、私人についても認められるべきものである[114]」ということを評価しつつも、「学問の自由」と「教授の自由」とを区別することによって、『教育の自由』が大きく制限される結果に至っていることを以下のように指摘する。

(原文)

「憲法の標準的解釈といわれる『註解日本国憲法』によれば、伝統的な『学問の自由』の制限的な解釈、つまり『学問の自由』を『大学の学問研究に限定する』考え方を批判して、『それは学校体系の如何を問わず、又、私人についても認められるべきものである』としている。そのことは、教育基本法第二条の規定からも当然なのだが、しかし、ここで、『学問の自由』と『教育の自由』とを区別することによって、現実には、公教育における教育の自由を大きく制限する考え方に傾斜がかかっている。すなわち、『教授の自由（即ち教材－教課（ママ）内容や教授方法の自由）は、教育ということの本質上、下級の学校に至るにつれ制限されることがある』、『下級の教育機関についてはそこにおける教育の本質上、教材や教課内容や教授方法の画一化が要求されることがある』[115]とされている。[116]この論旨が、（下級教育機関における）『教育の本質』を、学問の自由の異質的ないし対立的契機としてとらえられていることは重要である。とくに『教育の本質』が、『画一化』を要請するという社会的通念は、下級の教育機関における教授の自由の制限の根拠として、その正当化の役割を果たしている。[117]」（傍点筆者）

さらに、ここで例示された『註解日本国憲法』が示した「教育の本質」は、下級教育機関（初等中等教育機関）ほどその児童生徒の理解力・批判力に応じた配慮を伴った教授活動が必要である、とすることから、学問の自由に基づく教授の自由（＝教育の自由）は、この「本質」により制限されることがあることを問題にした。とりわけ、下級教育機関（初等中等教育機関）の場合は、前述の「本質」から教育（教授）の『画一化』が要求される、という結論に至っていた。すなわち、堀尾・勝田氏らは、当時の憲法解釈は、『『教育の本質』が、下級教育機関における教育の『画一化』を要請しているという社会通念」を形成している、と分析・理解する（堀尾・勝田1959:93）。さらに、両氏は、元来「学問の自由」は、教授の自由（教育の自由）と密接不可分なものと理解されるべきところ、教授の自由、教育の自由は、実際は「学問の自由」から分けて理解されてきたこと。そして、この伝統的な解釈から、「教育の自由」は必ずしも権力からの自由を前提とした意味ではない理解を生み出してきたこと。そして、それゆえに教育に対する権力による統制的『画一化』を招いてしまっていることを指摘した。

（原文）

「たしかに、教育内容の方向性、あるいは一定の組織化は、現実の教育にとって必然的といえる。しかし、それは、上述のような憲法解釈ないしは社会通念にみられるような『教育の本質』にもとづく画一化の要請から出てくるのではない。われわれは公教育の本質を『私事の組織化』としてとらえなおそうとするのだが、そこでの一定の方向性や枠づけは、じつは、私事性を現実的に貫徹するために不可欠なのである。これは一つには、権力による統制に対抗するためであるとともに、教育が本来一定の人間関係の中でしか成立しないということからくる要請なのである[118]。」

以上のように、『学問の自由』の憲法解釈から導き出された「下級教育機関」（初等中等教育機関）における教育の一定水準を根拠とした『画一化』の要請については、堀尾等は結果的に教科書検定を始めとする統制強化や、教育の権力統制と同義であることを指摘する。このことは、結果的に『中立性』そのものの否定を生み出していることにも波及しよう。このような意味を持つ憲法解釈に基づく児童生徒への教授の自由への制限と、「教育の本質」を根拠とした画一的教育を批判し、堀尾氏らは「私事の組織化」を基にした新たな「教育の本質」を提起した。

この堀尾氏らの提起は、教育には「教育内容の方向性と組織化[119]」（堀尾・勝田1959:93下段）が必然的に必要であるが、これは個々の幸福追求のために組織される『私事の組織化』という公教育の本質からの要請であること、また教師と児童・生徒、あるいは教育活動が「一定の人間関係の中で成立[120]」（堀尾・勝田1959:93下段）することからの要請であるとする。つまり、決して先述のような憲法解釈ないしは社会通念に見られるような、下級機関ほど理解力・批判力に乏しいゆえに教授の自由が制限されるという「教育の本質」に基づき、かつ一定水準を確保する『画一化』によって教育が組織化されるものではないことを主張した。

さらに、このような教育の私事性を前提にした教育内容の方向性および組織化は、個々人の教育的要求を現実的に満たす意味で、それぞれが私事であっても社会全体としては「公衆の教育」[121]として公的性格を持つものであるとしている。それは、「J. S. ミルが考えたように、単に国民大衆の貧しい経済的条件から公教育が組織される消極的」（堀尾・勝田1959:93,下段）なものでなく、それぞれが教育を通じて個々の幸福追求が保障されるべき、との観点から私事の組織化が公教育として意味を持つことを説いた。以上、堀尾氏らは、憲法解釈の通説とは異なる「教育の本質」を明らかにしている。

整理と私見

教師の「教育の自由」を「学問の自由」との関係で述べることに転じた堀尾氏は、その教師の「教育の自由」を否定する根拠となっている学問の自由から導かれた「教育の本質」に対して、それとは異なる新たな「教育の本質」を提起した。

この「教育の本質」は、堀尾氏が、本章「第4節（3）「教育の自由」の吟味と今日的意味について」で記した「教育の自由」と「教師の自律」を基にしている。それは、学習者が求める「私事」としての「多様な幸福追求の実現」のための教育を、教師がその「責任」を担う立場として自律的に教育内容の選択および方法などを「自由」に（裁量で）行うことができる概念を基底としている。この「責任」は、教師が担う場合、個々の幸福追求のために組織される『私事の組織化』から、自己の一方的な見解を抑止して「子どもたちや親たちそれぞれの幸福の追求と本質的に結び合う」（堀尾・勝田1958:18,上段）という「公教育の本質」に即した教育を行う「責任」であるから、そこには自ずと教育的あるいは技術的な配慮に基づく指導を行う「自律性」を含むというものであり、その前提として教育の自由が必要である、ということである。

つまり、私事である多様な幸福追求のための教育の多様性と学習の多様性（＝自由）を前提とした教育の考え方であり、この幸福追求の多様性（＝自由）に応えることを「教育の本質」として、「教育の自律性」と結びつく「教育の自由」が必要であるとの見解に到達する。ただし、このことは、表面上、「学問の自由に属する教授の自由から派生する教師の『教育の自由』」と同じ主張であるのではないか、との理解が容易に為されることとなる。

ところが、前項（3）でも述べたとおり、憲法二十三条「学問の自由」に基づく教授の自由とその派生として根拠づけられた教育の自由は、憲法が保障する防御権としての自由権の一角をなす内容の問題であり、まさに自由権として憲法上の論理構成の観点から検討された。「教授の自由」の派生としての教師の「教育の自由」を論じる時、当然に高等教育機関等での「学問」と「教授」、そして下級教育機関（初等中等教育機関）での「授業」の役割の観点から、また、学習者の年齢（発達段階）などの状況からそれぞれに応じた「教育の自由」の意義が判断される。この結果、「学問研究の成果を伝える」こと等を主眼とする下級教育機関（初等中等教育機関）の「教育の自由」の場合は全国的に教育内容の一定の水準を確保すべきことを根拠として『画一化』による制限が要請されていた。[122]

したがって、この「学問の自由」から導き出された教育の本質としての『画一化』は、堀尾氏らが述べるところの、「教育の自由」と「教師の自律性」に基づく教育および学習の『多様性』とは、概念の性質においても相いれないものであり、当時の憲法学通説に依拠する学問の自由から導く教師の「教育の自由」の論理は、堀尾氏らが唱える学習者の幸福追求に向き合う多様な教育と学習の多様性を意図した「教師の自律」と「教育の自由」を否定する結果となった。その上で、後に堀尾氏の「教育の自由」論は、前述の「学問の自由」に付随する「教授の自由」

から派生させた教師の「教育の自由」論として、最高裁旭川学テ裁判での原告側主張の中で展開された。しかし、判決（昭和51年5月21日大法廷判決）では、「全国一定の水準」という従来からの画一性に基づく通説の考え方により教師の「教育の自由論」は改めて否定された。[123]

以上を背景として、堀尾氏は１９５０年代の憲法学における二十三条解釈の通説に拘束される教育の一定の水準を確保する画一性を旨とする「教育の本質」と教師の「教育の自由」との関係性における論理的限界性から、「学問の自由」に付随する「教授の自由」から導かれる「教育の自由」論を捨て、新たに子どもの権利から「教育の自由」を再概念化した論理を形成する。これについては、次項「(5)「子どもの権利」からの教育の本質の再概念化と「教育の自由」」において検討する。

ところで、改めてこの問題は、そもそも堀尾・勝田両氏によって「教育の自由」が提起されたことの目的は何であったのかが整理される必要がある。また、いったい誰にとってのどのような権利を保護することにつながる自由なのか、という利益の方向性を確認する必要もあるように思われる。

両氏の論理の背景には２つの目的が含まれている。第1に、本書、第4章 第3節で示したように、国家の教育への介入の抑止という観点から、国家権力が関わることができない自由権的な意味を教育活動に位置づけること。第2に、そのような意味では、教師は国家が決めた教育内容や教育方法に従わされない根拠を得ること、である。すなわち、堀尾氏による教師の「教育の自由」論の全体を通して、直接的利益を得るのは、教員が教育行政から管理されない自由を獲得する、という事実（または状態）であっただろう。たとえば、仮に3番目の目的として、真の目的が堀尾氏の述べるとおり「学習者の幸福追求」のための教育にあるのならば、「教育を受ける権利」の主体である学習者自身の教育内容と幸福追求との関係の問題として考察されるべきであったはずである。しかし、その

「責任を果たす」教師の直接的な利益の外形を形成する論理に終始したことは、具体的に子どもがどのような利益を得ることにつながり、どのような憲法的な保障を受けることになるのかについては不明のままにした、と評価することができる。

しかしながら、その上で、先の「教育の自由」の議論を認識しつつも、なお「学習権」が今日的に「誰の」、そして「どのような」利益をもたらす権利かを考察し、現代的意義を見出そうとする試みにおいて有用であると考えられる。それは、堀尾氏等によってなされた、「教育の本質」が「画一化」の要請を導く、との憲法学説への問題提起によって、結果として現代の教育問題に根源的な考察を引き起こす性質を有していたといえるからである。それは、下級教育機関における「教育の本質が画一化を要請する」との論理が、そもそも機会均等と、教育内容の一定の水準の確保、そして、批判力のない学齢期児童に対して配慮を要するというものであり、憲法二十六条一項の「教育を受ける権利」が、機会均等と年齢や発達段階に応じた内容的・方法的配慮の形式的一律性についてしか述べていないことにある。

しかし、このことは必ずしも憲法二十六条第一項が要請する権利保障の要件を満たす考え方とは言えない疑問を残さざるを得ない。すなわち、「教育の本質としての画一化」の要請根拠は、児童生徒に批判力がないがゆえに「能力に応じて」教育を行うことを求める憲法規定の内容を充足していることにはならず、あわせて憲法十三条の個人の尊厳と尊重など個々の視点に立つ要請は満たしていない可能性がある。「教育の自由」については、本章 第4節（6）においても詳述する。また、第5章 第1節（3）「二つの『教育の自由』とその影響」においても再掲して論を進める。

（5）「子どもの権利」からの学習の権利の再概念化と教育の自由

堀尾氏らは、以上の展開を経て、「教育の自由」を前述の「学問の自由」という伝統的な思想との関連でとらえるのではなく、子どもの立場から「教育の内在的論理[124]」に即して捉えるべきことに「教育の自由」の意味を転換した。

すなわち、堀尾氏らは、『教育の本質』なるものを、「客観的に既成の知識として存在している学問研究の成果、あるいは文化遺産を、上位者が下位者に伝達することにもとめるならば、それは『教育の自由』の制限の契機として捉えられる。[125]」との、「画一化」による「教育の本質」と、個々の私事に寄り添うために要請される「教育の自由」による「教育の本質」との根本的な考え方の違いを、より明瞭にしようとした。前者は、教育活動が学問成果を一斉授業による知識伝達、教化主義（つめこみ）などによって、知識保持者が被保持者に授ける（施す）という従来の教育観の場合、学校段階別に教授内容と方法を体系的に順序よく組織して教育を施すことが中心となる。そして、学習内容への客観的判断力（批判力）が乏しい子どもたちは、内容の取捨選択などが困難であるために組織化された「一定」の内容と方法に基づく学習・習得が行われることとなる。すると、当然に学習者の「学習の自由」（選択可能性）は制限され、同時に公教育において「教育の自由」概念が成立しない、という論理構成の限界に行き着いてしまう帰結に至る。[126]そこで、堀尾氏らは、「教育の自由」を、既存の「教授の自由」とは異なる「学習の自由」と関連させて考察した。

（原文）

「教育の本質を、教師や子どもの主体的活動の外側に、客観的に既知の知識として存在している学問研究の成果、あるいは文化遺産を、上位者が下位者に伝達することに、もとめるならば、それは『教育の自由』の制限の契機としてとらえられる。教育機関が下級になるにつれて、教師の力量も低く、したがって、それを援助するためにも、しかるべき権威ある教授内容と方法の組織者、およびその監督者が子どもの福祉のために必要とされるし、子どもの学習もまたそれによって方向づけられるのだから、批判力の乏しい子どもたちに学習の自由が制限されるのは当然だという通念が成立する。そして教授内容が学問的・文化的『権威』にもとづいて決定されなければならないという思想は、とくにわが国のばあいには、教育の国家権力による直接的支配の伝統が強く長かっただけに、一般的には、ある種の積極的な役割を期待されるだろう。（略）しかし、そのことは、下級の教育機関との関係から見れば、学問（真理）の保持の程度を学校体系のレベルで測るという学問権威主義からの解放を困難にしている面を否定できない。民衆の教育機関は、低められた知識水準を、その生活程度に応じて供給するという前提の下では、公教育において、研究の自由が認められたとしても『教育の自由』という包括的な概念は成立しない。[127]」

この結論の背景には、堀尾氏は、「学問の自由」が歴史的に「思想及び良心の自由」とならんで市民的自由権の一つとして捉えられ、それが大学教育の自由ではなく学問研究の自由として成立してきたこと。そして、それゆえに教授の自由（教育の自由）を学問の自由と概念上分けて考えられてきた伝統的思考の経緯から、そこからの「教育の自由」の成立は困難だと見る。つまり、「学問の自由」の成立過程から、仮に、その学問の自由が文化の進展に伴って次第に初等教育レベルまで浸透していく過程があったとしても、義務教育機関など下級教育機関であるほど批判力のない児童生徒には、教育の本質上「画一化」が要請される、との憲法の通説によって、無条件に「教育の自由」を導き出すことは必ずしも正しくはない、との結論に至ったことがある。[128]

〈原文〉

「学問の自由は、歴史的にも思想および良心の自由と並んで市民的自由権の一つとしてとらえられ、大学教育の自由ではなく、学問研究の自由として成立した。そして、このことが、前述のように大学において教育の自由を学問の自由から概念上区別させている。そこで、普通教育における教授の自由の問題が、現実の日程に上るようになったのは、学問の自由（ないしは大学の自由）の連続的発展としてではないと解するのが正しいように思われる。いいかえれば、文化の民主化の過程で、学問の自由が初等教育のレベルまで次第に下降しつつある過程だけで「教育の自由」が成立するとみるのは必ずしも正しくはないのである。むしろ伝統的思考が学問と教育とを区別してきた現実的条件のもとで、新しい教育の思想が他の諸契機に媒介されながら成立したのである[129]」

そこで、堀尾氏は新たな「教育の自由」の成立根拠を次のように求めた。それは、これまでの学問の自由に対する伝統的思考が「学問」と「教育」とを区別し、結果的に「教育の自由」の論理が十分に考察されてこなかったことから、「学問の自由」から導き出される「教育の自由」に頼らない、新しい「教育の自由」を要請する思想を歴史的発展の経緯を踏まえて生み出す。堀尾氏は、この思想を『新しい教育の思想』[130]（＝『新教育』の思想[131]）と称し、戦後の民主化に伴う諸思想の変革とともに成立してきた教育思想を述べる。

具体的に、戦後の科学や知識そのものに対する思想や、その国民との関係および幸福追求との関係における思想の変革から、既存の教育にはなかった「教育の自由」という概念が根拠づけられる、とする。その『新教育』の思想は、これまでの（１）児童観、（２）教育目的観、（３）知性観の三つの価値の転換による教育そのものの捉え直しによるものである。この『新教育』の思想の中から新たな「学習権」概念が生成されることになり、とりわけ

（1）児童観から導かれる〝学習の権利〟とその意味、そして（2）教育目的観から導かれる〝学習の権利に基づく教育のとらえ直し〟などがその主要な内容となる。[132]以後の学習権を「原初学習権」に対して、「再構成された学習権」と称することとする。

1）児童観の転換について

堀尾氏は、これまで、子どもは「単なる未成熟者、あるいは未熟な社会的存在として、成熟者（おとな）、あるいは既成の社会秩序（おとなの保有価値）と対置され[133]」てきた存在であり（本書 第7章 第1節参照）、そのために、「子どもは既成の秩序に基づく価値体系と既成の知識の詰め込みによって『社会化』され[134]」るべき存在として捉えられてきたことを整理する。そして、このような子ども観が、「教育内容の近代化にもかかわらず、教育は本質的に教化及び詰め込みの性格を強く残[135]」すこととなり、子どもからすれば、教えられる内容を次々と消化・習得することが課せられていた関係を述べる。[136]

このような児童観とそれに基づく教育に対し、堀尾氏らは、まず、子どもが「発達心理的に大人と異なる」存在であり、同時に「子どもの成長はおとなによって一義的には予想されない可能性を含んでいる」存在である、とする。それゆえに、子どもには「大人の意図がそのまま子どもに押しつけられ」（堀尾・勝田1959:95（379））たりしない独自の権利（子どもの権利）を有する者、との子ども観の転換を示す。「新教育」の概念は、このような子どもの権利を中核にした学習観であり、「子どもの未来は、子ども自身の自発的学習の内容によって規定される諸要因を考慮してのみ展望される。[137]」と、子どもが〝教育を受ける存在〟から、〝自らが自らの幸福（未来）のために自発的に学ぶ〟という学習者中心[138]の学習観を提起した。[139]

（原文）

「一般に近代教育は、封建的（伝統的）教化主義を脱却して次第にその教育内容を近代化してきたのであるが、しかし、そこでも子どもは既成の秩序に基づく価値体系と既成の知識の詰めこみによって『社会化』されるものとしてとらえられてきた。（略）このような背景の中で、『新教育は、子どもの諸権利を宣言した（ワロン）』という面でまずとらえられるべきであり、それは、子どもの権利を中核にして、新しい教育概念を提出したということができる。（略）子どもの権利が、おとなによって認められるのは、子どもがまず発達心理的に大人と異なること、したがって、大人の意図がそのまま子どもに押しつけられてはならないという理由にもとづいている。しかし、それだけではない。子どもの成長は大人によって一義的には予想されない可能性を含んでいる。子どもの未来は、子ども自身の自発的学習の内容によって規定される諸要因を考慮してのみ展望される。[140]」

さらに、その学習者中心の自発的学習[141]は、子どもを、現在の生活が成熟への準備であったり、大人への過程としてとらえたりするだけでなく、それ自体を子どもの独自な存在としての「自己目的的」なものとしてとらえることにより、経験が大人に対して独自なものとして尊重される学習であることを要求する。この経験という学習活動を重視するのは、子どもの成長可能性を大人の固定的な意図によって貧しくしないためであり、堀尾氏は、このような学習を求めることが子どもの独自な地位に基づく権利として保障されるべきであるとする。同時に子どもに対し、このような保障をすべき存在である児童観（子ども観）を示している。

〈原文〉

「このような子どもの存在は、したがって、単におとなによって固定的にとらえられた成熟への準備であるだけではない。その存在は、それとして、つねに独自な価値と意味とにおいてとらえられなければならない。子どもによって現在の生活は過程であるだけでなくそれ自身が自己目的なのである。子どもの経験が、おとなに対して独自なものとして、尊重されることを要求するのはそれゆえなのである。（略）経験が学習の活動を含んでいる。子どもの経験を重視するのは、単に教授を有効にする方法的な意味によるだけではない。むしろ、子どもの成長の可能性を、大人の固定的な意図によって貧しくしないために、その学習の権利を保障する児童観に根ざしている[142]」

2）子どもの学習の特徴と権利性

堀尾氏らは、前述のような、子どもが大人の予想されない可能性を持つ存在であること。また、成長過程であると同時に、経験などを通して「自己目的的」に自らが自らの幸福のために自発的に学ぶ存在という子ども観から、子どもの学習の特徴を述べる。それによると、子どもの学習というものが、大人が伝えたいとする社会の文化や、日常に存在する文化的価値に対して、自分との関連や自己の存在とを意味づけして内在化していく過程である、とする。そして、この過程において文化が更新される（生み出される）などの可能性が生まれたり、学習と自己の存在、そして社会への広がりをもたらしたりする効果を述べ、その際の「学習の自由」が子どもの成長にとって不可欠であると考えた。

このような子どもにとっての学習の意味と学習の自由の必要性を前提として、次に堀尾氏らはその学習の権利性について説明する。この場合の「学習の自由」は、内的欲求による選択の契機（可能性）であり、「子ども自身の自発的学習」によって「自己の存在の発展」を目指した方向性を持ち、「幸福追求を指向」する場合に、学習は「子どもにとって権利」としての意味をもつとした。[143] すなわち、学習の自由（選択可能性）が子どもの発展的生存にとって本質的に不可欠であることを述べる。

すなわち、自己の意味を深め、自己実現を図るために「学習」が自由にできることの重要性を述べる。これは、「学習の自由」が自己に必要な学習を自らが自由にできる権利である、という考え方としては今日に至っても一定の意味があると考えられる。たとえば、政権政党が自らの主張とは異なる『偏向』教師を「調査」と称して「密告」させるサイトを開設し、該当する教師の情報を得ていた事件が発覚した。[144] この事件の問題性は多岐に渡るが、中でも学習者の立場で見るならば、自己に必要な学習に関して指導を受けたい教師が、「密告」を恐れて当該生徒に対して真に必要だと考える内容を意図的に指導しない事態が考えられる。つまり、教師が、現行教育基本法における「教育は不当な支配に服することなく」（教育基本法十六条）指導を行っていなければ、生徒自らが必要とする学習を遂げることができなかった可能性が考えられる。この場合、「学習の自由」は、自由に学ぶことを阻害されないことを求める意味において、また、学習者それぞれの自己実現に対応できる、学習の選択可能性を求めることにおいて権利性を有すると考えられる。

〔原文〕

「子どもの学習は、発展的な社会の文化を、自己の生存を軸として創造的に内在化する過程である。社会の側からいえば、この過程つまり個人の成長によって、その文化を更新する可能性を期待される。したがって学習の過程が、子どもの存在に根ざす内的要求による選択の契機を含み、その方向性が自己の存在の発展すなわち幸福追求を指向する場合に、初めて学習は子どもにとって権利としての意味を満たすものになる。学習の自

由は子どもの発展的生存にとって本質的に不可欠なのである。[145]」（傍線筆者）

3）教育目的観の転換について

次に、先の子ども観を前提とした場合の教育目的についても言及する。
堀尾氏らによると、これまでの伝統的な教育や学習観は、それ自体が「社会統制の機能」として子どもを社会化し、「一定の社会集団への同化を果たす意識的な指導」であった、とする。（堀尾・勝田1959:96下段）このような教育目的観に対して、堀尾氏は「子どもの学習の権利の承認に即して」その社会統制の意味が変様される必要性があることを述べた（堀尾・勝田1959:96下段）。
具体的に、「新教育」の教育目的は「教育が子どもひとりひとりの自発性と創造性を引き出し、真実を知る能力を高めると同時に、子どもの潜在的可能性を埋もれないように全面的に発達させることをめざしている。[146]」（堀尾・勝田1959:96頁下段）というものである。すなわち、単なる「伝達」という教育は、確かに子どもの社会化や人類の遺産を次世代へ引き継ぐという意味で、欠くことのできない内容の一つであっただろう。また、このような教育を仮に無批判的に受け入れたとしても、子どもは自らのアイデンティーを形成してきた部分もあるかも知れない。しかし、子どもの可能性は、受け入れる学習だけで生まれる可能性や、「引き出されるのをまって、その体内に閉じ込められている」（堀尾・勝田1959:96下段）受動的な可能性（だけ）ではない、と述べる。堀尾氏は、子どもという学習の主体の側から見ると「子どもはその社会的な環境との交渉の過程で、その可能性をつくりあげたり、あるいはその機会を喪失したりする」ような存在であり、「それは自己の可能性を形成する環境との交渉である。」とする。（堀尾・勝田1959:96下段）
したがって、文化遺産などの伝達は、子どもの社会化にとって重要な契機であるが、学習者が人間として成長するためには、現実に生きている社会の文化を内面化することが必要なのであって、「文化の伝達それ自身が自己目的ではない」ととらえる。また、「既成の文化あるいは学問の成果がになう価値は、それ自身がそのまま教育的価値を実現するのではなく、それが子どもに創造的に学習され、それによって、子どもの成長の可能性が開発され、かれの幸福追求の能力、真実を知る能力が、高められるかどうかによって、教育的価値が決定される」（堀尾・勝田1959:96-97）とする。たとえば、暗記的知識や自己を疎外する作業的な学習からは文化の内面化には至らないことは周知のことである。

堀尾氏は、以上から、「これまでのように教育的価値が、支配的な社会秩序の維持にとって有効であるかどうかという視点に立って決定される」のではなく、また、「子供たちの自発性とかかわりなく、あるいはそれを無視して文化的諸価値を注入することにも教育的価値を認めない」。反対に、「国民のすべてが自己の幸福の追求に際して必要とする文化的諸価値のすべてを自己のものとして使用する能力を育てるために、教育の方法に最新の配慮が要求される」（堀尾・勝田1959:97）とする。

（6）学習権の本質を規定する「教育の自由」の意義とその不適性

「教育の自由」については、二つの流れがある。

一つは、「第4章 第4節（3）「教育の自由」の吟味と今日的意味について」で述べた、学問の自由から派生した教授の自由を用いて、学習者の幸福追求に寄り添う「教育の自由」の考え方である。

二つ目は、「第4章 第4節（5）「子どもの権利」からの学習の権利の再概念化と教育の自由」で主張される、子どもの学習の権利に基づく「教育の自由」である。

まず、一つ目の「（3）「教育の自由」の吟味と今日的意味について」で述べた「教育の自由」は、教師の個人的な思想を恣意的に学習者に教え込むことを教師自らが自律的に抑止すること（教師の自律性）。そして、国が「中立性」の保持者としての国家意思としての教育内容を学習者に教え込むことを抑止すること（国の自律性）。この二つの抑止（二重の自律性）によって国の教育介入を防ぐことを目的とした。すなわち、これら教師と国家に課した自律性を通して、教師の「教育の自由」を保障して、私事としての「子どもたちや親たちそれぞれの幸福の追求と本質的に結び合う」学習を創る責任を果たそうとする。

しかし、一般的には、憲法に示される自由権規定は、私的事項に国家が介入しないことを保障することで個人の尊厳を守ることを旨としている。一方、憲法二十六条に示される「教育を受ける権利」は社会権の範疇に属する規定として、自由権とは異なる国家による積極的施策を求める意義を有する。ところが、教育における両者の関係は、もし国家（行政権力）が子どもの発達途上の学齢期に介入し、国家に都合のよい価値や政策に基づく教育内容を教え込むようなことがあれば、生涯にわたってその都合のよい価値に支配されることになりかねず、結果的に憲法が自由権規定をもって保障しようとする自由や個人の尊厳は画餅に終わる事態を招いてしまう。このような意味で、「第2章 第1節（2）」で示したとおり、憲法二十六条には国家不介入の自由権的側面と国家の作為を求める社会権的側面との両義性がある、との前提に立つ必要がある。すなわち、教師が自由に教育できることを意図した、「教育の自由」概念を確立しようとすることは、一見して人権の歴史上その意義を承認することもできないわけではない。確かにこの自由が保障されることにより、教員は多様な教育を前提とすることになり、国家が教育を通じて画一的かつ国家的な意思を子ども（学習者）に注入することを防ぐことが期待できるであろう。しかし、これは諸刃の剣でもある。そこで、下級教育機関においては教授方法の「画一化」と水準の「一定性」が要請される、との（当時の）憲法学の通説と、堀尾氏らが主張する教師の自律を伴う「教育の自由」概念とは対立するものとなり、結果的に、教師の側の問題ではなく学習者の観点および（当時の）教育の本質から下級教育機関における「画一化」および「一定性」による教育が是認された。あわせて、当該、教師の自律性とともに示される「教育の自由」の論理は、確かに「教育を受ける権利」における社会権と自由権の両義性の観点から、後者にとって有効な論理のように捉えられることもありうる。しかし両義性をもった利益を求めるのは、「教育を受ける権利」の主体者であり、具体的に学習者自身であることに鑑みれば、教師の「教育の自由」は、学習者の幸福追求のための多様な学習を、それゆえに教師にとっての自由な教育活動の手段とするような展開を生み出してしまう懸念も生まれた[147]。後の教科書裁判や学力テスト事件などの教育裁判では、原告側はいずれもこの学問の自由の派生としての「教育の自由」の論理をもって争点としたが、結果的に「教師の自律」と「教育の自由」については、当時の憲法学の通説に従い、いずれも否定された（第5章 第1節および第3節）。

そこで、堀尾氏は、既存の「学問の自由」・「教授の自由」から導かれた「教育の自由」とは異なる、「学習の自由」と関連させた、二つ目の新たな「教育の自由」を考察した。この「学習の自由」の概念は、（1）児童観、（2）教育目的観、（3）知性観の三つの価値の転換を行い、子どもを教育の権利主体として捉えることを前提とする（堀尾・勝田1959:95）。具体的には、子どもが「発達心理的に大人と異なる」存在であり、同時に「子どもの成長はおとなによって一義的には予想されない可能性を含んでいる」ことに着目して、子どもが教育される未熟な客体としての地位から「自らが自らの幸福のために自発的に学ぶ」主体へと転換することによる能動的な地位に基づく自由（学習の自由）からなる。（堀尾・勝田1959:95）

この場合の学習の自由は、学習の主体者である子どもは、学習者中心の自発的学習の目的に従った自己の存在の発展、すなわち幸福追求を指向する学習を自由（学習の自由：選択可能性）に行うことができることであり[148]、このような「学習の自由」を直接的に保障する役割を持つのが「教師の教育の自由」という位置づけである。すなわち、子どもと教師の関係、そして教育の自由との関係は、子どもが未熟な存在として大人に教育されるだけの存在ではなく、自ら発展し幸福追求をすることで大人には予想されない可能性を開花させる（堀尾・勝田1959:100）。このために、子どもは自発的な学習として学習の自由を有しており、これが権利だと整理することができる。しかし、子どもは「社会的無力」（堀尾・勝田1959:100）であり、その方法が確かなものではない。そこで自らの発展と幸福追求のためには「保護と指導」（堀尾・勝田1959:100）が必要であり、「教師は、子どもを保護し指導することを通じて、子どもの学習の自由を直接的に保護する役割をもつ」と関係づけた。ここに「こどものひとりひとりの学習の自由を中核として成立する『教育の自由』」（堀尾・勝田1959:100）があり、これは「教師の自由」でもある（堀尾・勝田1959:100下段）、とされた。[149] つまり、この「教育の自由」ならびに「教師の自由」について、「学問の自由」から導かれた「教育の自由」と、「学習の自由」から導かれた「教育の自由」の二つの概念が次のように異なるものとして分けて理解される。たとえば、歴史研究家である教師が、その研究の成果である自己の見解を、子どもに対して自由に教えるような、①教師中心の「教育の自由」。もう一つは、②子どもの「学習の自由」のために、教師が（生徒が必要とする）学習を自由に工夫して指導する学習者に従属的な「教育の自由」、である。堀尾氏は、この二つの違いを、①は教師が学問の自由による研究の延長線上でその成果を子どもに教えることと、②は子どもの「学習の自由」に従属的であることで、それを保障することの違いとする。（堀尾・勝田1959:100）

ただし、前者の①による「教育の自由」ならびに「教師の自由」は、当初試みられた「学問の自由」の派生としての「教授の自由」からは「下級教育機関に要請される教育の本質としての『画一性』」（当時の憲法解釈）に応えなければならない道理から成立しなかった。そこで、後者②のような「教育の自由」を導き出すための新たな論理的筋道として、子どもが幸福追求のための自発的学習としての「学習の自由」を有していることを根拠とし、その学習を教員が保護し、また指導するために「教育の自由」が必要であることを説明した。同時に、それを担う「教員の自由」が必要であることも導きだされたことが確認できる。

【整理と私見】

以上から言えることは、元来、「教育の自由」は子どもの学習権を直接保障するために導き出された概念ではないことである。むしろ、教師の教育の自由によって国家の教育統制を排することが優先されたために、その論理構築が優先され、教師の教育の自由の根拠として学習権が生成された、という生成経緯である。

なお、ここではあえてその学習権論を捨象して、先の（教師の）「教育の自由」の概念の妥当性にのみ焦点化した私見を述べたい。

一見すると、児童生徒の学習権のために教師の教育の自由が求められ、それはつまり教育内容を決定する権限を有する、との論理的展開が成り立つように思われる。これまで多くの教育法学で論じられてきたことである。

しかし、仮に国の教育統制に対する教師の教育の自由を主張するとしても、そもそも公教育の教員は公権力の行使者であり、また私立学校においては在学契約上、児童生徒に対しては優越的（権力的）な指導を法人の設置趣旨との関係で行使する立場である。また、公教育における教員としての職は国民と国家との公法関係における国民とは異なり、公務員としての地位としてどのような権限を有するかという問題である。この「権限」の範囲について論じることは意義があるとしても、私人と同じ公法関係の土俵で教員の教育の自由を論じることは、法体系の混乱を招いてしまうことになろう。改めて、「教育権」概念を、その始源である宗像氏による親、国民、教師の教育権概念の生成に遡って捉えるならば、それは、第３章で示したとおり、国家が教育を独占した歴史に対して、現憲法下では教育が国家独占から解放され、多くの当事者に教育内容への言及が開放されたことを表すものであった。すなわち、それぞれの立場や地位により教育内容について述べることが許される、との観念をまとめて「教育権」と称したことが、当初の論文等からもわかる。しかし、その後、この「教育権」概念に「教育内容決定権」、「教育する権利」、「教育に関わる権利」など多岐に渡る『権利』が同列で述べられたことで、教育権が「教育する権利」というような観念を与えることになり、その結果、「国家」と「国民」との関係ではなく、教師（教員）としての職にある者が新たに憲法上の権利保持者の地位になるかのような理解が生まれた。因みに、教育内容決定権についてのみ言及すると、最高裁旭川学テ判決において「国家教育権」、「国民の教育権」のいずれもが「一方的」であり、「一定の結論を当然には導きだされない」として「どちらも全面的に採用できない」ことが明確にされた[150]。このことを踏まえると、「教育権」から派生した教育内容決定権限の正当性の議論の中においては、もはや学習権保障のための論点を見出すことは困難だと言わざるを得ない。つまり、「教育の自由」は、国家と国民の間を律する公法関係の自由権の問題ではなく、教育公務員としての地位と教育専門職としての資格に応じた職務内容の問題として扱うべきことであった。その上で、教育委員会等による教員への定型的な研修（研究と修養）機会だけでなく、児童生徒の学習要求に応じて多様かつ自由で自主的な研修機会が保障されるべきものとして捉えられるべきではないかと考える。なお、各学校での研究会や個人研究の執筆などは行われている場合が多いようであるが[151]、問題は、必ずしも教育委員会や管理職とは見解を異にする研究が自由に行われているわけではない。

以上のように、教育の自由について、子どもの学習の権利（学習権）は、教師の「教育の自由」とは必ずしも直接的には論理的に関係しない。

むしろ、重要であることは、この学習権が国の教育統制や学校が定めた教育に対して、子どもがその統制や定められた教育とは異なる学習を行う自由のためのものであることが根底にあるということであり、それにより、改めて「学習者中心の自発的学習の目的に従った『自己の存在の発展すなわち幸福追求を指向する』学習を自由（選択可能性）に行うことができる権利」（学習の自由）（堀尾・勝田1959:95（379））に対する責務や保障としての教師の教育上の役割であることを、その意味として確認しておく必要がある。

ただし、この責務や保障としての役割は、自らの学習と権利との関係や事情がわからない児童生徒の学習要求をどのように汲み取り、どのように反映させるか、という学習要求を吸収するシステム（制度）によらなければならない。すなわち、社会権としての憲法二十六条の範疇の権利とするならば、法によってどのように保障されるかという問題であり、当該学習権が等しく保障されることを憲法上の要請として捉えるならば「要求できる制度」が形成されることにより達成されるものである。

〈原文〉

「人権としての教育の思想は、真実を知り自己の幸福追求の能力を育てるための学習の権利を主張する。教育は、子どもの学習が基本的な欲求として、それ自身が権利であるとともに、カンデルがいうように、他の諸権利の行使の条件としての意味において権利なのである。しかし学習は、子どもの場合、その未成熟と未経験のゆえに、特別の配置を要求する。子どもの社会的無力は、その内容と方向とを自ら選択することを制限しているし、それ自身の力によって自己の成長にとって不利な社会的影響を防御することができないからである。したがって、子どもの学習の自由は保護と指導のもとに、はじめて実質的な意味を持つことができる。（もちろん自由な学習というのは、子どもを放任したり甘やかしたりする軟教育と同じではない（略））（後略）

したがって、子どもひとりひとりの学習の自由を中核として成立する「教育の自由」は、なによりも教師の自由を予想しなければならない。教師は、子どもを保護し指導することを通じて、子どもの学習の自由を直接的に保障する役割を持つのである。ここで、教師の自由といわれるのは、教師自身の活動の自発性と創造性の保障であり、それは教師の教授の自由と研究の自由を含んでいる。したがって、教師の自由は、論理的には子どもの学習の自由に従属的である。しかし、そのことは、教師の自由によって学習の自由が成立しうることと矛盾するのではない。それは子どもの権利の保障の条件なのである。（略）

教師の教授の自由とは、先に述べた教育目的観からいえば、学問の自由に内在的に関連する研究発表の自由と同一ではない。無論、教師が個人として研究の自由を要求し、その発表の自由を保障されなければならないのはいうまでもない。しかしそのことと、かれが教育者として、子どもの学習の指導のなかで成立する教授の自由とは、重なり合うとともに、またそれと異なる意味においてとらえられなければならない。

教師がたとえば歴史研究者として、その研究の成果を、子どもに対して自由にのべることと、子どもの学習を自由に指導することとは同じであろうか。もちろん前者が後者に含まれているばあいがあることは明白である。しかし、後者の場合は、明らかにその行動の目的意識が異なっている。それは歴史を教えることによって、子どもの現代の国民にふさわしい歴史意識を形成することをめざすからである。そして、われわれが、積極的に「教育の自由」としてとらえようとするのは、後者の場合における教師の創造的活動の意味なのである。われわれは、教師の研究を教室で発表することが、必然的に子どもの学習の指導となると考えることはできない。いいかえれば、教師の研究のそのままの延長として教授過程があるのではないということである。

子どもの学習はその成長のためである。そして、その学習は、文化遺産の伝達を媒介として行われるが、その内面化は子どもの学習の創造的過程を経なければ、子どもの成長にとっての意味を失う。（略）

教材研究は、しかし、子どもの学習の過程を離れてあるのではない。子どもの成長の過程が無限な要因を含んでいることによって、その研究は、つねに創造的実践と切り離すことはできない。かれは自己の教育観にしたがい、さらに知性観にしたがって、子どもの知的・道徳的発達と、その幸福追求の能力をたかめるために必要であると確信する教材を、自由に組織することができなければならい。もちろん、教師の能力がその活動を制限することはあるだろうし、教育的でない他の考慮から、自らそれを抑制することもあろう。しかし、教育的価値を実現するためには、この自由の保障は不可欠なのである。[152]」

なお、二つの「教育の自由」については、第5章第1節（3）／第2節（2）において堀尾氏による「教育の自由」と、教科書裁判の原告側主張で用いられた「学問の自由」から派生した「教育の自由」について再度取り上げる。

第5節　学習権が生み出す学習者にとっての利益と限界

（1）学習権が生み出した子どもにとっての利益の輪郭

堀尾・勝田両氏が生成した学習権はどのような権利なのかは、第4章（本章）「第2節 学習権の周辺概念としての「教育権」の本質」、「第3節 学習権のねらいと生成プロセス」、「第4節 学習権における「教育の自由」の分析と峻別」の各論考と相俟って理解される必要がある。

特に、学習権の始源は、宗像氏の「教育権論」の生成と深く関係していた。宗像は、戦後の教育が民主化されたことを受け、国家だけが教育の主宰者ではないことを表す意味で、親、国民、教師が教育への発言や主体的な役割を担う立場を確認して、これらの関係を総称して「教育権」と称した。しかし、この概念は、すでに述べたように必ずしも「教育する権利」や教育内容を決定する権利・権限として最初から定義されていたわけではない。特に「教育の自由」が説かれる教師に関しては、国による教育の独占を排する意味での「真理の代理者」の地位として位置づけられていたにすぎない。[153]

そして、この「真理の代理者」は、やがて「教師の教育権」に置き換えられ、堀尾・勝田両氏が説くところの「学習権」と関連付けて、宗像氏は「教師の教育権とは、子どもの学習権の照り返しだ[154]」とそれぞれを結びつけた。この意味は、子どもの「真理を学び取る権利」に対して、「教師はその権利に奉仕するために、文化・真理の代理者として子どもの前に立ちあらわれる[155]」ことの言い換えでもある。同様に、堀尾・勝田両氏が提唱した学習権では、国家が中立性の保持者として『真理』の独占者とならないよう「教師の教育の自由」を提唱した点で、「教師の教育権」と「教師の教育の自由」は「真理の代理者」と同じ立場性にあると言える。

一方、国家の教育統制は、国民全体に対して真理を遠ざけ、人権と自由を基本とする教育やそれに基づく社会形成とは程遠い、という危機感から、学校教育を担う教師の自由な教育活動を確保する問題意識で共通していたと言える。その教師の自由は、国家の教育統制が学習する児童生徒の内心の成長の自由を支配し、自由な成長・発展を妨げることを防ぐことを念頭に置いていた。学習権は、このような基本的問題意識から出発した。

これまでの、学習権生成の分析によって堀尾・勝田両氏が提唱した学習の権利およびその構造は次のように整理することができ、この権利による子どもにとっての利益の輪郭が次のようにまとめられる。

1）そもそも、再び国家が教育を独占・統制して学習者の内心への教育の国家統制を為す危険に対して、それを排することを目的として学習の権利が生成された。すなわち学習の権利は教育における（精神的な）自由権的性質を有する。

これは、戦後教育が解放（開放）されて、親、教師、国民また子どもがその当事者となったことを受けて、子どもは一方的に教育されるだけの従属的な存在ではなく、自ら主体的に自らの意味ある学習を選択する、自らの学習の当事者となることを意味しよう。

2）子どもが教育の当事者として関わり、学習の主体者となる根拠や論理構成として、次のような子どもの位置づけがある。それは、子どもは「発達心理的に大人と異なる」存在であり、同時に「子どもの成長は大人によって一義的には予想されない可能性を含んでいる」存在である。それゆえに、子どもには「大人の意図がそのまま子どもに押しつけられ」たりしない独自の権利（子どもの権利）を有する（堀尾・勝田1958：95）。すなわち、大人（社会）の価値や大人の期待する成果、あるいは大人が求める特定の一方的評価だけで判断されないこと。

3）具体的に、教育に関する子ども独自のどのような権利（自由）を有しているか、ということについては、教育においては、子どもは教育を施される客体ではなく、学習の主体者として一人ひとりの内的欲求に基づいて自己の存在の発展である幸福追求を目的とする学習の自由を有している（堀尾・勝田1958:96,上段）。このことから、「一定」のものとして用意されている教育以外に、自己にとって「必要」であり、「意味のある」、そして「わかる」教育およびその環境を求めることができる、と言える。これは形式的に教育を受ける平等（形式的平等）とは異なり、その結果として、ひとしく「わかる」という平等（実質的平等）の観念となる。

4）以上の子どもの特徴と可能性、および子ども地位にふさわしい学習として、子ども一人ひとりの自発性と創造性、そして真実を知る能力を高める学習など全面発達を可能にする教育（学校教育制度）を求めることができること。（堀尾・勝田1958:96,下段）

５）子どもの学習の権利（学習権）は、「教育の自由」を必ずしも必要とはしない。むしろ重要なのは学習権に基づく学習要求を吸収するシステムこそ、自ずと教育の自由をもたらす。

以上が、堀尾・勝田両氏によって生成された学習の権利（学習権）から導き出される、子どもの地位に基づく、子ども自身にとっての憲法的な利益の輪郭となると考えられる。同時に、前述の憲法的な利益の輪郭を基に、この学習権を運用し、あるいは解釈する上での「前提」を以下のように整理する。

「学習権」概念の底流には、子どもの「精神的自由」がある。堀尾・勝田両氏の論文中にはこれを直接表わす箇所は見受けられないが、子どもの権利が承認されるべき根拠として、「直接的には子どもの成長が大人によって一義的には予想されない可能性を含み、大人の固定的な意図によって成長を貧しくしない」[156]ことを述べ、また、「学習の過程が子どもの存在に根ざす内的欲求による選択の契機を含み、その方向性が存在の発展すなわち幸福追求を指向する場合に、学習は子どもにとって権利となる」[157]という子どもの内的自由（＝精神的自由）を積極的に承認しようと述べられていることから確認できる。すなわち、子どもが教え込まれるだけの存在であったり、また、その範囲内での精神的自由しか保障されない存在であったりする限定的な自由ではなく、憲法的保障にふさわしい精神的自由を実質的に子どもにも承認しようとするものと解することができる。これらは次の３点に集約できる。

Ａ）学習権は、国民（子ども）の「個人としての幸福追求」という憲法上の規定からだけでなく「子どもの権利」からとらえ直すことをした。[158]学習権が生成された当時は、世界児童人権宣言（１９５９年）が採択されていたが、いまだ子どもの権利条約（１９８９年）は発効しておらず、子どもの権利は一般的ではなかった。しかし、「教育を受ける権利」の主たる権利主体である子どもは、大人とは違った地位にあるという事実に基づき、その子どもの地位の特徴に即した権利内容であるべきことを性格づけた点は今日的に重要であると考えられる。

B）発達心理学的にとらえられるところの子どもは、積極的に自己の内面における成長と発達を通して幸福追求をはたす能力の獲得を必要としている存在であり、そのような「発達途上」という地位にふさわしい諸要求、とりわけ自己目的的に自らが自らの幸福のために自発的に学ぶための諸要求を子どもの権利として積極的に認めようとするものである。

C）同時に、個々に異なる成長と発達および内面的発達とそれに基づく要求に応じて学習の権利があることを承認するものである。

＜まとめ＞

これらは、宗像氏が最初に教育の国家による独占から、現憲法下でその「教育」が解放され、それに対して親、教師、国民のそれぞれの立場から教育を取り戻す地位にある人（教育に関わることができる人）を総称して「教育権」と称した。この意味からすると、子どもも当事者としてそのカテゴリーに加わることを意味し、根拠が子どもの人権共有主体としての地位と、発達途上ゆえの大人とは異なる地位、そして、それゆえに発達するための学習の主体者である、というようにまとめることができる。具体的には、一律かつ画一的に教育されることだけが、教育を受ける権利ではなく、学習者の主体性を学校や教育行政が尊重し、大人と同じように要求に対して対応をする必要がある、ということで理解できる。

（2）学習権の限界

先のように学習権概念による子どもにとっての具体的利益の輪郭を示した。しかし、これまでに学習権生成の経緯と内実から明らかにしてきたように、「学習権」は「学習の権利がなぜ必要か」という子どもがおかれている何らかの現実に対する問題意識から出発した権利生成ではなかったことから、実際の教育行政や教育現場では（現在も）有効性を伴って用いられているとは言えない。すなわち、学習の権利が観念としての論理性を持っていたとしても、たとえば、子どもの学校教育における具体的な被抑圧状況を回復させる上で必要とされたわけではなかった。あるいは、「学習権」を用いて何らかの要求をしなければ憲法的利益を逸したり、反したりする具体的な結果がどのように生じるのか、などが示されることが乏しかったと考えられる。この結果、子どもの学習権という積極的権利に対する社会権ゆえの最低限の保障の検討や論理的考察が必ずしも深まらなかったと言えよう。一方では、学習権論において主たる関心の対象であった「国民の教育権」や「教師の教育の自由」は、国家の教育統制との対抗関係から、教育内容決定権のありかとして別次元で議論されることになり、多くの論点が生まれた。しかし、最高裁旭川学力テスト判決にも示されたように、国家だけが教育内容を決定する権限を有していることを否定した点などが示されただけで、直接学習権の内実を明瞭にするには至らなかった。それゆえに学習権を保障すべき具体的事実とは何かがわからないままに、あるいは、その事実が、憲法的に保障しなければならないほどの事実か否かの検討がないままに使用される点で、今日においても混乱を生み出しているといえよう。

（3）児童生徒にとっての「学習権」の具体的利益と可能性

先述のとおり、学習権は、その生成過程の経緯ゆえの課題から、多くの限界性があると考えられる。これらを端的に表したのが、「学習権の概念と法理は、教育内容決定権の所在を導き出すための法理論上のたんなる道具概念にとどまる」[159]と今橋氏が評した学習権の「道具概念」的位置づけである。

しかし、学習権概念は、子どもの権利に基づいて論を立てた「児童観」や「発達観」を説明して、子どもを大人と対等な人権享有主体に基づく権利の行使者の地位に引き上げることにつながっていることは、その歴史から間違いない。堀尾氏は、このような学習の主体者である「子ども」の権利から、教育の機能や当事者の教育上の権能の問い直しを求めていたことも、これまでの著述から確認できる[160]。その意味において、学習権は、成長や可能性などの観点から、児童生徒にとって現実的（具体的）な利益をもたらす権利として機能する可能性がある。そのような観点から、まず「第5節（1）学習権が生み出した子どもにとっての利益の輪郭」「第5節（2）学習権の限界」から、学習権の児童生徒にとっての利益の輪郭を再度整理する。

本節（第5節）「（1）学習権が生み出した子どもにとっての利益の輪郭」の整理から、学習者である児童生徒にとって堀尾・勝田両氏が生成した学習の権利（学習権）は、学校教育の中で次のような利益を得ることになると考えられる。

第一に、子どもが人権の享有主体であり、憲法二十六条の権利行使主体であることを前提に、憲法二十六条が保障する教育は、一人ひとりが自らの幸福の追求（自己実現）のために学ぶ権利を有していること。これは、二十六条の教育を受ける権利が、憲法原理に即し、かつ自由権的意義と社会権的意義の両義性ともあわせて意義づけると、「教育を受ける権利」は、まず社会権的に教育の機会均等という形式的平等の観点からすべての子どもはこの機会を得る権利を有している。

しかし、子どもたちが学校に通う機会を有していることだけが、教育を受ける権利の目的ではなく、どのような教育を受けるのかという内容面においは憲法の基本原則の他、憲法原理である個人の尊厳と尊重、そしてそれらに導かれた二十六条第一項の「能力に応じて」によって規定される。子どもがこれら機会と内容に関する権利主体であり、その各自の能力に応じた機会と内容が保障されることを求めることができる。これは学習権によってより明瞭にすることが可能である。

第二に、「教育機会」と「教育内容」は、先の憲法原理等の前提から、一人ひとりの幸福追求のために各々の能力に応じて実現されなければならない事項である。この点において、憲法二十六条に学習権を付加して読み解くと、「大人の意図がそのまま子どもに押しつけられ」たりしない独自の権利（子どもの権利）を有することにおいて、学習の主体者として一人ひとりの内的欲求に基づいて自己の存在の発展である幸福追求を目的とする学習の自由を有している、と明瞭に読み取ることができる。すなわち、学習権の生成過程において意味づけられた重要な概念である「内的欲求としての自己にとっての意味ある自由な学習」が学校において保障される。このような自由権的な意義は、特に精神的自由権（特に十九条、二十条、二十一条）を憲法で保障しておきながら、成長過程の教育においてはそれを認めないことは憲法的道理に反する（第2章参照）。

そして、この学習権の重要な内容と言える、大人の意図がそのまま押し付けられずに、自発的に学習する欲求に基づいて自由に学ぶ事例として、たとえば、公職選挙法の改正による、高校生の学習活動を含む広義の政治活動において存在する。

一例として2015年に選挙権年齢が、日本国民で満18歳の高校生にまで引き下げられたことに際して[161]、そのための学習（広義の政治活動）が学校内で生徒たちによって行われる場合である。これについて文部科学省は授業中など正課授業中や課外活動中の禁止だけでなく、それとは別に放課後における生徒の自発的な学校内の政治活動においても制限する旨の通知を出している。[162] また、校外の政治活動においても「届け出を必要としない」教育委員会と、「届け出」あるいは「学校の判断」に任せることによって、ある程度の規制を予定する教育委員会がある。

この場合、（高校生の政治参加の意義を認めつつも）学校内での放課後の広義の政治活動を制限する根拠は、先の文部科学省通知によると、「(3) 高等学校等の校長は、各学校の設置目的を達成するために必要な事項について、必要かつ合理的な範囲内で、在学する生徒を規律する包括的な権能を有するとされていることなどに鑑みると、高等学校等の生徒による政治的活動等は、無制限に認められるものではなく、必要かつ合理的な範囲内で制約を受けるものと解される。[163]」との、校長裁量によって制限を可能にする内容であった。これは、本来憲法上の権利が裁量によって容易に制限されることを容認するものであり、憲法二十一条の「集会、結社及び言論、出版その他一切の表現の自由は、これを保障する。」に抵触する可能性が大きいだけでなく、憲法二十六条の「教育を受ける権利」の積極的側面である「学習権」侵害を主張することも可能だと考えられる。[164] 仮に、学校での自発的な学習を含むこれら広い意味での政治活動（学習）を規制する場合には、成人の場合と同様に人権の制約原理である二重の審査基準により制約の妥当性を判断する対象となりうるものと考えられる。

このように、学習権概念（「内的欲求としての自己にとっての意味ある自由な学習」）は、子どもの権利を基にした学校における教育課程以外の学習において自由権的意義を明瞭に示すものと考えられる。

第三に、仮に教育が人類の到達した成果を次世代に伝え、[165] かつ新たに必要な知識を教育内容として教育課程に反映したとしても、それを学ぶことの意味だけでなく自己の生や存在との意味が結びつくところに、教育の意義があり人格の完成と幸福追求に意義がある、とされる。このことは、学習者自身が学習内容から疎外されず、自分なりの理解（自分が「わかる」「できる」ということ）と関係づけられていることが必要であり、多くの場合、学習者はこの欲求を内発的に有すると同時に達成しようとする。まさに、学習内容と自己の理解と存在との関係で学ぶことを求める。そして、このためには、自己の力だけではそれが達成されえないからこそ、教師や大人の助力が必要である場合がある。

つまり、先の「第二に、」でも示したとおり、たとえば、教育課程で配列された学習内容に対して、子どもは「大人の意図がそのまま押し付けられず」に、学習の主体者として「学習の過程が子どもの存在に根ざす内的欲求による選択の契機を含み、その方向性が存在の発展すなわち幸福追求を指向[166]」する学習権に基づく指導を求めることができる、との内容に置き換えられよう。重要であることは、この時一定の教育課程や学習内容を超えてさらに発展して学びたい児童生徒や、あるいは自己にあった学習内容を選択して自由に自力で学習できる方法や能力を有する児童生徒がいる。そして、その一方では、自らが学習する環境が整っていなかったり当該学習の方法を知らない児童生徒、あるいは内容の理解に通常以上に時間を要したりする児童が、それぞれに存在するということである。

この両者が共通して有する自己への期待は、前述のごとく「学習者自身が学習内容から疎外されず、自分なりの理解（「わかる」「できる」ということ）と自分の存在を関係づけ」て成長できることであり、その成長の成果を自らが自覚できることや他者から認められることである。児童生徒はこのような欲求と願いを等しく持っており、この承認が内発的な学習のさらなる動因として次の学習へと向かう。

すなわち、前述の学習権の内容は、個々の能力が異なっていても、ひとしく成長の成果を自己のものとするために、自らの状況に基づいて必要な教育を求めることができる大きな意義があると考えられる。たとえば、病弱な児童生徒が、遠足や課外活動あるいは修学旅行などの通常の行程では参加できない場合、その学習を完全に欠席せざるを得ない状況を回避して当該行程への参加を可能にする教育行政の支援を伴った教育課程の作成を求めることによって前述の目標を達成することができる。この場合、「教育を受ける権利」とは、用意された画一的な一定の教育を受けるだけの概念ではなく、自己に応じた教育を積極的に求めることができる、という学習権概念が前面に登場すると同時に、それは、憲法原理および二十六条が求める「能力に応じてひとしく教育を受ける」ことと結びつくことになろう。

以上は、現実の教育場面の多くに適用できると考えられる。たとえば、一つの能力や基準のみをもって画一的に「児童生徒の能力」として評価することなく、人格の完成を目指す全面的発達の観点から多様な自己への評価を求めることができる根拠となる点で意味がある。また、一人ひとりの能力に応じた指導や適する教材、また本質的な到達目標に近づく異なる指導を求めたりする根拠となろう。

これらをまとめると、学習権は「単なる教育機会や授業を受ける」ことの言い換えではないと言える。教育を受ける権利は形式的平等による機会均等によって達成されるべきことであり、学習権を持ち出す以前のものである。むしろ、学習権の特徴は「画一的学習」とは対象的に、一人ひとりに対して、異なってはいるが意味ある「学習過程」や「わかり方」、あるいは「特別な配慮」によって到達目標に至る指導を受けるなど、「学習者自身が学習内容から疎外されず、自分なりの理解（「わかる」「できる」ということ）と自分の存在を関係づけて成長できる」ように教育を受けることを求めることができる実質的平等の意味を含むと考えられる。ここで、憲法的な平等は、基本的に平等原則が「法的な取り扱いの均一を要求するもの」であるが、人は本来それぞれに違いがあり、性別だけでなく、障害の有無あるいは能力、社会的背景などが異なる。それゆえにこれらを一切考慮せずに形式的に機会均等だけを追求すると、結果的に不合理であったり、差別的であったりする結果を招きかねない。すなわち、学習権は、憲法が要請している平等として、「各個人の帯有する事実状態の違いというものを考慮に入れて、異なった扱いをすること[167]」により、結果的に平等を達成しようとすることに貢献する。

以上、子どもにとっての利益や解釈上の前提から、学習者が「教育を受ける権利」とは別に「学習権」を有することの利益が確認でき、それは、画一的な学習内容や能力観および評価を前提とする学習ではなく、一人ひとりに応じた学習成果と評価を得ることに具体的な児童生徒への利益をもたらすと考えられる。そして、この場合の教師と、教師を支える学校や行政組織は、形式的平等だけでなく、まさに権利に対する義務として、実質的平等のための教育を整える義務を有するとも言える。

注

（1）例として、東京地判 平成26年3月24日 重判解1492・18 判時2301・148
（2）辻田力・田中二郎 監『教育基本法の解説』教育法令研究会著（國立書院、昭和22年）131頁
（3）辻田・田中 前掲注（2）131頁
（4）衆議院、「衆議院会議録 第19国会【常会】文部委員会」会議録第11号12頁 大達茂雄文部大臣発言記録、（1954年3月1日）, http://kokkai.ndl.go.jp/SENTAKU/syugiin/019/0804/01903010804011.pdf,（2017.6.5）
（5）前掲注（4）第16号18頁 野原委員発言記録（1954年3月12日）
（6）前掲注（4）第9号1頁、11号2頁・12頁、16号18頁、20号10頁、25号13頁～19頁 伊ケ崎暁生「Ⅱ．憲法・教育法の制定趣旨と国会審議」法律時報 44巻8号 臨時増刊（日本評論社,1972）310,314頁
（7）法律名は「義務教育諸学校における教育の政治的中立の確保に関する臨時措置法」・「教育公務員特例法の一部を改正する法律」
（8）永井憲一編『基本法コンメンタール 教育関係法 別冊法学セミナー No 115』（日本評論社,1992）17頁
（9）堀尾輝久・勝田守一「国民教育における中立性の問題（上）」思想 No 411号（岩波書店,1958）同「国民教育における中立性の問題（下）」思想 No 417号（岩波書店,1959）

(10) 宗像誠也「教育行政権と国民の価値観―教育行政のオフ・リミッツについて―」世界167号11月号（岩波書店、昭和34年）
(11) 堀尾輝久「児童憲章とその問題点」教育（国土社,1960）／堀尾輝久『人権としての教育』同時代ライブラリー（岩波書店,1999）79頁所収。
(12) 堀尾輝久「教育を受ける権利と義務教育―親権思想の変遷を手がかりとして―」の論文は、1961年に執筆されたものであるが、公表は堀尾輝久「教育を受ける権利と義務教育―親権思想の変遷を手がかりとして―」『現代教育の思想と構造』（岩波書店,1971）155頁。
(13) 有倉遼吉『教育と法律』（新評論、初版、昭和36年）
(14) 宗像誠也『教育と教育政策』（岩波新書,1961）
(15) 田中耕太郎『教育基本法の理論』（有斐閣,1961）
(16) 堀尾輝久「現代における教育と法」加藤一郎編『岩波講座 現代法8 現代法と市民』（岩波書店,1966）149頁
(17) 宗像誠也「国民と教師の教育権」国民教育研究所編『全書 国民教育〔第1巻〕』（明治図書出版,1970）
(18) 堀尾・勝田 前掲注（9）411号／417号
(19) 堀尾輝久「教育基本法30年と国民の教育権―家永教科書裁判と学習権論の発展を中心に―」家永三郎教授東京教育大学退官記念論集刊行委員会編『日本国憲法と戦後教育』（三省堂,1976）257頁（これは、堀尾・勝田 前掲注（9）No411号を要約して述べた部分である）
(20) 堀尾・勝田 前掲注（9）No411号1頁
(21) 堀尾・勝田 前掲注（16）257頁8行目～
(22) 堀尾・勝田 前掲注（9）No417号94～96頁
(23) 堀尾・勝田 前掲注（9）No417号96頁（380頁）上段23行目

堀尾は、子どもの権利と学習との関係を「学習の過程が、子どもの存在に根ざす内的欲求による選択の契機を含み、

その方向性が存在の発展、すなわち幸福追求を指向する場合に、学習は子どもにとって権利となる」と述べる。
(24) 堀尾・勝田 前掲注(9) No417号96頁(380頁)
(25) 堀尾・勝田 前掲注(9) No417号93頁(377頁)下段8行目以降
(26) この憲法解釈については第2章参照
(27) 宗像 前掲注(10) 272頁
(28) 宗像 前掲注(10) 59頁/宗像 前掲注(17) 21頁
(29) 宗像 前掲注(10) 275頁「子を教育して、肉体的、精神的および社会的に有能にすることは、両親の最高の義務であり、かつ、自然的権利」(ワイマール憲法百二十条から宗像引用)
(30) 宗像 前掲注(10) 280頁
(31) 有倉 前掲注(13) 31頁
(32) 有倉 前掲注(13) 31頁
(33) 宗像 前掲注(10) 272頁
(34) 有倉 前掲注(13) 33頁
(35) 有倉 前掲注(13) 33頁
(36) 有倉 前掲注(13) 34頁
(37) 宗像の教育権論については、宗像 前掲注(10) 論文、および前掲注(13)『教育と教育政策』(岩波新書,1961)にて「教育権」の元となる「親の発言権」について問題提起を行い、これを宗像 前掲注(17) 文献でまとめながら「教育権」を整理している。
(38) 宗像 前掲注(17) 15~17頁
(39) 宗像 前掲注(10) 15頁
(40) 宗像 前掲注(17) 17頁

（41）「国民の教育権」の用語は、堀尾輝久が堀尾輝久「現代における教育と法」加藤一郎編『岩波講座 現代法8 現代法と市民』（岩波書店,1970年）において初めて用いた。堀尾 前掲注（16）

（42）宗像 前掲注（17）17頁

（43）宗像 前掲注（17）17頁

（44）宗像 前掲注（17）18頁

（46）宗像 前掲注（17）18頁

（47）宗像 前掲注（17）18頁

（48）宗像 前掲注（17）20頁ほか、宗像 前掲注（10）論文、宗像 前掲注（14）著書も同趣旨問題提起。

（49）宗像 前掲注（10）272頁。宗像は前掲注（14）（「教育と教育政策」（岩波新書,1961）92頁）において、『教育権』の言葉がまだ明確になった言葉ではないことを紹介して、あえてその定義を「教育に対する権利、発言権というくらいの意味でゆるやかな理解」との定義を示した。続いて、同定義は前掲注（17）20頁において「『親の教育への発言権』―今日、それを簡単に親の教育権と言いなおしてもさしつかえないと思う―」と、「発言権」を「教育権」へと言い換えることを初めて示唆した。

（50）宗像 前掲注（10）論文、274頁／前掲注（17）文献22頁

（51）宗像 前掲注（10）論文、275頁／前掲注（17）文献23頁

（52）WEST VIRGINIA STATE BOARD OF EDUCATION v. BARNETTE, 319 U.S. 624（1943）

原文は、319 U.S. 624（1943）より以下のとおり。

If there is any fixed star in our constitutional constellation, it is that no official, high or petty, can prescribe what shall be orthodox in politics, nationalism, religion, or other matters of opinion or force citizens to confess by word or act their faith therein. If there are any circumstances, which permit an exception, they do not now occur to us.

訳は宗像 前掲注（14）63頁／宗像 前掲注（17）22頁

（53） 小林歌吉『教育行政法 全』（金港堂書籍株式会社、明治33）31頁〈漢字は新漢字で表記 傍線は筆者〉「教育ハ単ニ人類各自ノ性能ヲ成長セシメ、以テ各自ノ要求ニ適合セシムルノミヲ本旨トセズ、其主眼ハ、国家生存ノ為ニ臣民ヲ国家的ニ養成スルニアリ。然ラバ如何ナル方向ニ於テ之ヲ養成セバ国家的臣民トナリテ我帝国ノ臣民タルニ適合スベキカ、吾人ハ之ニ答ヘテ「無窮ノ皇運ヲ扶翼スル忠良ノ臣民」ヲ作ルニアリト云ハントス。―（『附論其一、教育ノ目的』より傍線筆者）

『同書214頁』「初等教育ハ国家生存ノ要件トシテ国家之ヲ施行ス。（略）児童ヲ教育スベキ義務アル父兄ノ怠慢ニ對シテ、児童ヲ保護スル為ニ就学セシムル義務ヲ負ワシム。而シテ此ノ義務タル権利関係ヨリ生ズルモノニ非ラズ 国家及臣民ナル不對等者間ニ於ケル権力関係ヨリ生ズルモノニシテ国家ハ命令シ臣民ハ服従セザル可カラザルモノナリ。即チ国家ハ公法上ノ権利者ニシテ、其對手タル私人ハ公法上ノ義務者ナリトス。―（第四章・第二節 就学セシムル義務第一款 義務ノ性質 より、傍線筆者）

『同書215頁』（漢字は当用漢字で表記。引用・傍線は筆者）「学齢児童ハ就学スベキ義務ヲ負担スルヤ否ヤ或論者ハ就学ノ義務ハ児童ニアリト論決セリト謂モ、是誤謬タルヲ免レズ。抑モコノ義務ノ本体ハ或ル身体的行為ナリ、或行為ヲ要スル義務ハ之ヲ負フ者ニ於テ能力アルコトヲ要スルコト一般ノ原則ナリ。（略）小学校令第二十条第二項ニ学齢児童ヲ保護スベキ者ハ、其学齢児童ヲシテ尋常小学校ノ教科ヲ卒ラザル間ハ就学セシムル義務アルモノトスト規定シテ、此義務ヲ児童保護者ニ負ワシメタリ。故ニ厳格ニ是ヲ言フ時ハ就学義務ニ非ズシテ就学セシムル義務ナリトス。―（第四章・第二節 就学セシムル義務 第一款 義務ノ性質 就学義務ノ主体より、傍線筆者）

（54） 宗像 前掲注（17）26頁

（55） 宗像 前掲注（14）53頁

（56） 今日では「教育権」は「教育内容の決定権限」あるいは「権能」と置き換えられている。

（57） 宗像 前掲注（17）29頁

（58） 宗像 前掲注（17）29頁

(59) 宗像 前掲注（17）28頁
(60) 宗像 前掲注（17）28頁
(61) 宗像 前掲注（17）29頁
(62) 宗像 前掲注（14）(1961) 92頁／宗像 前掲注（17）(1970) 34頁
(63) これについて、宗像は「『解放された』というのは、法的には解放されたのだ、ということであり、現実の政府が事実として解放した、ということではない。教育基本法は教育権を国家の独占から開放することを規定して」いることから述べている。宗像 前掲注（14）『教育と教育政策』（岩波新書,1961）92頁
(64) 堀尾は、「常に教育機会が国民のすべてに解放されたことを意味するのみでなく、教育の内容や方法についても、すなわち、どのような教育のなかみをどのような方法によって学びたいかという点に関しても、その究極の決定者が、教育の権利主体としての国民にあることを含んだものである」と表している。（堀尾 前掲注（12）158頁）
(65) 不登校児童生徒に対する教育の機会の確保、夜間その他特別な時間において授業を行う学校における就学の機会の提供その他の義務教育の段階における普通教育に相当する教育の機会の確保および当該教育を十分に受けていない者に対する支援を目的とする。
(66) 宗像 前掲注（17）36頁
(67) 宗像 前掲注（17）36頁
(68) 宗像 前掲注（17）36～37頁
(69) 戸波江二「国民教育権論の現況と展望」日本教育法学会年報 30号（有斐閣,2001）39頁
(70) 田中 前掲注（15）154頁
(71) 田中 前掲注（15）155頁
(72) 田中 前掲注（15）150頁
(73) 宗像誠也『教育の再建―教育学者の証言』（朝日新聞社,1966）100頁以下

(74) 田中 前掲注(15)167頁
(75) 田中 前掲注(15)167頁
(76) 堀尾輝久は、「子どもの学習権」を実現すべき「国民の教育権」と最初に表現した。(堀尾 前掲注(149)。他では、1971年時点で「子どもの教育を受ける権利に対応して子どもを教育する責務を担うものは親を中心として国民全体であると考え、かかる国民の教育の責務は国家教育権に対する概念として国民の教育の自由と呼ばれる」とまとめられている。(榊達雄「杉本判決の到達点と教育法学の課題─教育権との関連で─」日本教育法学会年報1『教育権保障の理論と実態』(有斐閣,1972)185頁)
(77) 渡辺洋三は、近代自由権に対する福祉国家としての現代自由権の特徴から、教育に対する国家の義務・配慮を根拠として教育内容を規制することや、教科書を無償とする代わりにその内容を統制するなどの国家の側からの保護、育成、援助が付随する旨を述べる。ただし、「その物質援助の範囲を超えて、精神的活動の内容に対する国家の介入にまで広がってゆく危険性」も指摘した。(渡辺洋三『現代法の構造』(岩波書店,1975)78頁)
(78) 堀尾・勝田 前掲注(9)No417号96(380)頁上段23行目
(79) 堀尾 前掲注(19)257頁8行目以下
(80) 堀尾・勝田 前掲注(9)No417号96(380)頁
(81) 「学習権」の名称は、下中弥三郎氏が大正期に用いたことが論文から確認することができる。今日、広く「学習権」と称されるのは堀尾・勝田両氏が1958年論文で用いた「学習の権利」が基になっていることから(堀尾輝久「教育基本法30年と国民の教育権─家永教科書裁判と学習権論の発展を中心に─」家永三郎教授東京教育大学退官記念論集刊行委員会編『日本国憲法と戦後教育』(三省堂,1976)256頁)、本書では同論文内容を用いた考察箇所においては「学習の権利」の表記を用いている。一方、旭川学力テスト最高裁判決では「学習をする権利」と表記されているため、この判決内容に基づいて考察する場合は、同表記を用いている。それ以外の箇所所では、一般的な「学習権」等の表記を用いた。

(82) 堀尾 前掲注 (16) 152頁
(83) 堀尾 前掲注 (16) 152頁
(84) 堀尾 前掲注 (16) 152頁
(85) 堀尾 前掲注 (16) 152頁
(86) 堀尾・勝田 前掲注 (9) No 411号15頁 このような関係を堀尾は行政担当者の「道徳の教師」の役割と称している。
(87) 堀尾・勝田 前掲注 (9) No 411号15頁（１２６７頁）
(88) 堀尾 前掲注 (16) 152頁
(89) 堀尾 前掲注 (16) 152頁
(90) 堀尾 前掲注 (16) 153頁
(91) 近代市民社会の原理と近代教育原則については、堀尾輝久「公教育の思想」『岩波講座 現代教育学 (4) 近代の教育思想』（岩波書店,1961）213頁
　同書によると、近代教育思想の本質部分として次の（1）～（8）を示している。（1）人権思想の系としての子どもの権利の確認と、その教育的表現としての学習権ないし教育を受ける権利の主張。（2）近代親権観の成立により、親は、子どもの権利を実現させるための現実的配慮の義務を負い、この子どもに対する義務を第一義的に履行する権利を持つものであること、そして、この権利は、親の自然権に属するとされる。（3）近代における人間（市民）と公民の範疇的区別に対応して、教育の目的は、公民の育成ではなく、とりわけ人間の形成におかれた。教育という言葉は、人間の内面形成、とりわけ特性の涵養を中心とする全面教育を意味し、知育とは区別されて、重要なカテゴリーであった、とする。（4）人間の内面形成にかかわる問題は、国家権力の干渉してはならない「私事」とされた。（5）以上の原則から必然的に、国家が教育を主宰し、指導することは、自己の任務の限界を侵すものとして否定された。（6）その結果、絶対主義の公教育はもとより、古代共和国における公教育も、国家が全面教育を引きうけ、人間の内面にまで立ち入ることになる限り否定された。（7）教育方法としては、子どもの学習の権利の確認と平行

して、子どもの自発性が尊重され、つめ込み主義が否定された。（８）これらの諸原則を生かすための教育形態としては、家庭で、親または家庭教師による個人指導が理想とされた。

(92) 堀尾・勝田 前掲注（９）No411号17頁〜18頁（１２６９頁）

原文：「教育が私事であるという原則が、教育の中立性の真実の要求を成立させる。この原則は、決して架空な、哲学的原理から引き出されたのではなく、歴史的に市民において自覚された個人的人間としての幸福を、現実に獲得する経験的な自由の感情に根ざしていた。いいかえれば、それは、教育は個人の幸福のためのもの、という歴史の中でとらえられた経験的起源の思想である。もちろん、個人の幸福は、一様なものとしてとらえられないし、幸福の価値に対する確信や思想は、多様である。だからこそ、それは個人の内面にかかわる私事であることを要求する。私事を組織するとは、すべての個人の幸福の追求と教育とが直接に結び合うことであり、子どもの幸福追求の自主的能力の成長に、教育が責任を持つということである。そして、なにを幸福とするかは全て個人がそれを定めることを承認しつつ、その能力の開発に平等の機会を保障する組織をつくることである。」「現実では、知的・道徳的・感情的、そして身体的な子どもの発達という点で、国民の多くの家庭生活は、経済的にも文化的にも、恵まれた条件を欠いている。幸福への希求は感情的には切実であっても、その権利を平等に保障する条件は、それぞれの家庭の力だけではととのえられない。したがって、その条件を整えるために、集団的に教育を組織する必然性が生まれてきたのである。」

(93) 兼子 前掲注（第２章 26）52頁

(94) 兼子 前掲注（第２章 26）273頁

(95) 浦部氏は、そもそも「教育権」は憲法上の概念として不適切であり、「教育する権利」などは誰にも認められる性質のものではないことを指摘する。それでも使用する場合は、それは憲法上の権利の問題ではない、とする。（浦部 前掲注（第２章 1）219頁）

(96) エミールの中には多くの「求められる資質」が述べられている。その中から、今日の教育現場にも直接当てはまるような内容の一部を紹介する。たとえば、「（略）幾何学はこどもの能力では無理だということを私は述べた。しかし、それは私たちが悪いのだ。子どもの方法は私たちのとは違うこと、そして私たちにとって推論の術となるものも、子どものとってはたんに物をみる技術になるべきだということを、わたしたちは気がつかないでいるのだ。かれらにわたしたちの方法を教えるようなことをしないで、わたしたちがかれらの方法をとりいれたほうがうまくいくだろう。わたしたちの幾何の学びかたは、推理力の仕事であるのとまったく同じ程度に想像力の仕事でもあるからだ。命題が述べられると、その証明を考えださなければならない。つまり、その命題がすでに知られているどんな命題の帰結としてえられるかをみいだし、そしてこの命題からひきだされるあらゆる帰結のなかから、まさに問題となっている帰結を選ばなければならない。こういうやりかたでは、いかに正確な理論家でも、発明の才がなければ、十分とはいえないことになる。そこで、どういうことになるか。わたしたちは証明をみいだすことを教えられないで、それを口述されることになる。先生は推論することを教えないで、わたしたちのかわりに推論を行い、わたしたちの記憶力だけを訓練させる。正確な図形を描き、それらを組み合わせ、一つの図形を他の図形のうえにおき、それらの比率を調べてみるがいい。観察を重ねることによって、初等幾何学のすべてをみいだすことができるだろう。定義も例題も、たんに重ね合わせることのほかにはどんな証明の形式も、問題にする必要はない。（略）」（ルソー著（今野一雄訳）『エミール（上）』（岩波文庫,1964）244頁）

(97) 堀尾・勝田 前掲注（９）No411号17頁（１２６９頁）
(98) 堀尾・勝田 前掲注（９）No411号19頁（１２７１頁）
(99) 堀尾・勝田 前掲注（９）No411号17～18頁（１２６９～１２７０頁）
(100) 堀尾・勝田 前掲注（９）No411号17頁下段）「『国民全体に直接奉仕する』教師の自由は、教育の自律性を保障する条件」であり、「公教育の要件」であるとして、国家からの自由としての「教育の自由」だけでなく、それが教育の自律との関係で意味づけされる。
(101) 堀尾・勝田 前掲注（９）No411号17頁（１２６９頁）
(102) 堀尾・勝田 前掲注（９）No411号18（１２７０頁）

(103) 堀尾・勝田 前掲注(9)No411号19(1271頁)

(104) 本書 第4章 第4節(2)157頁、(自律性について、原文)より筆者が要約して再掲。

(105) 堀尾・勝田 前掲注(16)257頁8行目以下

(106) 堀尾・勝田 前掲注(9)No417号93頁(377頁)

堀尾は、教育の中立性を認めるがゆえに「教育の自由」を原則的に認めないという論理さえあることを紹介し、この場合の「教育の自由」概念や「中立性」の概念理解が根本的に変質していることを指摘する。

(107) 堀尾は、1966年の著書においては「教育の自由は、思想・表現の自由のコラロリーとして、教育の権力からの中立(独立)と同義と解され」るとしている(堀尾 前掲注(16)184頁)。「(5)学習権の本質の再概念化から導かれる「教育の自由」の提示」の項にて詳述する。

(108) 堀尾・勝田 前掲注(9)No417号92~93頁(376~377頁) なお、「(5)学習権の本質の再概念化から導かれる「教育の自由」の提示」にて詳述する。

(109) 堀尾・勝田 前掲注(9)No417号93頁(377頁)

(110) ただし、もし、この学習者が求める幸福追求としての学習と、それに応える教育活動に、国家・教育行政などが正当な理由なく干渉する場合、この時初めて国家による憲法の基本原理に基づく「教育を受ける権利」の侵害としての「不当な支配」(旧教育基本法十条/現行教育基本法十六条)となり、学習者が求める学習内容に対する教育行為の義務負担としての教育を、教師が自由に工夫して履行できないこととなる。この場合を学習の自由に対する教育の自由の侵害と捉える概念の置き換えが生まれる。

(111) 浦部 前掲注(第2章 1)214頁

(112) 同様に、浦部は「教師は権力そのものであって、決して自由権の担い手たりえない存在」と表す。(浦部 前掲注(第2章 1)215頁)

(113) 『註解日本国憲法〔上巻〕』法学協会編（有斐閣、昭和28年）
(114) 兼子 前掲注(113) 459頁〜460頁
(115) 兼子 前掲注(113) 460頁
(116) 兼子 前掲注(113) 459頁〜460頁では、次のように記されている。
「学問の自由が教授の自由（すなわち教材、教課内奥、教授方法の自由）を概念上含むとされていたのも、遠隔的に主として高等の研究機関が眼中におかれていたことに基づく。しかし本条が前述の如くおよそ一切の学問研究を対象とする以上、本条の学問の自由が当然教授の自由を含むと言うことは出来ない。もちろん大学その他の高等の教育機関については、教授の自由をも広く認めることは本条の要請するところであるが、下級の教育機関についてはそこにおける教育の本質上、教材や教課内容や教授方法の画一化が要求されることがある。このような教授の自由の制約が常に本条にいう学問の自由と教授の自由とは概念上別個のものであり、学問の自由は学校体系の如何を問わず、又私人についても認められるべきものであるが、教授の自由は、教育ということの本質上、下級の学校に至るにつれ制限されることがある。（傍線筆者）
(117) 堀尾・勝田 前掲注(9) No417号93頁（377頁）
(118) 堀尾・勝田 前掲注(9) No417号93頁（377頁）
(119) およそ、教育目標や学校教育課題の設定、それらに基づく教科内容、教材、教授方法、順序などである。
(120) この意味は、たとえば、信頼関係にもとづく指導と学習という関係、また個々の児童生徒に対してどのような指導が必要か、あるいは、どのような教材が適当かなど、一定の人間関 係の中で把握できる一人ひとりの最善の学習指導などをいうと考えられる。
(121) 堀尾・勝田 前掲注(9) No417号93頁（377頁）
(122) 最高裁旭川学テ判決（最大判昭和51年5月21日 刑集30巻5号634頁）より、「教師は、教授の自由を有し、公権力による支配、介入を受けないで自由に子どもの教育内容を決定することができるとする見解も、採用することはできない。確かに、憲法の保障する学問の自由は、単に学問研究の自由ばかりだけでなく、その結果を教授する自由をも含むと解されるし、更にまた、もっぱら自由な学問的探究と勉学を旨とする大学教育に比してむしろ知識の伝達と能力の開発を主とする普通教育の場においても、たとえば、教師が公権力によって特定の意見のみを教授することを強制されないという意味において、（略）教授の具体的内容および方法につきある程度自由な裁量が認められなければならないという意味においては、一定の範囲における教授の自由が保障されるべきことを肯定できないではない。（略）しかし）普通教育においては、子どもの側に学校や教師を選択する余地が乏しく、教育の機会均等をはかる上からも全国的に一定の水準を確保すべき強い要請がある（略）」などが示される。（カッコは筆者）

(123) 最高裁旭川学テ判決：（最大判昭和51年5月21日 刑集30巻5号634頁）によると、「教育の機会均等をはかる上からも全国的に一定の水準を確保すべき強い要請があることなどに思いをいたすときは、普通教育における教師に完全な教授の自由を認めることは、とうてい許されないといわなければならない。（略）（教師の）自由の濫用などによる弊害が効果的に防止されると言う保障はなく、憲法が専ら右のような社会的自律作用による抑制のみに期待していると解すべき合理的根拠は、全く存しないのである。」（カッコ内は筆者）

(124) 堀尾・勝田 前掲注（9）No417号94頁（378頁）

(125) 堀尾・勝田 前掲注（9）No417号94頁（378頁）

(126) 堀尾は、「『教育ということの本質上』『下級の学校に至るにつれて制限されることがある』とし、高校以下の学校においては、『そこにおける教育の本質上、教材や教課内容や教授方法の画一化が要求されることがある』とされる。この論旨が下級教育機関における『教育の本質』を、学問の自由の異質的ないし対立的契機として捉えていることは重要である。それが、今日の社会通念に合致していることも無視しえない。」と記して受容している。

(127) 堀尾・勝田 前掲注（9）No417号94頁（378頁）

（堀尾 前掲注（16）185頁）

(128) 堀尾・勝田 前掲注（9）No417号95頁（379頁）

(129) 堀尾・勝田 前掲注（9）No417号94～95頁（378～379頁）
(130) 堀尾・勝田 前掲注（9）No417号95頁（379頁）
(131) 堀尾・勝田 前掲注（9）No417号95頁（379頁）論文の中で、堀尾はアメリカの「進歩主義教育」と同義語としがちであるが、その形式的影響下に取り入れられた日本の上からの「新教育」という概念を含ませつつ、一方で伝統的な学問と教育との関係を変革してきた思想と運動とを「新教育」として捉えるとしている。
(132) 堀尾・勝田 前掲注（9）No417号95頁（379頁）
(133) 堀尾・勝田 前掲注（9）No417号95頁（379頁）
(134) 堀尾・勝田 前掲注（9）No417号95頁（379頁）
(135) 堀尾・勝田 前掲注（9）No417号95頁（379頁）
(136) 堀尾・勝田 前掲注（9）No417号95頁（379頁）
(137) 堀尾・勝田 前掲注（9）No417号95頁（379頁）
(138) この考え方は、子どもの権利条約二十八条、二十九条の国連子どもの権利委員会による一般意見のほか、同条文の国際解釈としてこの立場を採っている。（本書 第8章 第2節 参照）
(139) 堀尾・勝田 前掲注（9）No417号95頁（379頁）
(140) 堀尾・勝田 前掲注（9）No417号95頁（379頁）
(141) 自発的学習の意味の一つとして、堀尾は「子どもの活動を少しでも観察したことのある者は、その好奇心、探求心に、驚嘆しないではおれまい。そして、そのような知的、身体的緊張を伴う学習こそは、子どもにとって、本質的なものであり、学習によってひとはひととして成長する」と記している。（堀尾『人権思想の発展的契機としての国民の学習権』日本法学会年報３（有斐閣,1974）14頁）以上より、自発的学習の意味として創造、好奇心、探求心などに基づく学習活動を視野に入れていることがわかる。
(142) 堀尾・勝田 前掲注（9）No417号96頁（380頁）

(143) 堀尾・勝田 前掲注（9）No.417号95頁（379頁）
(144) 毎日新聞（2016年7月28日夕刊）政権政党が「調査」と称する「密告」をさせることで、児童生徒が求める学習のための教員や学校による本の購入、資料準備、学習指導などは事実上「萎縮」によって特定の内容でしか行われないことに至る可能性がある。記事は「教育への不当な介入」の可能性を示唆する。
(145) 堀尾・勝田 前掲注（9）No.417号96頁（380頁）
(146) 堀尾は「人間的力量を最大限に発揮できるような教育を求める権利」とも称している（『人権思想の発展的契機としての国民の学習権』日本法学会年報3（有斐閣,1974）28頁）
(147) 浦部 前掲注（第2章1）215頁参照
(148) これを学習権と称している（堀尾・勝田 前掲注（9）No.417号95頁（379頁））
(149) 堀尾はこのような教師の役割を「教育が『不当な支配』に服することなく、権力と権威から律し、真理と真実のみに基づいて行われることによってその新しい世代の発達と学習の権利は保障される。それは教育者に高い専門的力量を求めるものである。」と述べ、教育の自由の本質を不当な支配に服するなく、教育活動ができることを述べている。そういう意味では学習権生成の始源時の問題意識が貫かれている。（堀尾輝久「人権思想の発展的契機としての国民の学習権」日本教育法学会年報3（有斐閣,1974）28頁）
(150) 最大判昭和51年5月21日 刑集30巻5号632頁
(151) これについては、多くの学校で公開授業研究会や研修会を開催し、その学校としての成果だけでなく個人研究の発表の機会として研究紀要も各学校で発行している。
(152) 堀尾・勝田 前掲注（9）417号100頁～101頁
(153) 宗像 前掲注（17）36頁
(154) 宗像 前掲注（17）36～37頁
(155) 宗像 前掲注（17）36～37頁

(156) 堀尾・勝田 前掲注（９）No417号94～96頁 児童観より

(157) 堀尾・勝田 前掲注（９）No417号96頁（380頁）上段23行目

(158) 堀尾・勝田 前掲注（９）論文が記された頃はまだ児童の権利宣言（1989年）は採択されておらず、世界児童人権宣言（１９５９年11月20日国連第14回総会採択）によるものであった。

(159) 今橋 前掲注（120）72頁

(160) たとえば、「そもそも学習権論の問題提起の直接的動機としては、『国の教育権』に対して、親権としての教育権や、教師の教育権を対置する問題設定に対して、親や教師の教育権の根拠そのものを、子どもの権利との関係で問い直すことを求めるものであった」と、子どもの権利にからの意味づけがなされる。（堀尾 前掲注（第３章 22）34頁）

(161) 第189回国会において「公職選挙法等の一部を改正する法律」が平成27年法律第43号をもって公布された。公職選挙法第２章選挙権：第九条 日本国民で年齢満十八年以上の者は、衆議院議員および参議院議員の選挙権を有する。2. 日本国民たる年齢満十八年以上の者で引き続き三ヵ月以上市町村の区域内に住所を有する者は、その属する地方公共団体の議会の議員および長の選挙権を有する。

(162) 平成27年10月29日 文部科学省通知‐27文科初第933号「高等学校等における政治的教養の教育と高等学校等の生徒による政治的活動等について」（通知）

(163) 文部科学省 前掲注（295）通知「第３ 高等学校等の生徒の政治的活動等」

２０１６年４月に行われた毎日新聞社の調査（毎日新聞社「高校生の政治活動23府県・政令市『届け出不要』」（最終更新：2016年5月2日7時30分）（URL: https://mainichi.jp/articles/20160502/k00/00m/040/103000c.（2017.8.1）によると、15府県９市の教育委員会は「届け出不要」である一方、28県６市は教育委員会の判断を示さずに学校判断としている。また、県によっては１週間前の「届け出」など校則変更をもってして対応抑制しているところもある。

（URL: https://mainichi.jp/articles/20160502/k00/00m/040/103000c：最終閲覧2017.8.1）

(165) 堀尾・勝田 前掲注(9)417号100頁では、「教師に子どもの内的欲求や発達やその現実生活に対しての知識を必要とさせ、それに応じて、文化や遺産学問的成長の選択と排列(ママ)を工夫することを求めている。」と記され、既存の系統的な学習の配列を学習することも重要な学習として捉えている。

(166) 堀尾・勝田 前掲注(9)No417号96頁(380頁)上段23行目

(167) 浦部 前掲注(第2章1)110頁

第5章　教科書裁判・学力テスト裁判での学習権の用いられ方

はじめに

前章において、「学習権」概念生成の背景とその概要を教育理念としての学習権と法的権利としての学習権の両視点から整理し、学習権によって得られるであろう利益と可能性を示した。本書ではこれら利益や可能性をより明瞭にするために、「学習権」がどのように「教育裁判」に用いられてきたかを整理してみる。

この目的は、「学習権」[1]という権利概念が、これまで教育学的、教育思想および社会思想から論理的に導き出されてきた経緯をもつが、学習権が法的権利として具体的にどのような場面において用いられ、かつどのような権利内容として用いられたのかをより明らかにすることにある。そこで、堀尾・勝田両氏が生成してきた「学習権」概念が、裁判過程でどのように主張され、かつどのような理解で判決に反映されたかを探るために、いわゆる「家永教科書裁判」および「旭川学力テスト事件」を取り上げて分析する。

したがって、本書での整理は、下級審で審理された事例分析を主として行うものではなく、「学習権」概念が直接あるいは間接的に説明されている箇所、あるいは援用されている箇所から、学習権によって現実的に得られるであろう利益をどのように想定しているかを明らかにしたい。

扱う最高裁判例および下級審判決は、過去、「学習権」概念が用いられた著名な判決として、いわゆる第二次家永教科書裁判の杉本判決・『検定処分取り消し訴訟事件－東京地方昭和42年（行）ウ第85号－昭和45年7月17日判決　行集21巻7号別冊』[2]と、旭川学力テスト最高裁判決・『建造物侵入、暴力行為等処罰に関する法律違反被告事件昭和43年（あ）第1614号－最判昭和51年5月21日大法廷判決刑集30巻第5号615頁』である。これら二つの裁判を通して、「学習権」が具体的な事案の中でどのように機能しているかを確認する。

第1節　家永教科書裁判「杉本判決」で論じられた学習権の今日的意義

(1) 事実の概要

原告の東京教育大学（故）家永三郎教授は、昭和27年以来、高等学校用日本史教科書として「新日本史」を執筆し、教科書出版社からその検定を申請して昭和28年度より検定済み教科書を出版していた。その後、改訂の度に検定不合格や多くの修正意見が付され、昭和38年の五訂版の際には不合格処分をうけたが翌39年にようやく300項目におよぶ修正意見を付された上で条件付合格処分を受けた。

原告はこれら修正要求に可能な限り応ずるようにして五訂版を出版したが、歴史的・学問的見地から同検定制度に疑問を持った原告は、昭和41年に再び五訂版の部分改定（34ヵ所）の検定を申請した際に教科書調査官から出された修正要求に応じなかった。これにより、昭和42年3月29日付で被告文部大臣より6ヵ所の改定箇所に関する不合格処分の通知を受け、これを不服として提訴した。

原告の請求は、原告家永三郎氏執筆による高校日本史教科書の記述内容に対して為された文部大臣による検定不合格処分について、当該教科書検定制度が違憲・違法の制度であることを根拠に当該処分を取り消す判決を求めたものである。[3]

（２）原告側の主張および論理構成

この裁判を通じて、多岐にわたる主張が為されたが、原告側主張の根幹は国家の教育支配をいかに排するか、であった。原告側の主張の要旨は次のとおりである。（筆者要約）

憲法・教育基本法から導き出される国家の教育への役割は、国家による教育への権力的介入が最小限に抑制される範囲で有する。具体的な国家の役割については、憲法二十六条が保障する基本的人権としての教育が、教育の機会均等にとどまるのではなく、人権に値する内容面の保障も行っている。それは①憲法の平和的・民主的原理に適合した内容、②真実を導く科学的な知識と思考力、[4]③子どもの人間としての全面発達に即した内容を含むものである。[5]

そして、このような内容をもつ「教育」を保障するためには、国家によって画一的に定められた内容の学習だけでは達成されず、民主主義的な内容構成と学習者による内容の選択が確保される必要がある。この民主主義的な内容構成と、学習者による内容の選択を可能にするためには、「教育に関連を有するあらゆる領域において、憲法の保障する諸自由が尊重され貫徹される」[6]べきであるとする。とりわけ、本件訴訟で争われている教科書については、教科書執筆者が教科書検定などの権力的介入を受けることなく、自由に、わが国および諸外国の学問的成果と、すぐれた思想とを教科書の内容にもり込むことができ、教師においてはこれを自由に選択して用いることによって、子どもが「自由に自己の人格形成にこれを役立てることができる」[7]など、民主主義教育の目的に応じた効果の招来を述べる。これらに基づいて、具体的な教育と行政の関係において精神的自由としての憲法二十三条「学問の自由」から導き出される「教育の自由」が保障される必要がある。[8] このように、有用な知識と思想をもとに自由に自己の人間形成を行うことができる関係であることが憲法の原理に沿うことになる。[9] そもそも、このような「教育の自由」なくしては、憲法が保障する精神的自由の保障などが成り立たず、画一的な教育によって精神的な自由を保障することなどありえない。[10] したがって、憲法原理に沿い、かつ前述の教育を行うためには学問の自由に裏付けられる教科書執筆の自由、表現の自由が保障されるべきである。これを制限する教科書検定制度は、憲法二十一条の検閲の禁止、および二十三条の学問の自由に違反する。以上が主張である。

(3) 二つの「教育の自由」とその影響

原告側の主張の前述の構成は、これまでにも見てきたとおり、「国家の教育支配を排し、憲法・教育基本法に基づく教育の回復」を志向する数々の堀尾・勝田氏らによる内容と同じである。とりわけ、「教育の自由」は教育の多様性と学習の多様性および学習者の学習内容の選択可能性を保障しようとする点において、堀尾氏らによる学習権[11]生成過程での「教育の自由」の根拠となる論理が用いられている（第4章 第4節参照）。しかし、「教育の自由」を導き出す根拠となる論理は二種類の論理が存在することはすでに述べたとおりである。同じ「教育の自由」という名称でも、「教育の自由」の概念は「教育の本質」や学習者である「子ども観」をどのように位置づけるかによって、堀尾・勝田両氏が提唱した「教育の自由」・学習権と本件教科書裁判で述べられる「教育の自由」・学習権とは内容的な違いがある。

とりわけ、原告側弁護団がその主張で示した憲法二十六条の「人権に値する教育」の内容から「①憲法の平和的・民主的原理に適合した内容」、「②真実を導く科学的な知識と思考力」、「③子どもの人間としての全面発達に即した内容」のうち、②と③の内容においては、堀尾・勝田両氏が提起した「新教育の思想」に基づく「子どもの権利」や「子ども観」を基点とする教育の自由や教育の形態とは一致しない[12]。そこで、二つの「教育の自由」（第４章 第４節（３）・（４）・（５））の相違から、その影響を整理する。

二つの「教育の自由」に共通する基点は、いずれも「子どもたちや親たちそれぞれの私事である幸福の追求と本質的に結び合うためには、教育内容を自律的に指導することができる教師の教育の自由を必要とする」[13]との道理である。

しかし、「教育の自由」の根拠を「学問の自由」から導き出すか、あるいは「子ども観の転換」や「子どもの権利」を中心に導き出すかの違いによって、それぞれ根拠づけおよび結論が大きく異なる。

まず、一つ目は、「教育の自由」の根拠を、「学問の自由」から派生する「教授の自由」から導き出す論理である。この論理は、下級教育機関が高等教育機関と異なり、「教育の本質」として、客観的に既成の知識として存在している学問研究の成果、あるいは文化遺産を次世代に引き継ぐ（「学問的成果の子どもへの伝達」[14]）ために、教育内容の一定の水準という「画一化」が要請される、という当時の憲法通説[15]から、堀尾氏等は下級教育機関における「教育の自由」は困難との結論に至った。つまり、教師の教育に対して、選択可能性や批判力のない児童生徒に対する「教育の本質」として「画一化」の要請があるとするならば、その画一化を論理的に超えない限り「教育の自由」が成り立たないことになる。（本書「第４章 第４節（３）教育の自由の吟味と今日的意味について」参照）

しかし、第二次家永教科書裁判の原告側主張は、「教師の権利としての『教育の自由』」は、教師個人の有する基本的人権ともいうべき学問の自由・表現の自由に直接由来するというより（その面が、全然ないわけではないが）、むしろ親権者の委託を受けて、親権者に代わりに、児童に真実を教える専門家としての教師の社会的職責に由来するものと考えるべきである」[16]と述べて、教師の教育の自由の根拠を示した。

二つ目の堀尾氏等の「教育の自由」は、既存の「教授の自由」とは異なる「学習の自由」と関連させて導き出されている。内的欲求に基づく「学習の自由」は、これまで子どもが教育を受ける従属的な地位にあった関係を問い直して生み出されたものである。すなわち、子どもの権利をもとに（1）児童観、（2）教育目的観、（3）知性観の三つの観点から子どもと教育との関係を問い直し、子どもが〝教育を受ける存在〟から、〝自らが自らの幸福（未来）のために自発的に学ぶ〟という学習者中心の地位に引き上げられたことを根拠とする概念である。[17]学習の主体者である子どもは、学習者中心の自発的学習の目的に従った「自己の存在の発展すなわち幸福追求を指向する」学習を自由（選択可能性）に行うことができる権利を有しており、これらを「学習の自由」と概念化した。教師には、この学習の自由に対応した教育として、「こどものひとりひとりの学習の自由を中核として成立する『教育の自由』」（堀尾・勝田1959:100）が必要であり、それを担う教師には「教師の自由」がある旨を導き出している。（堀尾・勝田1959:100,下段）以上のように、教育の自由は、その存在根拠を異にする。

以上より、本件原告側主張の「教育の自由」と堀尾・勝田両氏による学習権の生成過程における「教育の自由」との相違を整理すると、およそ次の新たな問題が浮かび上がる。

前者は、「学問の自由」から派生する教授の自由としての教員の職責としての「教育の自由」であり、後者は、学習者一人ひとりにとっての自発的学習や学習の自由に対する教員の責務としての「教育の自由」である。表見的には結果的に同じように見えるが、前者と後者では、子どもが教師の教育の自由に対して従属的に存在するか、それとも教師の教育の自由が子どもに従属するか、という子どもにとっては重要な学校における地位に関わる差異があると考えられる。

本件裁判では、原告は前者の論理を採るが、その結果として最終的に、堀尾・勝田両氏が最初に形成した学習権は成り立たないことになる。すなわち、次のような問題が発生する。

仮に、「教授の自由」としての「教育の自由」に基づいて、教師の「教育の自由」を根拠づける場合、教師は自由に学説を選ぶことができ、かつ自己の研究を児童生徒に関心を持たせるように教育をすることができることになる。しかし、教師が教える内容は、さまざまな立場で（真理を求める）学問の自由を根拠とする教育によって児童生徒に自由に教え伝えることを可能にすることから、（極端を言えば）必ずしも憲法や民主主義に基づく内容を扱うとは限らない。このことは、そもそも「教育を受ける権利」の「教育」が憲法に即した民主主義的な内容を受ける権利である、と規定される前提と矛盾する。

逆に、学校において、憲法と民主主義原理に基づくことを前提とした教育を行うために、それらとは異なる内容の研究と教育を学問の自由の下で許さないものとするならば、学問の自由から派生した教育の自由は、それ自体が矛盾することになる。さらに、このような「教育の自由」が、どのように子どもの私事としての幸福の追究に貢献するかは、あまりに架空的に過ぎるように思われる。

このようなことが起こり得ることを視野に入れるとき、児童生徒にどのような具体的な利益をもたらすのかが不明であるばかりか、それは場合によってはこの効果と結びつく学習権は、もはやその始源における意図した目的を達することにならないと考えられる。つまり、二つの「教育の自由」のそれぞれの効果は、大きく学習権の内容にまで関わる問題でもある。

（4）誰にとっての学習権か

以上のように、二つの「教育の自由」は根拠を異にするが、もともと堀尾・勝田両氏の学習権生成の背景および家永教科書裁判における原告側の問題意識は、「国家の教育内容統制をいかに排するか」で同根である。

しかし、その国家の教育統制の「対象となる者、あるいは影響を受ける者」が誰であるのかにより、各当事者がそれぞれに適した二つの「教育の自由」のいずれかを用いることによって、「教育の自由」の根拠となる学習権の捉え方は連動して異なる。すなわち、教育統制の対象は、国民、子ども、親、教科書執筆者、教師ほか、対象となる当事者は多様であり、各当事者は属性や地位において同じ立場を構成することがある一方、場合によっては決定的に異なる立場となることもある。

たとえば、国民、子ども、親、教科書執筆者、教師は、国家教育行政と対置する立場とされる文脈が多い。しかし、教科書執筆者が自由に教科書を執筆するために用いる教授の自由（教育の自由）と同じ意味で用いる教師の教育の自由は、先にも記したとおり、教科書執筆者の学問の自由に基づいた「教科書を自由に執筆する利益」を求めた判決を得ることであり、直接その効果が学習者の利益となるわけではない。なぜなら、学問の自由から派生する教授の自由と教育の自由、そしてさらに派生する教師の教育の自由は、学問の真理探究の過程ゆえに、一般的に多様な見解があることを前提としなければならず、仮に、結果として、場合によっては統制しようとする国家に近い見解や価値に基づいた知見でさえ学問の自由として甘受する前提に立たなければならない。もちろん、この学問的見地から派生した教育の自由として教育内容を形成する過程において、国家の介入の排除を求めることは自由権の中心的な防御の問題として筆者も強く主張するところである。しかし、堀尾氏等は教科書検定の問題に言及して、「真実を知る権利」が「学習権論の中心的問題」と述べるが[18]、最終的効果としてのこのような結果を招来することもある一方で、必ずしも、多様な価値を有する国民の立場に立つ「真実」が招来されるとは限らないのではないかと考えられる。

また、児童生徒が学問研究の「多様な見解」を教えられることを欲しているから教授の自由と同じ「教師の教育の自由」が必要である、と説明することは、学問的利益あるいは教科書執筆者にとっては整合性のある理論の帰結や、それによる多様な利益を与えるとの学習者像を創り出し、児童生徒の存在をあまりに理想的な存在と捉えているのではないかと考える。

したがって、このような関係性に立って子どもの学習権を考察することは、場合によっては直接的に利益を得る学者や教師、あるいは国にとってはともかく、必ずしも両者の立場とは異なる立場や、「理想的学習者」とはなりえない児童生徒にとっては、学習権は架空のものとなる恐れがあったのではないかと推察される。

前述の理由から、教育への国家による介入や支配を排するための「教科書執筆」の自由や学問の自由は、直接的に自由権を侵害された執筆者自身への国家からの侵害・介入の憲法問題として限定される。また、これまでも明らかにしてきたように（第2章 第2節）、義務教育を根拠として国が教育内容を画一化する道理を持ち得ないこと、あるいは地域によって異なる歴史や文化があることや、国が「中正」を決める地位にはないことを根拠として、画一化された教育内容そのものが憲法が「権利」として定める「教育」とは相いれない点をより問題にすべき性質を持っていたとも考える。

一方、同じく堀尾・勝田両氏が生成した、学習者一人ひとりにとっての自発的学習や学習の自由から導き出される「教育の自由」も、基本的には国家の教育統制を排するために「教師の教育の自由」を述べる。この場合の「教育の自由」も別の観点から問題が生じる。すなわち、教師は国民の立場に属する一方で、公教育を担う国家あるいは教育行政の側に立つ場合がある。また、教科書執筆者と教師、および教育を受ける児童生徒が、仮に同じ教育統制を受ける側であったとしても、教科書執筆者と教師、また教育の主人公である子どもでは、自ずと異なる権利関係を有する。本件、教科書裁判の原告が「教科書執筆者」という地位からの主張であることから、原告主張の中には、必ずしも堀尾・勝田両氏が論じている「子どもの権利」と「学習権」の存在に基づく「教育の自由」の主張はなされていない。（後掲「堀尾・学習権と原告側主張」144頁図参照）

なお、この原告側主張の中で、「学習権」に関連する箇所は、昭和42年11月28日付原告準備書面（第二）「第7編　教科書検定制度および本件検定不合格処分の違憲・違法性」に現れる。ここでは「教育と国家との関係」、「憲法二十六条が保障する『教育』」、「このために導き出される『教育の自由』」などの論証がなされている。

まず、原告の請求と理由の要旨、ならびに論理構成と関係条文を、昭和42年11月28日付原告準備書面（第2）に反映された学習権概念から論証される箇所とその周辺を整理して以下に示してみる。

（5）原告側主張に見る「学習権」と堀尾「学習権」の相違

先に述べたとおり、学習権の生成過程においては二種類の「教育の自由」が考え出され、それらと「学習権」が対になって論理が構成されてきていた。とりわけ、第二次家永教科書裁判では、原告側は、堀尾・勝田両氏が当初より議論の対象としていなかった、「学問の自由」から派生する「教授の自由」と、さらにそこから派生する「教育の自由」の根拠として学習権を用いた。本項では、同裁判の原告側の主張の中に、どのように「学習権」が展開されたかを検証する。

論点は、教科書検定は民主的原理に適合した教育の内容を確保することができず、また、児童生徒の立場からも、「次代を担うべき国民が自らの人間形成を図る上で必要不可欠なこの基本的権利を侵害するものである。」[19]など、自由な人格形成ができない「画一的」な教育内容となることから、同検定が①憲法二十一条に違反する検閲にあたること、②二十三条の学問の自由に違反すること、③二十六条の教育を受ける権利に反することをもって、これを争点として論じた。

一方、国家の役割については、憲法二十六条が権利として「教育を受ける」ことを保障していることから、これに対応する国の責務として教育における機会均等を国民に実質的に保障する義務教育の無償、また教育施設、設備、教具を整備拡充するために必要な行財政上の諸施策を講じなくてはならないことを挙げる。これらを昭和39年3月1日福岡地方裁判所小倉支部、昭和39年5月13日福岡高裁、昭和39年4月2日福岡高裁、昭和41年4月13日大阪地裁、昭和41年5月25日旭川地裁の各刑事事件判決を引用して「教育行政は外的な教育条件の整備確立にあたるべき」と国家と教育との関係づけを行った。（行集21巻7号別冊288〜289頁）

1）憲法二十一条 二十三条違反についての原告側主張で用いられる学問の自由

学問の自由と教科書の執筆に関係しては、直接的には教育の自由の説明はないが、学問の自由から導き出される旧来の「教育の自由」観を前提にして述べられている。それによると、教育の目的は、「学校教育は、すでに述べたごとく、わが国および諸外国の学問研究の成果を次世代に伝達するため」であり、そのための「教科書はこのための重要な契機」となると位置づけて、学問の自由と教育やそのための教科書の関係を記している。それゆえに、大学はもとより、小学校、中学校、高等学校における初等中等教育においても、また教科書の著述においても「学問研究成果が公権力の介入によって妨げられることなく伝達されるように、学問の自由が保障されなければならない。」と関係を整理している。

以上からもわかるとおり、堀尾氏が示した、子どもの権利と「学習の自由」から導き出される学習権の流れとは異なり、教科書執筆者の立場からの論理展開である。さらに、子どもの立場から述べられている箇所については、生徒一人ひとりの「幸福の追求」、「幸福を追求する能力」（第4章 第4節（5）2）子どもの学習の特徴と権利性）など、子ども観の捉え直しと子どもの権利の承認から考察する観点がなく、単に「教科書の内容が児童生徒の心身の発達段階に即応したものでなければならない」と述べるにとどまっている。

その上で、下級教育機関における教育の本質として要請される画一化に対しては、「教育的配慮として真に必要と考えられるものは、教科書の内容が児童生徒の心身の発達段階に即応したものでなければならないということであるが、この点の配慮が、教科書の著者とこれを使用する教師の創意工夫に待つべきものであることは、前述のとおりである。[20]」と、各学校段階における発達段階に応じた配慮も、学者と教科書執筆者が工夫することで目的を達する旨を述べる。

2）原告側における「教育の自由」と「学習権」

原告側が裁判を通じてその主張の中で展開する教師の教育の自由は、先に述べたとおり学問の自由との関係によって論じられている。[21]したがって、原告側の学習権の論理構成は、おのずと堀尾氏が生成した子どもの権利を基にした学習権を保障するための教育の自由とは異なるものである。また、主張中に下記のとおり「学習権」の概念が使用されるが、この使用は「学習権」の前提と内容を欠いていると思われ、異なる用い方がされている。すなわち、原告の主張によると、学問の自由と教授の自由が憲法上保障されることにより、学生は、「学問成果の学習の権利」を有していること。そして、この権利の充足のために教授の自由（大学教育の自由）が保障される。さらに、教育の自由は、真理の教育の観点からも下級教育機関にも保障されなければならないものであるから[22]「子どもが学問的成果を学習し（学習権の充足）、人間としての全面発達を追及（ママ）しうる契機となるものでなければならない。[23]」そこで、小中高校の教育においても大学の教育ないし教授の自由が保障される理由から「教育ないし教授の自由が保障されれ」るべき、との主張であった。

しかし、当該主張に表現される「学問成果の学習の権利」あるいは、「子どもが学問的成果を学習し（学習権の充足）」は、子ども（学習者）が、子どもの権利に基づく大人とは異なる存在として、「幸福追求の能力」を育てることを意図した堀尾氏らが生成してきた学習権とは異なる。さらに、学問の自由から派生する教授の自由の保障は教師の教育の自由にも及ぶものとしたが、この「教育の自由」概念も堀尾学習権説を根拠づける「教育の自由」概念とは以下の点で異なる。

確かに、当初は、堀尾氏も教師の教育の自由を、「私事」としての「子どもたちや親たちそれぞれの幸福の追求と本質的に結び合う」学習を創る（育てる）責任を果たすために、内容、方法などを工夫する教師の「教育の自由」が必要である（第4章 第4節（3））と考え、学問の自由から派生する教授の自由（教師の教育の自由）の観点から導き出していた。しかし、堀尾は、この場合、客観的に既成の知識として存在している学問研究の成果、あるいは文化遺産を次世代に引き継ぎ、教育の水準を一律にする教育の本質のために、下級教育機関では批判力の乏しい児童生徒への教育には「画一化」（教育の内在的論理[24]）が要請（教育の本質）されることを踏まえ、「それぞれの幸福の追求と結び合う」ことを意図する学習権の意義からも疑問を残すことになるとしてこの論理を採用しなかった。

堀尾が用いている「教育の自由」の考え方は、子どもの権利を基点に『(子どもは）自己の存在の発展すなわち幸福追求を指向する』学習を自由（選択可能性）に行うことができる権利（学習権）を有しており、これを「学習の自由」として[25]、「教師は、子どもを保護し指導することを通じて、子どもの学習の自由を直接的に保護する役割をもつ」と関係づける。ここに「こどものひとりひとりの学習の自由を中核として成立する『教育の自由』」（堀尾・勝田1959:100）とするに至っている。

このように、原告が構成した学習権概念は、「学問の自由」と「教科書執筆の自由」の効果としての学問的成果を、子どもが学習することに至る消極的な状態を「学習権の充足」とした学習権概念である。この概念は、子どもの学問的成果を学習することと、それがなぜ学習権の充足となるのか、など重要な点で説明がなされていない。このような意味で、堀尾氏が説いた学習権概念とは異なるものである。

一方では、原告側準備書面（340頁）には、学習権という概念ではないが、「杉本判決」に影響を与えたと考えられる箇所がある。それによると、「子どもが学問的成果を学習し（学習権の充実）、人間としての全面発達を追及（ママ）しうる契機となるものでなければならない」[26]ことを詳しく述べて補強している。要点は次のとおりである。

ア）「親は実際には子どもの学習の権利を充足させることはできないので、それを補完するものとしての公教育を組織する必要があると考えられた」（同353頁）

イ）「教育は本質的に私事であり（教育の私事性）公教育は、私事の共同化と観念されていたわけである」（同353頁）

ウ）（以上の本質を持つ教育は、外的権威、とりわけ公権力から独立していなければならない理由として）「発達可能態としての子どもが、その可能性を追及（ママ）することに対し、あるいは『人類の無限の進歩の可能性』に対し、不当な人為的な制約が加えられてはならないということ」（同353頁）

エ）「教育は、（略）子どもの学習の権利を充足させ、その諸能力を全面的に開花させる意図的営みであり、その機能は、現在の社会がもっている、あるいは生成されつつある新しい価値、未来に対する理想を、子どもの内発的努力と結合させることにより、子どもの成長を同時に社会を発展・更新させる力として方向づけ、個人の発達と社会の更新を統一させるという点にある。」（同344頁）

以上、ア）・イ）のように宗像氏が「親の教育権」を生成した際の論理や、また、ウ）・エ）のように堀尾氏による「大人が予期しない発達」をするゆえに内発的な自由な学習などを用いて、本件裁判における学習権の位置づけ

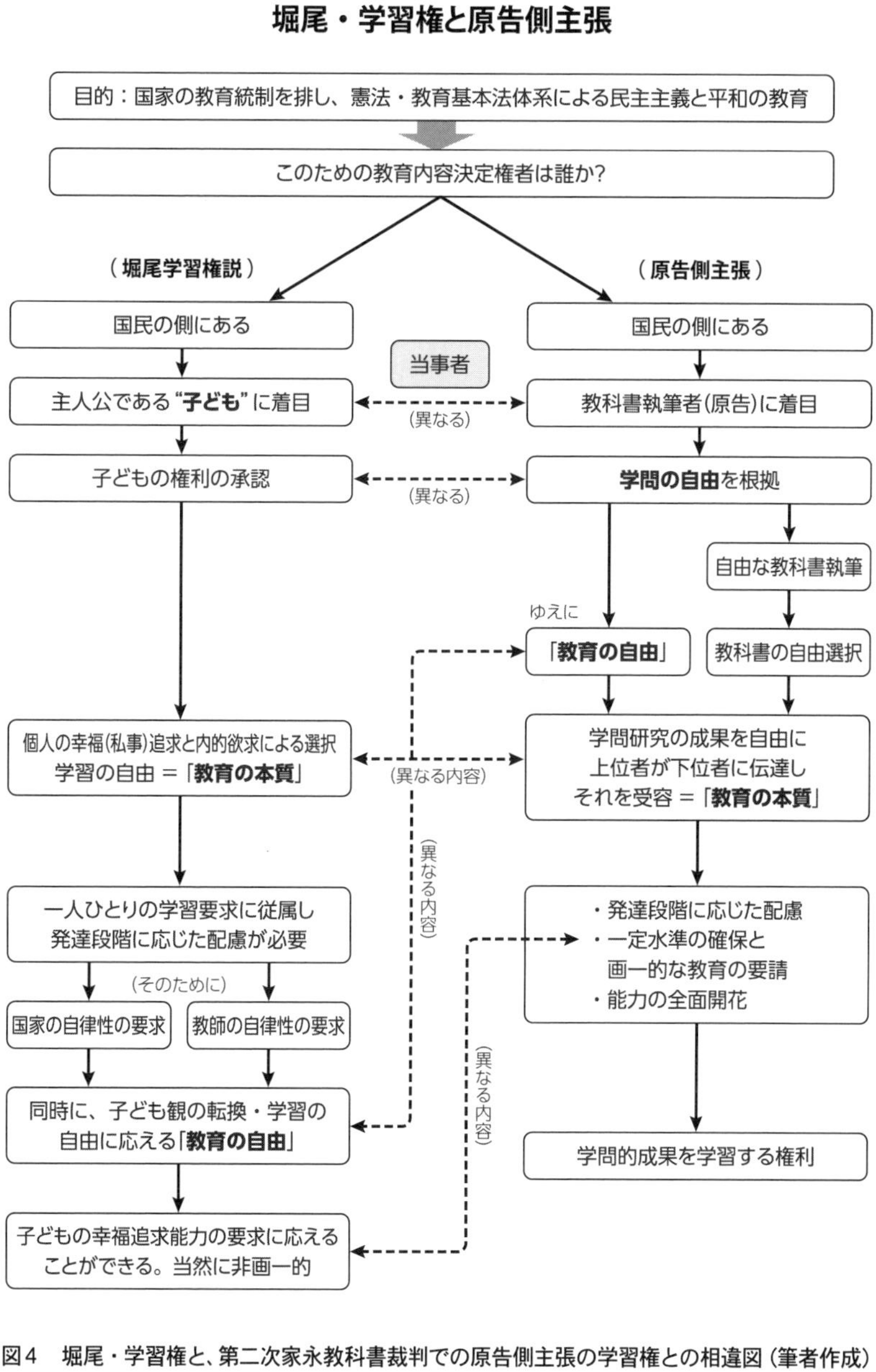

図４　堀尾・学習権と、第二次家永教科書裁判での原告側主張の学習権との相違図（筆者作成）

を補強していると言えよう。しかしながら、先にも紹介したとおり原告準備書面に反映されている「学習権」は、学問的成果を学習することが学習権の充足、としており、学問的成果を教師の教育の自由の下で学習をする権利（学習権）であるとする内容である。すなわち、子どもの学習権が教師の教育の自由のもとに従属的に存する。

このことから、『第二次家永教科書裁判における原告』が主張した「学習権」の権利内容では、「（子どもが）人間としての全面発達を追及（ママ）しうる契機となるものでなければならない学問的成果を学習する」権利とされ、裁判の当事者が教科書執筆者であるために、子どもの権利内容を説明したものとしては極めて抽象的なものとなっている。堀尾学習権の構造と第二次家永教科書裁判での原告が示した学習権の構造において図4のような相違が確認できる。

3）憲法二十三条違反に対する被告国側の反論に見る「教育の自由」

堀尾・学習権の中で述べられてきた「教育の自由」は、教育が私事であるそれぞれの幸福追求に従属することが「教育の本質」[27]であるから、「学問研究の成果、あるいは文化遺産を、上位者から下位者に伝達するために下級機関になるほど、教授の自由は制限され教科内容や方法が画一化される」[28]ことが「教育の本質」ではないことを述べた。これは、下級教育機関ほどその児童生徒の理解力・批判力に応じた配慮を伴った教授活動が必要であることから画一化の必要性が求められる。ゆえに「教育の自由」が制限される根拠とされてきた。

また、同時に、堀尾・学習権で述べられる教師の教育の自由は、学問成果を自らの研究や思想とからめて恣意的に選択することをも「自由」とはしない。しかし、原告は、「学問の自由」＝「教科書執筆の自由」＝教師の「教育の自由」と述べていることから、被告国側の反論はこの点に絞った反論となっている。本書とは直接関係ない部分ではあるが、学習権についての言及があるため、整理しておく。

国側の見解は、「原告は、教科書の検定によって、児童・生徒の教科書を通じた学問研究の結果を学ぶ権利が侵害されるので、教科書検定は憲法二十三条に違反すると主張している。しかし、もともと教科書は、前述のごとく、著者の学問研究の結果を発表する場ではなく、心身の発達の十分でない児童・生徒の教育上有する重要な意義にかんがみ、教育配慮のもとに、文部大臣が、その検定を行うものである。」との検定の合理性を主張して、反論している。ここでは、国側の関心事は、学問的見解によって教科書を執筆することへの反論であり、「学習の権利」そのものとの結びつきについては言及していない。[29]

４）児童・生徒の立場

次に、原告が論じる諸主張に登場する児童・生徒の地位は、堀尾氏が生成した学習権が前提とする子ども観とはおよそ大きく異なる。学問研究の諸成果を学びとらねばならない存在として捉えられる子どもは、教科書執筆者の執筆の自由は保障されても、それが結果として、児童・生徒が学習の自由にどのようにつながるかの関係が明らかにされていない。たとえば、原告側は、学問的活動の自由を確保することが、「人間形成を図る上での学問研究の豊かな諸成果を教科書ないし学校教育を通じて学び取る」ことに「必要不可欠」であることを述べる。この際に重要なのは、堀尾氏の場合は、子どもも「教育」の当事者である、との観点から、子どもにとっての学びから教育を思考している一方で、原告側の論理にはかならずしも同視点からの説明が為されないままに論が進められていることである。[30]

すなわち、堀尾氏が生成した学習権の基にある教育上の子ども観は、「大人の意図がそのまま子どもに押しつけられ」（堀尾・勝田1959:95（379））たりしない独自の権利を有するものとして学習者が位置づけられるのに対し、原告側論理には内発的な学習意欲を基に学習の自由を持つ、という学習権を支える観念は述べられていない。

(6) 小　括

原告側の主張の中に「学習権」がどのように展開されているかを検証するために、第二次家永教科書裁判の原告準備書面から該当する箇所とその文脈を抽出してきた。その結果、確かに学習権の論理展開と類似する場面が準備書面に散見できるが、本件提訴が行われる以前（第一次教科書裁判・1965年、第二次教科書裁判・1967年）に、堀尾氏らによって学習権の内容がすでに著されていたにもかかわらず、第4章に示した「国民教育における中立性の問題（1958年）」などに著されるところの学習権とそれを支える論理構成は、正確な論理構成としては原告側主張の中にほとんど反映されていない。むしろ、統一的に論証することなどは行われていない。

すなわち、堀尾・学習権の前提として、憲法的保障にふさわしい精神的自由を子どもにも当然に保障し、さらに、発達途上であるという「地位」を根拠とする「子どもの権利」の承認の上に成り立つ概念であること。また、『教育一般』においては、内面の成長と発達を通して幸福追求を果たす能力の獲得の権利と説明される必要性があること。そして、『学校教育』においては、自らの学習要求に基づく教育内容と方法を求める権利としてとらえられる、など学習権の根幹を詳述する箇所はない。

特に、堀尾が著した学習権の権利内容の前提をなす（児童生徒それぞれの幸福追求に応える）「教育の自律性」（第4章（4）整理と私見）の観念を欠き、またそれに基づく「教育の自由」の意味を「教育の内在的論理[31]」から導き出すのではなく、旧来の「学問の自由」という伝統的な思想との関連でとらえている。

以上から、学問の自由からのアプローチは、児童生徒に「学問的成果を学習することができる」ことが、学習権の充足ということで「教育」が理解されること。また、学問の自由に基づく教師の「教育の自由」による教育実践はすべて児童生徒の学習権を充足させる、との観念に至り、「教育を受ける権利」を特に「学習権」と言い換える必要性がない、という結果を招来することになるように思われる。また、「学問の自由」と「教育の自由」、そして教師の「教育の自由」の根拠として学習権を述べるが、同学習権の保障のために教育の自由を述べるには、恣意性との関係や自由の範囲も同時に示さなければ、教師の教育のすべてを受け入れさせる根拠として学習権を用いることも可能にするなど、多くの疑問を同時に持ち出すことに至る。

第2節　判決に反映された堀尾「学習権」

『検定処分取り消し訴訟事件——東京地方昭和42年（行）ウ第85号——』の判決より、原告の主張する学習権と堀尾・学習権から、判決では「教育を受ける権利」とはどのようなものであるか、という認識が示される。ここではそれを比較しながら整理する。

（1）堀尾学習権と「杉本判決」による学習権の相違

本判決の特徴は、公判過程を通じてほぼ堀尾・学習権が承認され、その論理構成において学習権が生成されてきた原初概念の内容が盛り込まれている点が多いことである。具体的に、判決で示された学習権は、原告側の準備書面で主張された「学問的成果を学習をする権利」と、「学問の自由」と結びつけたものではない。これは、訴訟が提起された後の論点確定の後、口頭弁論や証拠調べにおいて補強、追加された意見が加味されたと考えられる。

いずれにしても、訴訟の提起の際の原告側準備書面にはない学習権とその周辺概念の内容が判決に次のように反映された。

まず、子どもの権利の享有主体性について、「国民とくに子どもについて教育を受ける権利を保障したものということができる」ことを宣言し、その権利を有する子どもが大人とは異なる地位にあることについて、「子どもにも当然その人格が尊重され、人権が保障されるべきであるが、子どもは未来における可能性を持つ存在であることを本質とする」とした。そして、このような子どもの本質に基づくとすれば、子どもにとって教育は、「なによりも子ども自らの要求する権利である」と言え、それは、「将来においてその人間性を十分に開花させるべく自ら学習し、事物を知り、これによって自らを成長させることが子どもの生来的権利であ」るとした。これを「子どもの学習をする権利」と定立した。[32]

重要であることは、学習権の前提となる子どもの地位、私事の組織化という公教育の意味や権利、そしてそれらに基づく教育内容が、「学習をする権利」（学習権）の意義として判決理由の中に次のように内包されていることである。

第一に、子どもが人権享有主体であり、自らを成長させる生来的権利として子どもの学習をする権利を認める（脚注32 傍線部参照）。また、この子どもの教育を受ける権利に対応して教育の責務を担うのが親であり、ひいては国民の教育の責務は国家にはないことを述べる。[33]

第二に、「すべての親が自ら理想的に子どもを教育することは不可能であることは言うまでもなく、右の子どもの教育を受ける権利に対応する責務を十分に果たしえないこととなるので、公教育としての学校教育が必然的に要請されるに至り」と、公教育の意義は、堀尾・学習権に述べられる「私事としての教育の組織化」という観点から意義づけられる。まさに、教育の内容決定権は国家が独占する性質のものではないことを宣言して、むしろ「国にいわゆる教育権があるとするのは相当ではない」とする。[34]

第三に、国家は「中立」の立場にはなり得ない地位にあることを述べる。これは、法律によりさえすればどのような教育内容への介入も許されるわけではなく、そもそもその法律自体が他の政治と同様に政党政治によって成立するものであるから、教師と児童・生徒との人間的触れ合いを通じて行う教育に馴染まないとする。その上で、多様な人間の内面に対して中立であり、個人の内面に介入して価値判断を下すことをしてはならない、とする。[35] このように、「子どもの権利」の承認、「親の私事性と責務」、「国の責務」、「国家の個々の価値への不介入」など、堀尾・学習権に沿った内容であった。とりわけ、次のように権利が整理された。

１）（発達可能態）である子どもが、人間的に成長する権利を有すること。
２）この成長・発達する権利を現実に充足するためには、子どもが学習をする権利を行使しうる機会を与えられること。
３）このような機会で教育を受ける権利が保障されること。
４）同時にこの権利は、新しい世代の権利であること。

以上を近代人権思想から捉えて子どもの「学習権」＝「教育を受ける権利」としている。[36]

このように、学習権説の内容を漠然と捉えることなく当該権利の問題意識の基点や内容を丁寧に拾うと、「杉本判決」での判決理由に示された学習権は、堀尾氏らが主張していた学習権を忠実に取り入れたものであり、原告側主張が裁判を通して示した学習権とは内容的に異なる概念の内容であると言える。改めて、原告側が述べた学習権と、「杉本判決」および堀尾氏が示した学習権の内容の違いは、根源的には「子どもの権利」を基点として考察された、１）子ども観の転換、２）学習の権利、３）教育目的の転換、を伴った概念であるか否かによる。

同時に、これら三つの転換の内容が子どもの権利を軸に再考察された「教育の自由」観と結び付けられることで、一体化した学習権概念となる。したがって、学習権は、その前提となる先述の「第一：子どもの権利の承認、第二：教育の私事性、第三：内心の自由」が権利概念の基盤にあること。そして、子ども中心に形成された学習が権利性を有する根拠として、「第4章 第4節（5）」で整理された子どものあり様に基づいた教育思想や理念に基づく人間観や子ども観から生成されている。

以上、「1）子ども観の転換、2）学習の権利性、3）教育目的の転換」が満たされていることが、学習権と言える要件としてまとめることができる。堀尾氏が示した内容は次のとおりである。

1）**子ども観の転換**：子どもには子ども独自の地位に根差した権利があること。また、子どもは大人とは異なる存在であり、大人の意図がそのまま子どもに押しつけられずに、一方的に教育を受ける存在から自らが自らの意味や価値を見出すために自発的に学ぶ存在であることの承認がある。

2）**学習の権利性**：学習は、自らの自発性に基づき自己の成長のためでありそれが尊重されるべきものである。子どもの学習は、発展的な社会の文化を、意味ある自分との関係において創造的に内在化する過程である。さらに学習過程においては、自己の存在に根差す興味や関心など内的要求による選択機会があり、その方向性が自己の発展と幸福追求につながることの確信が持てる学習が必要である。このような学習を求めることが権利性を有する。

3）**教育目的観の転換**：教育目的は、教育が子どもひとりひとりの自発性と創造性を引き出し、真実を知る能力を高めると同時に、子どもの潜在的可能性を埋もれないように全面的に発達させることをめざしている。

（堀尾・勝田1959:96）

これら要件を踏まえた権利概念の定義が次のように示されている。

「自らが自らの幸福のために自発的に学」ぶ、「学習者中心の自発的学習の目的に従った、自己の存在の発展すなわち幸福追求を指向する学習を自由（選択可能性）に行うことができる権利を有しており、学習の自由を有している。」（堀尾・勝田1959:95(379)）

そして、これらから生み出される子どもにとっての「利益」となる範囲と、「杉本判決」で示された学習権の中心的内容である「将来においてその人間性を十分に開花させるべく自ら学習し、事物を知り、これによって自らを成長させることが子どもの生来的権利であ」ることによる「利益」の範囲は、同質・同方向性を有していると言える。すなわち、堀尾学習権と「杉本判決」の学習権は同質と言える。

ただし、一般論として、子どもはどのような権利を有するかについては示されたが、これがどのような具体的な利益を生むかは、裁判の審理の対象外であり、特に示されていない。

また、先述のとおり、堀尾・勝田両氏が学習権を生成した論理の多くが承認されているが、後述のとおり、教育の自由との関係など堀尾氏の学習権を規定するすべてそれを用いているわけではない。

（2）判決理由に見る「教育の自由」の問題

学習権概念は、先の（1）で示したように定立されたが、学習権と結びつく「教育の自由」についてはこれまで示してきたとおり、二種類の意味を指摘してきた。

「教育の自由」を「学問の自由」の派生として捉えるか、あるいは、子どもの権利にもとづく「学習の自由」に基づくかによって学習権の意味が大きく左右される。

「教育の自由」は、堀尾・学習権によれば、教師は子どもの幸福追求としての学習要求に応える責務ゆえに、それに応じた教育を自由に行う必要がある、という文脈で述べられてきた。[37] しかし、原告の「教育の自由」に関する主張は、「学問の自由」から導き出される教授の自由と同様に、何をどのように児童・生徒に教えるかは、学問成果を国家の介入なしに自由に教師が教えること、というのが主たる内容である。[38]

本項においては、判決（理由）における教師への「学問の自由」の保障と「教育ないし教授の自由」（教育の自由）両方の尊重が求められることの問題を述べる。[39]

原告側の主張する学習権論によると、児童生徒が「学問的成果を学習する権利」に基づいて、「教育の自由」の保持者である教師が教育内容を指導することが、学習をする権利に対応する責務となる（学問的成果を学習する権利）、ということである。この根拠として、判決理由によると、教師という職業が「可能性を引き出す高度の精神的活動」であり、「豊かな経験をもって児童・生徒の心身の発達とこれに対する教育効果の科学的みきわめ」をすることが必要であるから、これら自由は、教師の職業に付随した自由として、保護者や国民の信託のもとに要請される、とした。つまり、職業に付随する自由とは、「親の教育の責務や国民の教育の責務と不可分一体をなす」こととしており、親、国民と教師は一体であることを根拠とする擬制を行っている。[40]

しかし、当時の憲法の通説的な「学問の自由」の解釈からでは、「教育の本質を既成の知識として存在している学問研究の成果、あるいは文化遺産を、上位者が下位者に伝達することだとされ、その上で児童・生徒の理解力・批判力に応じた配慮を伴った教授活動が必要であると考えられることが一般的であった。それゆえに大学では学問の自由と並んで教授の自由が認められても、下級学校では制限される」というものであり、これを根拠に教育水準の一定化と画一化が要請されるものであった[41]ことが理解できる。そして、原告側の論旨もおよそこの点で当時の憲法通説と一致している。[42]

しかし、仮に画一化が要請されるとしても、教育水準の一定化と画一化は国が為すのではなく、『教師』が教育の自由に従って為すものであるとし、その場合の教育的配慮を、「かかる教育的配慮は、教育の専門性を尊重し、教育科学ないし、教育研究成果に即して行われるべき[43]」と根拠を示して、教師に「自由」があることを述べる。[44]同時に、公権力による画一的決定に適さないものであることを説明している。この結果、学習権は、教師の「裁量」や「配慮」の範囲内で承認されることになり、「学問成果を学習する権利」としての学習権は、その理念とは裏腹に子どもにとって教師が国家に代わっただけ、となる懸念が付随する。

この弊害は、後述する近年の判決にも反映されていると考えられる。

これに対して、原告が採用しなかった堀尾・学習権論からの「教育の自由」は、子ども観の捉え直しによる学習の自由をもとに根拠づけられていた。すでに明らかにしてきたように、子どもは、学習者中心の自発的学習の目的に従った自己の存在の発展、すなわち幸福追求を指向する学習を自由(選択可能性)に行うことができる権利である(堀尾・勝田1959:95)。この権利に対応する教師の役割として「教師は、子ども保護し指導することを通じて、子どもの学習の自由を直接的に保護する役割」があるものとした。その上で、教育の自由に対しては、「こどものひとりひとりの学習の自由を中核として成立する(教師の)『教育の自由』」(堀尾・勝田1959:100)がある、とした。したがって、直接学問的成果の学習であるか否かに関わらず、児童生徒が学習する内容や、その学び方をも含めて一人ひとりの存在とのかかわりの中で学習欲求としての学習の自由が存在する。そして教師は、この学習の自由に即する教育が求められる、という関係にある。

以上のように、同じ学習権でも、それと連動する「教育の自由」が、「学問の自由」から導き出されるか、あるいは、子どもの権利に基づく「学習の自由」から導き出されるかは、その効果において大きな違いが生まれる。前者の場合、「教育の自由」は、学者、教師に関わらずすべての大人は、教えを求める子どもや他者に対して、己の信じる内容と方法をもって教授し、教えることができる。そういう意味では「学問の自由」と「教育の自由」が同時に保障されるべきものと異論はない。しかし、「教育の自由」が「教師の教育の自由」として、職業上の自由と結びつくとき、これを教育が私事の組織化という公教育の原点に立ち返って判断するならば、教師の「教育の自由」は、何人にも保障される私的で一般的な教育の自由との明瞭な違いを持たねばならないと考えられる。そうだとすると、「教師の教育の自由」は公的に承認される根拠をもって保障されない限り、一般的な「教育の自由」と「教師の教育の自由」を同じように論じることはできないのではないか、と考えられる。

「教師の自由」等は、「ＩＬＯ／ユネスコ『教員の地位に関する勧告』（「８．教員の権利と責任」-職業上の自由）」[45]との関係において別途論ずるべきことではあるが、職務上、教師として教育を行う上での児童生徒への責任は、憲法上の保障である「教育を受ける権利」の保持者として、また子どもの権利の当事者として学校教育で教育を受ける地位にある。従って、「学問の自由」から導かれる一般的な「教育の自由」を、公教育を担う教師に直ちにあてはめることは困難だと言える。

（３）小　括

学習権概念と「教育の自由」概念の関係はおよそ次のようになる。まず、「杉本判決」によると、原告側が主張した「学問の自由」を根拠とする学習権の内容は採用されず、堀尾学習権説の内容によって判決理由が構成され、逆に、「教育の自由」論は、原告側主張の「教育の自由」論を用いて、堀尾氏の教師の自律を基にした「教育の自由」論は採用されなかった。

この結果、学習権は、「学問の自由」の派生としての「教育の自由」となり、教科書の執筆者と、当該教科書を選択・使用する教師の「教育の自由」に基づく教師の裁量と配慮によって実現する、との印象に陥る。つまり、学習権は児童生徒の具体的な権利としての機能を有することには至らないと言える。このことは、教員は学問の自由から派生する教師の「教育の自由」が根拠づけられている、という教員の身分や権限を保持するための概念で終わってしまっている、と言えよう。

第３節 「旭川学テ判決」における学習権の今日的意義

(1) はじめに

もう一つは、昭和36年の中学校全国一斉学力テスト反対闘争に関する刑事事件（建造物侵入、暴力行為等処罰に関する法律違反被告事件　昭和43年（あ）第１６１４号：いわゆる旭川学力テスト事件〈昭和51年5月21日最高裁判所大法廷判決〉）がある。

最高裁判所は、本件審理にあたり、公務執行妨害罪の構成要件該当性判断において、違法性阻却事由に該当する可能性について言及し、その中で学習権について論じている。[46]本節では、最高裁が示した学習権を、堀尾氏による学習権ならびに第二次家永教科書裁判（杉本判決）で示された学習権の両側面から比較する。ただし、本書では、当該事件そのものの分析、あるいは判例研究を目的とするものではないため、堀尾氏の「学習権」の権利内容がどのように判決に反映されたかという点に絞って抽出する。

（2）事実の概要と争点

旭川学力テスト事件は、文部省による学力テスト実施当日、北教組旭川支部の組合員と地域の他産業の労働組合員（旭川地方労働組合会議）とが提携して、旭川市立永山中学校において実施予定の全国中学校一斉学力調査を阻止する目的をもって、校長に対しテスト中止の説得活動を行ったことが、公務執行妨害罪に問われた事件である。そして、同罪の成否をめぐって「学力テスト」の違法性の有無が正面から争われることになり、教育政策・教育行政が裁判において厳密な法的検討にさらされた。

公訴事実は、被告人らは、いずれも昭和36年10月26日旭川市立永山中学校において実施予定の全国中学校一斉学力調査を阻止する目的をもって、当日、他の数十名の説得隊員とともに、同校に赴いたものであるところ、

第一　被告人A、同B、同Cは、前記説得隊員と共謀のうえ、同校校長Xの制止にもかかわらず、校舎内に侵入し、その後、校長よりさらに強く退去の要求を受けたにもかかわらず、同校舎内から退去せず、

第二　校長が第二学年教室において右学力調査を開始するや、

（一）　被告人Aは、約10名の説得隊員と共謀のうえ、右学力調査立会人として旭川教育委員会から派遣された同委員会事務局職員Yが右学力調査の立会いに赴くため校長室を出ようとしたのに対し、共同して同人に暴行、脅迫を加えて、その公務の執行を妨害し、

（二）　被告人Cは、右学力調査補助者Zに対し暴行を加え、

（三）　被告人B、同C、同Dは、外三、四〇名の説得隊員と共謀のうえ、右学力調査を実施中の各教室を見回りつつあった校長に対し、共同して暴行、脅迫を加えて、その公務の執行を妨害したものである。

第一審判決は、右公訴事実につき建造物侵入の事実については、ほぼ公訴事実に沿う事実を認定し、被告人A、

Ｂ、Ｃにつき、建造物侵入罪の成立を認めた。第二の（一）（二）の各事実についてはいずれも証拠がないとして、公務執行妨害罪および暴行罪の成立を否定し、第二の（三）の事実については、ほぼ公訴事実に沿う外形的事実の存在を認めたが、校長が実施しようとした前記本件「学力調査」は違法であり、しかもその違法がはなはだ重大であるとして、公務執行妨害罪の成立を否定して、昭和39年法律代144号による改正前の暴行行為など処罰に関する法律一条一項の共同暴行罪で有罪とした。

この第一審判決に対し、検察官、被告人からの控訴があったが、原判決は、第一審判決の判断を是認して、検察官および被告人らの控訴を棄却した。これに対して検察官、被告人ら双方が上告を申し立てたものである。なお、本件事件の審理について、最高裁は公務執行妨害罪の構成要件該当性を判断するにあたり、違法性阻却事由を検討することとした。これにより、文部省が行った学力テストが、（旧）教育基本法十条による教育への不当な支配に該当するか否かが検討され、関連して教育組織の成り立ち、教育内容決定権や教育の自由等を判断する一環として、学習権についても論じられたものである。[47]

（３）最高裁判決での学習権と各論点との関係

堀尾氏が生成した学習権の基本的視点は、子どもの権利にもとづく子どもの地位としての学習の意味にある。この学習が、大人の一方的な意図のみで決定されるのではなく、自発的な子どもの学習の自由の保障と要求をどのように承認するか、という点で権利性を有し、具体的な子どもの立場からの教育制度整備要求を可能にしようとするものである。本項では最高裁旭川学テ判決での学習権（以後、最高裁学習権と記す）の内容とこれまで述べてきた教育の自由がどのように結び付けられるか、という点において最高裁としての判断をまとめる。

最高裁が示した学習権の定義は、「一市民として、成長、発達し、自己の人格を完成、実現するために必要な学習をする固有の権利を有すること、特に、自ら学習することのできない子どもは、その学習要求を充足するための教育を自己に施すことを大人一般に対して要求する権利」となっている。また、教育を巡る大人と子どもの関係についても「換言すれば、子どもの教育は、教育を施す者の支配的権能ではなく、何よりもまず、子どもの学習をする権利に対応し、その充足を図りうる立場にある者の責務に属するものとしてとらえられているのである。」（傍線筆者）と権利に対する責務のありかも説明する。[48] しかも、この権利の位置づけは、教育が私事であり、その私事の組織化として公教育制度が発展したこと。そして、その結果として、憲法二十六条の「子どもに対する基礎的教育である普通教育の絶対的必要性にかんがみ、親に対し、その子女に普通教育を受けさせる義務を課し、かつ、その費用を国において負担すべきことを宣言」した二十六条の「規定の背後にある」[49] 権利であることを示した。

一方、前述の最高裁の学習権の定義は、「子どもの教育に対する国家の支配ないし介入の当否及びその限界がきわめて重要な問題として浮かび上がるようになった」[50] との認識の下で、あえて子どもが「教育を受ける権利」における権利の保持者として位置づけた点において、単なる「国家の支配ないし介入の当否」を超える権利保持者と義務の負担者との関係から捉えられるべきことを示す意義がある。

結論として、重要な論点であった「教育の内容の決定権能」の所在について、その権能が国に在るのか（いわゆる国家教育権）、それとも国民、とりわけ教師に在るのか（国民の教育権）との論争については、最高裁はいずれも「極端かつ一方的であり、全面的に採用することはできない」[51] との判断を示したことにより、「国民の教育権」、「国家教育権」両者とも支配的な権能は否定されたと言える。[52] すなわち、教育は国民の関心事であるから議会制民主主義の下で国会の法律制定に基づく授権により、教育行政機関が決定権を有するとの主張は、憲法上、「子ども自身の利益の擁護などのために、あるいは子どもの成長に対する社会公共の利益と関心」[53]（刑集30巻5号636頁）に必要かつ相当と認められる範囲において教育内容についても決定する権能を認めるとの限定を付した。さらに、教育行政機関に対しても旧教育基本法十条一項の「不当な支配」の適用[54]があり得ることを示した点で、国民や教育を受ける権利の保持者が、「行政機関による不当、不要の介入」となる行為に対する「監視」的意思表示を可能にすることで国家の恣意に対する抑制を持たせる可能性が生まれたと考えられる。

このことの意味は、次項で示す「教師の教育の自由」についての見解と合わせて論じるが、最高裁が示した学習権そのものが行政による「不当な支配」に対するチェック機能を果たすことになる意義を有する。なお、旧教育基本法は平成16年に改訂され、十条第一項の「教育は、不当な支配に服することなく、国民全体に対し直接に責任を負って行われるべきものである。」は、現教育基本法十六条一項において「教育は、不当な支配に服することなく、この法律及び他の法律の定めるところにより行われるべきものであり、教育行政は、国と地方公共団体との適切な役割分担及び相互の協力の下、公正かつ適正に行われなければならない。」に改訂された。

これに関する国会審議（たとえば平成18年11月24日参議院教育特別委員会）において、福山哲郎氏（民主）による「不当な支配の主体は何か。国や知事も不当な支配の主体となりうるのか」との質問に対して伊吹文部科学大臣は、最高裁旭川学テ判決を引用して、前述の昭和51年の最高裁判決の内容そのままを答弁している。[55]なお、引用された最高裁判決において、「不当な支配」の説明で同時になされていた「法の趣旨、目的に反しないように解釈されなければならない」（刑集30巻5号639頁）ことについては言及されていない。以上、現行法に引き継がれた教育基本法十六条に示される「不当な支配」についての行政側の運用は、次章での学習権を論点とした裁判事例の中でも扱う。

（4）堀尾学習権に基づく旭川学テ最高裁判決に見る学習権の解釈

次に、前述のに最高裁によって定立した学習権概念の解釈は、先の「（3）最高裁判決での学習権と各論点との関係」で触れたように、その文面から表面的に理解されることなく、堀尾・勝田両氏が精緻な検討を行って生成した学習権概念の生成過程の経緯を踏まえた解釈を為す必要がある。もとより、その解釈は旭川学テ判決の判示内容からのみ導かれるものではなく、「堀尾・勝田両氏の学習権論の構造」、「宗像氏の親の発言権や親の教育権」などを原初として、「子ども観の転換と子どもの権利の承認」、「第二次家永教科書裁判での原告側が提示し学習権概念の脆弱性」、「国家教育権、国民の教育権の極端性による全面採用の否定（旭川学テ判決）」、「教育行政権力の権能の範囲（旭川学テ判決）」、「学問の自由から派生する教師の教育の自由の否定（旭川学テ判決）」、「教育権論の非憲法的用法」、そして、学習権は子どもにとってどのような具体的な憲法上の保護すべき利益のためにあるのか、との内容から解釈されるべきである。

最高裁が示した学習権の定義は次の内容であった。

「一市民として、成長、発達し、自己の人格を完成、実現するために必要な学習をする固有の権利を有すること、特に、自ら学習することのできない子どもは、その学習要求を充足するための教育を自己に施すことを大人一般に対して要求する権利を有する」、「換言すれば、子どもの教育は、教育を施す者の支配的権能ではなく、何よりもまず、子どもの学習をする権利に対応し、その充足を図りうる立場にある者の責務に属するものとしてとらえられている」

という内容である。

これに対して、第二次家永教科書裁判（１９７０年）の「杉本判決」によって示された学習権概念は、堀尾・勝田両氏の学習権概念が取り入れられて、次のような定義が示された。

「子どもにも当然その人格が尊重され、人権が保障されるべきであるが、子どもは未来における可能性を持つ存在であることを本質とする」とした。そして、このような子どもの本質に基づくとすれば、子どもにとって教育は、「なによりも子ども自らの要求する権利である」と言え、それは、「将来においてその人間性を十分に開花させるべく自ら学習し、事物を知り、これによって自らを成長させることが子どもの生来的権利である」るとした。

なお、兼子氏が定義づけた学習権は以下のとおりである。

「すべての人、とくに子どもは、生まれながらにして教育を受け学習して人間として成長・発達していく権利を持っているのであり、この子どもの生来的学習権を充足するために、国は条件を整備し学習に値するような教育内容を提供しなければならず、教育を受ける権利は、このようなサービスを国に対して要求する権利である[56]」

そして、堀尾・勝田両氏が生成した再概念化された「学習の権利」（学習権）概念は先述のとおりである。（以下「第４章 第４節（５）」再掲）

「自らが自らの幸福のために自発的に学」ぶ、「学習者中心の自発的学習の目的に従った、自己の存在の発展すなわち幸福追求を指向する場合に、初めて学習は子どもにとって権利としての意味を満たす」ものであり、このような学習を自由（選択可能性）に行うことができる権利である。

この堀尾・勝田両氏による学習権概念には、下記の子どものあり様に基づいた教育思想や理念に基づく人間観と子ども観から生成されている。（堀尾・勝田1959:96）

すなわち、子どもは未熟であるがゆえに育成されるものとの観念や、大人にとって都合のよい児童生徒、あるいは大人が意図したとおりに素直にしていれば「よい子」という服従的な位置づけだけの子ども観から解放されることによる人間的、社会的利益を求めることに意義付けられた子ども観である。（以下、「第4章 第4節（5）子どもの権利からの学習の権利の再概念化と教育の自由」でまとめた内容を再掲し、現実に使用されている用語で補った。）

① **児童観の転換**：子どもには子ども独自の地位に根差した権利があること。また、子どもは大人とは異なる存在であり、大人の意図がそのまま子どもに押しつけられずに、一方的に教育を受ける存在から自らが自らの意味や価値を見出すために自発的に学ぶ存在であることの承認がある。

② **学習の権利性**：学習は、自らの自発性に基づき自己の成長のためでありそれが尊重されるべきものである。子どもの学習は、発展的な社会の文化を、意味ある自分との関係において創造的に内在化する過程である。さらに学習過程においては、自己の存在に根差す興味や関心など内的要求による選択機会があり、その方向性が自己の発展と幸福追求につながることの確信が持てる学習が必要である。このような学習を求めることが権利性を有することになる。

③ **教育目的観の転換**：教育目的は、教育が子どもひとりひとりの自発性と創造性を引き出し、真実を知る能力を高めると同時に、子どもの潜在的可能性を埋もれないように全面的に発達させることをめざしている。

堀尾・勝田両氏が生成した学習権は、これらの教育学的理念を内包させた概念である。このような学習権の性質や価値を認めようとする点で、第二次家永教科書裁判で示された学習権概念は堀尾学習権と同質であることを、「第５章 第２節（１）」においてすでに明らかにしたとおりである。

同様に、堀尾学習権と最高裁の学習権とを前述の前提と教育理念の観点から比較すると、「第一：子どもの権利の承認、第二：教育の私事性、第三：内心の自由」および「１）子ども観の転換、２）学習の権利性、３）教育目的の転換」がいずれも判決理由および学習権の定義において示されており[57]、堀尾学習権が踏襲されたものと言える。

（５）堀尾学習権と結びつく「教育の自由」と最高裁判決での「教育の自由」

１）最高裁判決での「教育の自由」

最高裁判決で示した「教育の自由」については、本件裁判に際し、双方が承認する論点に対する裁判所の見解という形式であるから、すでに下級審で論争が行われていた「学問の自由」から派生する「教授の自由」と「教育の自由」との一体性について判断が為された。

結論は、「教師の教育の自由」の範囲については、教師が公権力から特定の意見のみを教授することを強制されないこと。また、教育が児童生徒との人格的接触を通じ、その個性に応じて行われなければならない本質的要請があることを認めつつも、普通教育においては、子どもの側に学校や教師を選択する余地が乏しいことや、全国的な教育の一定の水準を確保すべき強い要請などから、普通教育における教師の完全な教授の自由を認めることは許されない、とした[58]。特に、大学生が一応教授内容を批判する能力を備えていると考えられるのに対し、普通教育においては、児童生徒にこのような能力がなく、教師が児童生徒に対して強い影響力、支配力を有することなど、その弊害も指摘される。

このような弊害の懸念については、教師の「教育の自由」が教師の恣意とならないために、1958年の段階で堀尾・勝田両氏によって「教師の専門的指導の自律性」が要求されて、「教育の自由」における公正さを担保する要件として主張されていた[59]。自律性とは、「宗教教育や意識的イデオロギー教育を公教育から切り離す」ことで、信仰や価値の選択において、その選択がひとりひとりの子どもに委ねられることを可能にする教育的あるいは技術的な配慮を行うことである（堀尾・勝田1958:19下段注3）。すなわち、公教育の教師は、自己を抑制し指導上の限界をおく必要があり、「子どもたちや親たちそれぞれの幸福の追求と本質的に結び合う」（堀尾・勝田1958:18,上段）というような「確信的・自主的態度」（堀尾・勝田1958:18,上段）を持つことで、教育の自由が成り立つ論理が説かれ、本件公判においても述べられていた[60]（第4章 第4節（2）参照）。

また、「教育の本質からくる要請として、子どもの知性や感性の発達の順次性に即して教材を配列し、授業過程における教材と子どもの出会いのなかに、子どもの発達の新たな契機を探りあて」るための教師の研究と教授の自由であることを述べる[61]。

しかし、これに対しては、教師の教育の自由に対しても、教育専門職としての自律性は必ずしも確かなものではない、という「自由の濫用」による弊害の可能性があること。そして、憲法が教師自身による「社会的自律作用」による恣意に対する抑制を期待していることが読み取れないことを指摘して、これを否定した[62]。

同時に、教育行政機関に対しては、先述のとおり、旧教育基本法十条一項の教育への「不当な支配」について、教育行政機関が法に基づいて行政を行う以上「違法は起こりえない」との国の主張に対して、判決文中にあえて「教基法の規定及び同法の趣旨、目的に反しないように解釈されなければならない」ことを指摘して、『不当な支配』とならないように配慮しなければならない拘束を受けている」[63]旨を国側に指摘している。このように双方の主張および根拠の脆弱性を指摘する内容となっている。

2）堀尾学習権と結びつくもう一つの「教育の自由」

「教育の自由」の論争においては、教科書裁判から旭川学テ裁判まで一貫して「学問の自由」の派生として「教授の自由」の承認と同様に「教師の教育の自由」が主張されてきた。この「自由」は、本書にて紹介してきたとおり、二種類の「教育の自由」がある（第4章 第4節（4）／第5章 第1節（3）参照）。まず学習権説の生成時から家永教科書裁判での原告側主張などを通じて理論化されたのは、「学問の自由」から導き出された「教師の教育の自由」であった。しかし、堀尾氏が学習権概念を定立させた際には、「学問の自由」の派生としての「教育の自由」論とは異なる「学習の自由」を根拠とする「教育の自由」が生成されていた。

それは、先述の堀尾学習権の内容を規定する、「第一：子どもの権利の承認、第二：教育の私事性、第三：内心の自由」および、教育理念の前提である「1）子ども観の転換、2）学習の権利性、3）教育目的の転換」の各内容の子ども観と学習観を承認した上での、「学習者中心の自発的学習の目的に従った自己の存在の発展すなわち幸福追求を指向する学習を自由（選択可能性）に行うことができる権利（学習の権利：学習権）」に対する責任としての「教育の自由」である。

すなわち、児童生徒の当該学習権を保障するために、「教師は、子どもを保護し指導することを通じて、子どもの学習の自由を直接的に保護する役割をもつ」と関係づける。ここに「こどものひとりひとりの学習の自由を中核として成立する『教育の自由』」(堀尾・勝田1959:100)があり、これは「教師の自由」でもある(堀尾・勝田1959:100下段)。と関係づけた。[64]

しかし、この堀尾学習権論と結びつく「教育の自由」は裁判では原告側主張の中では用いられるなど論点化されず、教科書裁判の執筆者の「学問の自由」および「教授の自由」の利益から出発した派生として、「教師の教育の自由」が承認されるか否かに終始した。この結果として、学習権は学習権を保障する教師の教育活動の根拠を失ったと考えられる。

すなわち、子どもには学習権がある。しかし、それを保障する、あるいはそのための教師の教育活動をもたらす根拠(あるいは役割を担う理由)がないことになる。また、教育行政においても、教員が学習権に対応する責務としての教育活動を行う場合の責務の果たし方についてその方法すら検討されていないものと考えられる。

もちろん、最高裁の判決理由の中では、「子どもの教育が教師と子どもとの間の直接の人格的接触を通じ、その個性に応じて行われなければならないという本質的要請に照らし、教授の具体的内容および方法につきある程度自由な裁量が認められなければならないという意味においては、一定の範囲における教授の自由が保障されるべきことを肯定できないではない。[65]」とあるように、「教師の自由な裁量」(以後「教師の裁量」と記す)という表現で一定の自由を承認している。しかし、日常的な教育活動における多様な児童生徒にとって、一般論としての教師の裁量ではなく、積極的な「学習権を有する児童生徒」という前提に立った「教師の裁量」が理論化され、かつ発揮でなければ、教育行政や教師は児童生徒が有する学習権を事実上看過することになるのではないかと考えられる。

(6) 小 括

以上のように、多くの論点に対する判示の理由（見解）が示されたが、その大前提に読み取れることは、教育を受ける子どもの権利に対する責務の関係から、その果たし方として、行政を含めた特定の機関あるいは教師等の専門職が支配的、独占的に教育内容を決める権能を有しているわけではない、ということである。

すなわち、「教師の教育権論」（国民の教育権論）、「国家の教育権論」どちらも全面的に採用することはできない旨の双方の主張の否定は、それぞれが排他的にその権能を有する立場にないことを示しており、判決理由中に示された、子どもの立場からの視点として「子どもの教育は、教育を施す者の支配的権能ではな（い）」（刑集30巻５号633頁）ことに表されていることからも明瞭である。

特に、国の教育への介入の限界を大綱的基準に置き、同時に教師に対しては全国に一定の水準を確保すべき要請を示して、「行政権力」の抑制と「教師の教育の自由」の限界を示した。また、「社会的自律作用」のみに頼る学問の自由から派生する「教師の教育の自由」の濫用の可能性に対する自己抑制の根拠は、憲法上論理的に見いだせないことを述べ、この点における教員の倫理規範は憲法上根拠づけられないことを明瞭にした。

その上で、学習権を具体的、現実的に承認するということは、（子どもの教育に対して）「何よりもまず、子どもの学習をする権利に対応し、その充足をはかりうる立場にある者の責務」（刑集30巻５号633頁）として、私事の組織化として根源的な権限を持つ親（保護者）、また、教育を受ける権利の主体者である子どもに、どのように学習権を保障していくかは、今日に至って未知のままであると言える。その点、これらの意義を総合的に考えると、学習権保障のあり方は、最高裁旭川学テ判決の判示内容からのみ導かれるものではなく、堀尾・勝田両氏の学習権論、宗像氏の「親の発言権」や「親の教育権」などを原初として、子どもの権利の承認、中立性の保持者としての教育行政権力の教育への介入の否定、教育権論の否定、さらに改めて学習権は子どもにとってどのような具体的な憲法上保護すべき利益のためにあるのか、という考察から検討されるべきことと考えられる。

注

（1）〈子どもであるがゆえの内面の成長と発達を通して幸福追求を果たす能力獲得の権利であり、学校教育においては、教育を受ける機会はもちろん、自らの学習要求にもとづく教育内容と方法を求める権利―第3章―〉

（2）「家永教科書裁判」と総称される教科書検定訴訟には三つある。第一次訴訟は、昭和38年の検定不合格処分および昭和39年検定における修正要求を違法とする国家賠償請求事件であり、昭和40年6月に訴訟が東京地方裁判所に提起されたもの。もう一つは、昭和42年の検定不合格処分に対する取り消し請求事件が、昭和42年6月に東京地裁民事第二部に提訴された。いわゆる第二次家永教科書裁判は後者の裁判であり、前者の請求事件より先に判決が下されたものである。一般的には裁判官の名前をとって「杉本判決」と言われる。最初にここで扱う事例はこの第二次教科書裁判の杉本判決である。

（3）第1審 昭和42年（1967年）6月23日提訴 昭和45年（1970年）7月17日判決、行集21巻7号別冊1頁（上告審：裁判集民36巻4号616頁）

（4）行集21巻7号別冊283頁 原告は戦前の国史教育が政治的意図や歴史的真実を徹頭徹尾歪曲したことを踏まえ、「教育は、自然についてはもちろんのこと、政治、経済、社会や歴史についても、科学的な知識と思考力とを養うものでなければならない。」と教育の科学性の必要性を論理の前提として述べている。

（5）行集21巻7号別冊283頁「第3に、教育は、子どもの人間としての全面的発達を図り、豊かな文化の発展に寄与するものでなければならない（同法一条「人格の完成をめざし」、同法前文普遍的にして、しかも個性豊かな文化の創造をめざす教育）。このために、教育は、画一的なものであってはならず、一人ひとりの子どもの個性や生活の実際に着目し、これに即応して行われ、かようにして、子どもの自主的精神を養うものでなければならない。」

（6） 行集21巻7号別冊283頁「憲法二十六条は、教育を受けることを、国民の基本的人権の一つとして保障したが、同条によって保障される教育が、憲法の平和的、民主的諸原理に適合したものでなければならないことは、いうまでもあるまい。それによって、はじめて教育は国民の権利たるに相応しい内容を備えることができるからである。」

（7） 行集21巻7号別冊284～286頁「教師相互あるいは学者や父母国民との自由な交流、自由な研究を通じて真理をつかみとり、教育活動を通じてこれを自由に子ども達に伝えることができなければならない。子どもの個性や地方の実情に適合するように、教師が自主的に教育課程を編成し実施することができ、権力的統制を受けていない幾種類もの教科書のうちから教師が自ら使用する教科書を自主的に採択することができなければならない。」

（8） 行集21巻7号別冊299頁「小学校、中学校、高等学校の教育においても、学問の自由が保障されることの一環として、これらの学校における教師の教授の自由が承認されなければならない。この点については、大学以外の初等中等教育においては、そこにおける教育の特質上、教授の自由が制限されるとし、あるいは教授の自由の保障が及ばないとする説がある（注解　日本国憲法上巻460頁）。しかし、右各学校における教育が、『真理の教育』（学問的諸成果をふまえた教育）であることを要請されている以上、これらの学校においても、基本的には憲法二十三条による教授の自由の保障を受けるものと言わねばならない。」

（9） 行集21巻7号別冊283頁「日本国憲法下の教育は、第1に、憲法の思想、良心、言論、表現等の諸自由の保障を侵すものであってはならず、これを実質的に保障する内容と仕組みを持ったものでなければならない。国民の思想、良心、言論、表現等の諸自由は、いうまでもなく民主政治の基礎をなすものである。ことに政府の政策批判の自由はそうである。」

（10） 行集21巻7号別冊283頁「もし、教育が国家権力によって、規制されたものであり、国民がその人格形成の過程において、すでに権力的規制を施された思想しか学び得ないとすれば、国民の思想などの諸自由の保障は、実際には画餅に帰してしまう。」

（11）ほかにも、宗像 前掲注（第4章 14）92頁、宗像 前掲注（第4章 17）34頁、有倉遼吉『教育と法律』（新評論、初版、昭和36年）33頁など。

（12）これは堀尾・勝田両氏が述べるところの「新教育の思想」（堀尾・勝田 前掲注（第4章 9）No417号94頁（378頁））である。

（13）堀尾・勝田 前掲注（第4章 9）711号17頁下段

（14）行集21巻7号別冊345頁

（15）法学協会編 前掲注（第4章 113）460頁

（16）行集21巻7号別冊365頁

（17）堀尾・勝田 前掲注（第4章 9）No417号95頁（379頁）

（18）堀尾は「教科書検定は、単に教科書執筆者の学問研究と表現の自由の侵害にとどまらず、それが、国民（具体的には高校生）の学習の権利、真実を知る権利を奪うことになるという点こそが、中心の問題であり」と意義を述べ、学問研究の成果の教授（教育）が真実を知ることにつながることを述べる。（堀尾 前掲注（第3章 22）34頁）

（19）行集21巻7号別冊300頁（原告側準備書面）

（20）（行集21巻7号別冊292頁）「学校教育は、すでに述べたごとく、わが国および諸外国の学問研究の成果を次世代に伝達するための最も基本的な手段であり、教科書はこのための重要な契機となるのである。したがって、大学はもとより、小学校、中学校、高等学校における初等中等教育においても、また教科書の著述においても、学問研究成果が公権力の介入によって妨げられることなく伝達されるように、学問の自由が保障されなければならない。とくに、『民主的』で『平和的な国家および社会の形成者として』『個人の尊厳を重んじ、真理と平和を希求する人間の育成』を教育の目的とし、戦前の非科学的な国家主義教育に対する反省に立って『真理の教育』を強く希求している教育基本法（同法前文および一条）下の学校教育においては、学問の自由の保障がとりわけ強く要請されているといわなければならない《兼子仁『教育法』103頁参照》されればこそ教育基本法二条は、教育の『目的を達成するためには、学問の自由を尊重するように努めなければならない』と明言しているのである。したがって、具体的にいえば、教科書を著述するに当って、著者は、自らの学問研究の成果を含めて従来のわが国および諸外国の学問研究の諸成果を前提とし、著者自らの学問的、専門的判断に基づく取捨選択のもとに、これを教科書の中に自由に盛り込むことが承認されなければならず、その内容の当否は、公権力ではなく、学問自体が決定すべきである。（略）ところが、教科書検定は、教科書の内容が検定基準ないしその内容をなしている学習指導要領に適合するか否かを審査することを通じて、特定の歴史的事実の記述やその底にある歴史観の当否を決定し、適切でないと認める記述を強権的に排除するものであって、憲法二十三条に違反する。教科書は、学校教育で使用されるものとして教育的配慮の備わったものでなければならないが、しかし公権力が特定の学説や特定の歴史的事実を強権的に排斥することこそが教育的配慮に基本的にもとるものであることに留意しなければならない。教育的配慮として真に必要と考えられるものは、教科書の内容が児童生徒の心身の発達段階に即応したものでなければならないということであるが、この点の配慮が、教科書の著者とこれを使用する教師の創意工夫に待つべきものであることは、前述のとおりである。」（略）（傍線筆者）

(21)「憲法は、教育と国家権力との関係において、思想・学問の自由、さらに教育を受ける権利と深くかかわった国民の権利・自由として、「教育の自由」を保障しているものと解せられる」（行集21巻7号別冊303頁（原告側準備書面））

(22)「小学校、中学校、高等学校の教育においても、学問の自由が保障されることの一環として、これらの学校における教師の教授の自由が承認されなければならない。この点については、大学以外の初等中等教育においては、そこにおける教育の特質上、教授の自由が制限されるとし、あるいは教授の自由の保障が及ばないとする説がある（注解日本国憲法上巻460頁）。しかし、右各学校における教育が、『真理の教育』（学問的諸成果をふまえた教育）であることを要請されている以上、これらの学校においても、基本的には憲法二十三条による教授の自由の保障を受けるものと言わねばならない。」（行集21巻7号別冊299頁）

(23)「（略）大学において教育ないし教授の自由が承認されなければならないとする根拠がこのようなものであるとするならば、教育ないし教授の自由を大学のみに限定する理由はない。小・中・高の下級の学校においても、そこにおける教育は学問的成果に基づいたものでなければならず（真理の教育）、教育基本法前文及び一条）、それによって子どもが学問的成果を学習し（学習権の充足）、人間としての全面発達を追及（ママ）しうる契機となるものでなければならない。大学との相違は、小・中・高の教育が子どものそれぞれの発達段階に即応して行われることによって生ずる教育内容の段階的相違―しかもその全体をとおして、子どもないし学生か系統的に、成長発展を遂げうるように、体系的一貫性を持って構成されて諸段階の間の差異にすぎないのである。教育内容が子どもの発達段階に即応したものでなければならないという点についてみても、大学もまた子どもの成長・発展の一過程にほかならないのであるから、大学教育においてもかかる教育的配慮は必要とされているのであって、小・中・高の教育との間に質的な差異はないのである。しかも、かかる教育的配慮は、後に述べるように、教育の専門性を尊重し、教育科学ないし、教育研究成果に即して行われるべきであり、公権力による画一的決定に適さないものである。そうだとすれば、小・中・高の教育においても、大学において教育ないし教授の自由が保障されなければならないとされるのとまさに同一の理由から教育ないし教授の自由が保障されなければならない。」（行集21巻7号別冊―原告側準備書面―342頁）（傍線筆者）

(24) 堀尾・勝田 前掲注（第4章 9）No 417号94頁（378頁）

(25) 堀尾・勝田 前掲注（第4章 9）No 417号95頁（379頁）

(26) 行集21巻7号別冊344頁（原告側準備書面）

(27) 本書第4章 第4節（4）および（5）

(28) 堀尾・勝田 前掲注（第4章 9）No 417号94頁（378頁）

(29) 『（略）教科書の検定は、個々の学説の妥当性や優劣を決めようとするものではもちろんなく、たとえば、検定基準の2（正確性）（4）に『一面的な見解だけを、じゅうぶんな配慮なくとりあげている部分はない。』とあるように、ある事柄について、いろいろの見解や学説がある場合には、そのうちの特定の見解や学説だけをとりあげて、他を無視するということは、心身の未発達な児童・生徒に一面的な理解を一方的に与える恐れがあるので、そのようなことのないように配慮する必要があるとしているのである。（略）第三に、原告は、教科書の検定によって、児童・生徒の教科書を通じた学問研究の結果を学ぶ権利が侵害されるので、教科書検定は憲法二十三条に違反すると主張している。しかし、もともと教科書は、前述のごとく、著者の学問研究の結果を発表する場ではなく、心身の発達の十分でない児童・生徒の教育上有する重要な意義にかんがみ、教育配慮のもとに、文部大臣が、その検定を行うものである。」(行集21巻7号別冊607〜609頁(昭和43年1月31日付被告準備書面(第4))

(30)「憲法二十三条が、学問の自由およびその一環としての学問研究、成果の発表の自由を保障する趣旨は、いうまでもなく研究成果を発表するものに対して学問的活動の自由を与えるとともに、広く国民が学問研究の成果を知り、あるいはこれを享受しうる国民の側の権利・自由を確保することにある。教科書についていえば、児童・生徒が人類の共同財産ともいうべき学問研究の豊かな諸成果を教科書ないし学校教育を通じて学びとることができなければならないという点に、教科書の著作および使用の面で学問の自由が保障されなければならないとする根源の理由が存することに注目しなければならない。教科書検定は、次代を担うべき国民が自らの人間形成を図る上で必要不可欠なこの基本的権利を侵害するものである。」(行集21巻7号別冊300頁(原告側準備書面)

(31)堀尾・勝田 前掲注(第4章 9)No417号94頁(378頁)では、①児童観の転換、②教育目的観の転換、③知性観の転換をさす。

(32)「ところで、憲法がこのように国民ことに子どもに教育を受ける権利を保障するゆえんのものは、民主主義国家が一人一人の自覚的な国民の存在を前提とするものであり、また、教育が次代を担う新しい世代を育成するという国民全体の関心事であることにもよるが、同時に、教育がなによりも子ども自らの要求する権利であるからだと考えられる。すなわち、近代および現代においては、個人の尊厳が確立され、子どもにも当然その人格が尊重され、人権が保障されるべきであるが、子どもは未来における可能性を持つ存在であることを本質とするから、将来においてその人間性を十分に開花させるべく自ら学習し、事物を知り、これによって自らを成長させることが子どもの生来的権利であり、このような子どもの学習をする権利を保障するために教育を授けることは国民的課題であるからにほかならないと考えられる。(傍線筆者)

そして、ここにいう教育の本質は、このような子どもの学習をする権利を充足し、その人間性を開発して人格の完成をめざすとともに、このことを通じて、国民が今日まで築きあげられた文化を次の世代に継承し、民主的、平和的な国家の発展ひいては世界の平和を担う国民を育成する精神的、文化的な営みであるというべきである。」（前掲注（16）行集21巻7号別冊45頁）（傍線筆者）

（33）「（1）憲法二十六条は、一項で『すべて国民は、法律の定めるところにより、その能力に応じて、ひとしく教育を受ける権利を有する。』と定め、二項で『すべて国民は、法律の定めるところにより、その保護する子女に普通教育を受けさせる義務を負う。義務教育は、これを無償とする。』と定めているが、この規定は、憲法二十三条をうけて、いわゆる生存権的基本権のいわば文化的側面として、国民の一人一人にひとしく教育を受ける権利を保護し、その反面として、国に対し右の教育を受ける権利を実現するための立法その他の措置を講ずべき責務を負わせたものであって、国民とくに子どもについて教育を受ける権利を保障したものということができる。（行集21巻7号別冊46頁）（傍線筆者）

（34）「このような教育の本質にかんがみると、前記の子どもの教育を受ける権利に対応して子どもを教育する責務をになうものは親を中心として国民全体であるとかんがえられる。すなわち、国民みんな自らの子どもはもとより、次の世代に属するすべての者に対し、その人間性を開発し、文化を伝え、健全な国家および世界の担い手を育成する責務を負うものと考えられるのであって、家庭教育、私立学校の設置などはこのような親をはじめとする国民の自然的責務に由来するものというべきものである。このような国民の教育の責務は、いわゆる国家教育権に対する概念として、国民の教育の自由とよばれるが、その実体は右のような責務であると考えられる。かくして、国民は家庭において子どもを教育し、また社会において種々の形で教育を行うのであるが、しかし現代において、すべての親が自ら理想的に子どもを教育することは不可能であることは言うまでもなく、右の子どもの教育を受ける権利に対応する責務を十分に果たしえないこととなるので、公教育としての学校教育が必然的に要請されるに至り、前記のごとく、国に対し、子どもの教育を受ける権利を実現するための立法その他の措置を講ずべき責任を負わせ、とくに子どもについ

て学校教育を保障することになったものと解せられる。」（行集21巻7号別冊45頁）

(35) 「国家は人間の内面的価値に中立であり、個人の内面に干渉し価値判断を下すことをしない、とするにあるのであって、福祉国家もその本質は右の国家理念を踏まえたうえで、それを実質的に十全ならしめるための措置を講ずべきことであるから、国家は教育のような人間の内面的価値に関わる精神活動については、できるだけその自由を尊重してこれに介入するを避け、児童、生徒の心身の発達段階に応じ、必要かつ適切な教育を施し、教育の機会均等の確保と、教育水準の維持向上のための諸条件の整備確立に務べきことこそ福祉国家としての責務であると考えられる。」（行集21巻7号別冊　第四本案の判断（二）教育の自由46頁）

(36) 行集21巻7号47頁

(37) 「子どもたちや親たちそれぞれの幸福の追求と本質的に結び合う」（堀尾・勝田 前掲注（第4章 9）411号18頁上段）ために求められる教師の「確信的・自主的態度」（同411号18頁上段）としての教育の自由。

(38) 「（略）教師の教育ないし教授の自由は、教育思想としての自由または教育政策上認められる自由にとどまるものであるのか、あるいはわが実定法上保障されている自由であるのか。結論的にいえば、教師の教育ないし教授の自由は学問の自由を定めた憲法二十三条によって保障されていると解せられる。けだし、教育は、すでに述べたように発達可能態としてその学習をする権利（教育を受ける権利）を充足することによって、子どもの全面的な発達を促す精神的活動であり、それを通じて健全かつ次の世代を育成し、また、文化を次代に継承するいとなみであるが、児童、生徒の学び、知ろうとする権利を正しく充足するためには、必然的に何よりも真理教育が要請される」（行集21巻7号別冊　第四本案の判断（二）教育の自由55〜57頁）

(39) 「教育はすでに述べたとおり人間が人間に働きかけ、児童、生徒の可能性を引き出すための高度の精神的活動であって、教育にあたって教師は学問、研究の成果を児童、生徒に理解させ、それにより児童、生徒に事物を知りかつ考える力と想像力を得させるべきものであるから、教師にとって学問の自由が保障されることが不可欠であり、児童、生徒の心身の発達とこれに対する教育効果とを科学的にみきわめ、何よりも児童、生徒に対する深い愛情と豊富な経験を持つことが要請される。してみれば、教師に対し教育ないし教授の自由が尊重されなければならないというべきである。そして、この自由は、主として教師という職業に付随した自由であって、その専門性、科学性から要請されるものであるから、自然的な自由とはその性質をことにするけれども、前述のとおり国民の教育の責務に由来し、その信託を受けてその責務を果たす上のものであるので、教師の教育の自由もまた、親の教育の責務、国民の教育の責務と不可分一体をなすものと考えるべきである」（行集21巻7号別冊　第四本案の判断（二）教育の自由49頁）

(40)「この自由は、主として教師という職業に付随した自由であって、その専門性、科学性から要請されるものであるから、自然的な自由とはその性質をことにするけれども、前述のとおり国民の教育の責務に由来し、その信託を受けてその責務を果たす上のものであるので、教師の教育の自由もまた、親の教育の責務、国民の教育の責務と不可分一体をなすものと考えるべきである」（行集21巻7号別冊　第四本案の判断一、1－（二）、教育の自由49頁）

(41)『教授の自由（即ち教材－教課（ママ）内容や教授方法の自由）は、教育ということの本質上、下級の学校に至るにつれ制限されることがある』、『下級の教育機関についてはそこにおける教育の本質上、教材や教課内容や教授方法の画　化が要求されることがある』（法学協会編　前掲注（第4章113）460頁）

(42)行集21巻7号341～342頁「（略）判例は、研究の自由および研究の成果発表の自由と教育ないし教授の自由とを区別し前者の自由は国民一般に及ぶが、後者の自由は大学のみに限られるとするのである。しかし、このように教育ないし教授の自由を大学のみに限定する解釈は、果たして妥当であろうか。思うに大学において教育ないし教授の自由が認められなければならないとされるのは、それが大学教授の学問研究成果の発表、伝達の一形態とみられているからであり、同時に、大学教育が、学問的成果（真理）に基づいて行われ、学生の学問成果の学習の権利を充足するものでなければならないと考えられているからにほかならない。（略）大学において教育ないし教授の自由が承認されなければならないとする根拠がこのようなものであるとするならば、教育ないし教授の自由を大学のみに限定する理由はない。小・中・高の下級の学校においても、そこにおける教育は学問的成果に基づいたものでなければならず（真理の教育）、教育基本法前文及び一条）、それによって子どもが学問的成果を学習し（学習権の充足）、人間としての全面発達を追及（ママ）しうる契機となるものでなければならない。大学との相違は、小・中・高の教育が子どものそれぞれの発達段階に即応して行われることによって生ずる教育内容の段階的相違－しかもその全体をとおして、子どもないし学生か系統的に、成長発展を遂げうるように、体系的一貫性を持って構成されて諸段階の間の差異にすぎないのである。（傍線筆者）

（43） 行集21巻７号別冊342頁

（44） 行集21巻７号別冊299頁

（45） ユネスコ特別政府間会議採択「教員の地位に関する勧告」（1966年9月21日～10月5日）
URL: www.mext.go.jp/b_menu/shingi/chukyo/chukyo8/gijiroku/020901hi.htm（2017.1.5）

（46） 刑集30巻５号615頁

（47） 学習権の内容は弁論においては直接的には多くは触れられていない。わずかに、弁護側口頭弁論「公教育に対する国の関与のあり方とその限界（その１）―国家の価値的中立手性の原理と公教育―」（刑集30巻５号895頁）の中で弁論の参考にした文献として堀尾 前掲注（第４章 16）192頁、勝田守一『能力と発達と学習』（国土社,1964）141頁に依拠している程度である。

（48） 刑集 第30巻5号632頁

（49） 同 刑集632頁

（50） 同 刑集631頁 これに関して、判決文中では、「教育行政機関が行う行政でも、右にいう『不当な支配』にあたる場合がありうることを否定できず」と行政機関が常に中立な地位にあるとは言えないこと。さらに、行政機関は、不当な支配にならないよう「法の趣旨、目的に反しないように解釈されなければならない」ことも述べる。（刑集30巻５号639頁）

（51） 「（略）これに対し、他の見解は、子どもの教育は、憲法二十六条の保障する子どもの教育を受ける権利に対する責務として行われるべきもので、このような責務をになう者は、親を中心とする国民全体であり、公教育としての子ど

も の教育は、いわば親の教育義務の共同化ともいうべき生活を持つのであって、それ故にまた、教基法十条一項も、教育は、国民全体の信託の下に、これに対して直接に責任を負うように行われなければならないとしている、したがって、権力主体としての国の子どもの教育に対するかかわり合いは、右のような国民の教育義務の遂行を側面から助成するための諸条件の整備に限られ、子どもの内容及び方法については、国は原則として介入権能を持たず、教育は、その実施にあたる教師が、その教育専門家としての立場から、国民全体に対して教育的、文化的責任を負うような形で、その内容及び方法を決定、遂行すべきものであり、このことはまた、憲法二十三条における学問の自由の保障が、学問研究の自由ばかりでなく、教授の自由をも含み、教授の自由は、教育の本質上、高等教育のみならず、普通教育におけるそれにも及ぶと解すべきことによっても裏付けられる」と主張するものである。（刑集30巻5号332頁）

(52) これに対して、たとえば、成嶋隆は（当該判決によって）「判例解釈論争を引き起こした」（成嶋隆「最高裁学テ判決以後の教育判例の展開―教科書判決を中心として―」市川須美子他編『教育法学と子どもの人権』（三省堂,1998年）26頁）と評釈しており、主たる関心は、教育内容の決定権限の所在を明らかにする議論が示される。一方、浦部法穂は、「『国家の教育権』か『国民の教育権』かという議論も、権利や権限の問題として議論するからややこしくなるのであり、『教育を受ける権利』に対応した義務の問題」であり、「『教育権』なるものは、権利であり権限であれ、憲法上存在し得る余地のないもの」であるから、この種の議論の意義を否定する。（浦部 前掲注（第2章 1）218～219頁）

(53) 「(2) ところで、わが国の法制上子どもの教育の内容を決定する権能が誰に帰属するとされているかについては、二つの極端に対立する見解があり、そのそれぞれが検察官及び弁護人の主張の基底をなしているように見受けられる。すなわち、一の見解は、子どもの教育は、親を含む国民全体の共通関心事であり、公教育制度はこのような国民の期待と要求に応じて形成、実施されるものであって、そこにおいて支配し、実現されるべきものは国民全体の教育意思であるが、この国民全体の教育意思は、憲法の採用する議会制民主主義の下においては、国民全体の意思の決定の唯一のルートである国会の法律制定を通じて具体化されるべきものであるから、法律は、当然に、公教育における教育の内容及び方法についても包括的にこれを定めることができ、また、教育行政機関も、法律の授権に基づく限り、広くこれらの事項について決定権限を有する」（刑集30巻5号632頁）

(54)「国は、適切な教育政策を樹立、実施する権能を有し、国会は、国の立法機関として、教育の内容及び方法についても、法律により、直接にまたは行政機関に授権して必要かつ合理的な規制を施す権限を有する（略）教基法十条は、国の教育統制権能を前提としつつ、教育行政の目標を教育の目的の遂行に必要な諸条件の整備確立に置き、その整備確立のための措置を講ずるにあたっては、教育の自主性尊重の見地から、これに対する「不当な支配」となることの内容にすべき旨の限定を付したところにその意味があ」ることを述べる。（刑集30巻5号640頁）

(55) 伊吹文部科学大臣の答弁は次のとおり。「不当な支配はその主体のいかんを問うところではなく、教育行政機関が行う行政でも、国でもですよ、不当な支配に当たる場合があり得ると最高裁は判示しているが、同時に憲法に適合する有効な他の法律の命ずるところをそのまま執行する教育行政機関の行為については不当な支配となりえないことは明らかであると、こう述べているわけですよ」（参議院、「参議院会議録　第165国会臨時会教育基本法に関する特別委員会」会議録第2号（平成18年11月24日）．http://kokkai.ndl.go.jp/SENTAKU/sangiin/165/0091/16511240091002.pdf:「国会会議録検索システムに」より検索）

(56) 兼子 前掲注（第2章 26）228頁

(57) たとえば、刑集30巻5号630～631頁

(58)「確かに、憲法の保障する学問の自由は、単に学問研究の自由ばかりでなく、その結果を教授する自由をも含むと解されるし、更にまた、専ら自由な学問的探求と勉学を旨とする大学教育に比してむしろ知識の伝達と能力の開発を主とする普通教育の場においても、例えば、教師が公権力によって特定の意見のみを教授することを強制されないという意味において、また、子どもの教育が教師と子どもとの間の直接の人格的接触を通じ、その個性に応じて行われなければならにという本質的要請に照らし、教授の具体的内容及び方法につきある程度自由な採用が認められなければならないという意味においては、一定の範囲における教授の自由が保障されるべきことを肯定できないではない。

しかし、大学教育の場合には、学生が一応教授内容を批判する能力を備えていると考えられるのに対し、普通教育においては、児童生徒にこのような能力がなく、教師が児童生徒に対して強い影響力、支配力を有することを考え、また、普通教育においては、子どもの側に学校や教師を選択する余地が乏しく、教育の機会均等を図る上からも全国的に一定の水準を確保すべき強い要請があることなどに思いをいたすときは、普通教育における教師に完全な教授の自由を認めることは、とうてい許されないところといわなければならない。（刑集30巻5号634頁）

(59) 堀尾・勝田 前掲注（第4章 9）No 411号19頁）
(60) 堀尾・勝田 前掲注（第4章 9）No 411号19頁（1271頁）
(61) 堀尾 前掲注（第4章 16）192頁
(62) 「もとより、教師間における討議や親を含む第三者からの批判によって、教授の自由にもおのずから抑制が加わることは確かであり、これに期待すべきところも少なくないけれども、それによって右の自由の濫用などによる弊害が効果的に防止されるという保障はなく、憲法が専ら右のような社会的自律作用による抑制のみに期待していると解すべき合理的根拠は、まったく存しないのである。」（刑集30巻5号633頁）
(63) 刑集30巻5号639頁
(64) 堀尾はこのような教師の役割を「教育が『不当な支配』に服することなく、権力と権威から自律し、真理と真実のみに基づいて行われることによってその新しい世代の発達と学習の権利は保障される。それは教育者に高い専門的力量を求めるものである。」と述べ、教育の自由の本質を不当な支配に服するなく、教育活動ができることを述べている。そういう意味では学習権生成の始源時の問題意識が貫かれている。（堀尾輝久『人権思想の発展的契機としての国民の学習権』日本教育法学会年報3（有斐閣,1974）28頁）
(65) 刑集30巻5号635頁

第6章　学習権の曖昧さへの回答試論

第1節　学習権論における学習要求とは何か

(1) はじめに

本書では、「第3章 第2節（3）および（4）」において最高裁旭川学力テスト事件判決が示した「教育を受ける権利の背後」にある「学習をする権利（学習権）」は、生徒に関わる教育上の問題を解決することへの有効な論理となり得るのかを問うている。すなわち、学習権は、「具体的に何を求める権利であり、逆に何を保障することが必要な権利なのか、あるいは、誰が権利の保持者であり、どのようなことを権利として求めることができるのかが曖昧なまま存在している」ことを指摘した。（このことは、学習権によってどのような利益があるか、ということである。）

同時に、この指摘は「学習権が生徒に関わる教育上の問題を解決することへの有効な論理となり得るのかを最終的に問う」ことであり、また「学習権は憲法上どのような性質を有した権利と言えるのか」という点の考察の必要性を記した。

これによって、子どもの尊厳や人格完成に寄与する権利内容の基本が形成されるものと考えられ、学習権の制度的環境整備への具体的な立法を通した保障をもたらすことが考えられる。そこで、「第3章」で明らかにした憲法上の位置づけ、「第4章」で明らかにした学習権生成時の社会背景と生成過程で明瞭になった学習権の利益と本質およびその限界、さらに「第5章」での裁判での用いられ方から、冒頭の『「学習権」は、生徒に関わる教育上の問題を解決することへの有効な論理となり得るのか』の問いに対する回答試論を考察したい。

まず、押さえておくべきことは、最高裁旭川学テ判決において示された「学習をする固有の権利」（最高裁の学習権）は、その定義の抽象性を脱していない点。また、堀尾氏らによって生成された「学習をする権利」（学習権）に含まれる「教師の教育の自由」が同裁判の審理過程で否定されている点（本書 第5章 第3節（4））から、児童生徒が学習権によって求めることができる具体的な利益と、それらに対する責務としての教師の教育活動や教育行政の責務が不明のまま今日に至っていることに着目する。そこで、これらを明瞭にするために最高裁旭川学テ判決が示した学習権の定義中に内包される次の（ア）～（エ）の疑問（問い）に答え得るような検討が、学習権生成過程において直接的に行われてこなかったことを踏まえつつ、下記「問い」について学校教育の観点からの回答の試論を提示したい。

＜最高裁旭川学テ判決での学習権概念＞

「一市民として、成長、発達し、自己の人格を完成、実現するために必要な学習をする固有の権利を有すること、特に、自ら学習することのできない子どもは、その学習要求を充足するための教育を自己に施すことを大人一般に対して要求する権利を有する」「換言すれば、子どもの教育は、教育を施す者の支配的権能ではなく、何よりもまず、子どもの学習をする権利に対応し、その充足を図りうる立場にある者の責務に属するものとしてとらえられている」（最高裁判所刑事判例集第30巻5号632頁）

【問い】（第5章 第3節（3）傍線部より）
（ア）どのような「学習要求」が、この憲法上の学習権の権利となり得るか。
（イ）何をもって「充足」とするか。
（ウ）その教育を「自己に施すこと」を誰に要求し、誰が義務を負うのか。
（エ）それが「成長や発達、そして人格を完成、実現」することと、どのように関係するか。
（第3章 第2節（3）より再掲）

以上、学習権の概念に関しての前述の「問い」（ア）～（エ）について試論を提示するにあたり、これらは、前項『第4章 第5節（1）および（3）』に基づき、児童生徒は一方的に用意された教育を受けるだけでなく、次の自発的な学習欲求が予定されるものとして、以下論を導く。

（2）形式的平等原理としての学習権と学習要求

最高裁が示した学習権は、学習者を憲法原理の観点から、子どもも人権享有主体として認め、教育を受ける権利の行使者として位置づけている。したがって、学習権は、たとえば、女性は母性の保護の観点から男性とは異なる権利を有しているのと同様に、子どもは、心身の成長や発達、そして社会的な存在への途上にあることを理由として、大人とは異なる地位に基づく固有の権利を有している。

したがって、家永教科書裁判（杉本判決）や最高裁旭川学テ裁判においても人間としての発達や成長による人格の完成を目指すことが表現されているように、子どもは成長・発達や社会化の途上にあるがゆえに、途切れることのない連続した身近な自己実現を繰り返しながら、同時に自らの心身の成長や発達を期待し、そして家庭、学校、地域、社会の中で自己の世界を広げながら意味のある存在の承認（自認）を目指す。[3] これが一つの幸福追求の形となる。[4]

このような内心に基づく自己への働きかけのすべてが自発的なものであり、その欲求による学習過程として子どもたちは権利行使の状態にある。[5] 重要なことは、この機会や場での学習が、意味ある自己の存在と関係づけられた実感を伴って、個性に応じたさらなる能力の伸長へと発展することである。そして、次の成長段階の循環的な学習過程へと移行する。

このように考えると、学習要求とは、一つには、さらなる能力の伸長へと発展する欲求を満たす教育を受ける「機会」であり、「場」を求めることであると言える。すなわち、学校教育は、前述のような私事としての幸福追求への能力を育てる学習を組織化した「場」であり、誰もが利用可能な学習の「機会」の提供を受ける「場」でもある。

そして、この「機会」と「場」の整備は、憲法二十六条の「教育を受ける権利」の形式的平等[6]の実現としての整備と責務の問題であることは既知のとおりである。それは、憲法十四条によって人種、信条、性別、社会的身分、門地など、いかなる属性や学習者の状況に関係なく誰もが教育を受ける機会に浴するものであり、何人も排除されることなく、一律かつ平等に学校教育にアクセスできるものである点で、形式的平等の一環として位置づけられる。すなわち、教育を受ける「機会」と「場」を求める学習要求については、特に学習権（学習要求）を用いて主張するまでもなく（学習権の非有用性）、教育を受ける権利の形式的平等によって充足される。したがって、「機会均等」は、学習権の考え方を用いて論理づける必要はない。むしろ、学習権（学習要求）は、次項の「（３）実質的平等原理としての学習権と学習要求」において示すように、「一律」的に平等に扱うことで、逆に不平等や差別的な結果が生じ、憲法が予定する権利保障が実現できないなどの場合に、学習権に「実質的平等」の原理を組み込ませて用いる必要性があると考えられる。根拠は次項（３）にて後述する。

一方、前述のとおり、教育を受ける権利による教育の機会均等がいくら保障されたとしても、第2章で述べたとおり、その「機会」として受ける教育が「機会」さえあればどのような内容の教育であってもよい、というわけではない。むしろ、教育行政や学校は、児童生徒自身が今と未来の自分への期待や成長への願い、そしてそれを導く学校への信頼などに乗じて、国家意思や人権を奪うような特定の価値を教え込んではならず、逆に、期待や成長への願いを求める機会を抑圧してはならないことは憲法原理から自明であろう。そもそも個人の尊厳に基づく憲法原理に反するような教育を一律に受ける「教育の機会均等」ではないはずである。特に、人間の尊厳や個人の尊重を否定する内容の教育は「教育」の本質的な自己矛盾となる。また、子ども期に特定の国家意思や価値を教え込むことは、憲法によって精神的自由をいくら保障していても、成人になった時には、もはや個人の内心が国家に支配された、あるいは国家権力に迎合するだけの「選択性を喪失した自由」でしかない。それゆえに、児童生徒の内心の自由な形成において「教育を受ける権利」は自由権的側面を有することが確認されよう。（第2章 第1節）

このように考えると、先のとおり、教育機会を保障する形式的平等の実現のためには（学習権概念としての）学習要求の論理を持ち込む必要はないが、もし国家などによって特定の価値を教え込まれる可能性のある時は、それらから逃れることを意図して、個人の尊重と尊厳にとって必要な教育を受ける「機会」や「場」を求めることができる学習要求の根拠として意義がある。このように、学習権は、児童生徒自らが人権に根差した教育を求める選択可能性の問題として、改めて学習要求による能動的意義を前提とした権利概念と整理することができよう。すなわち、学習権は、国家や「大人の意図がそのまま子どもに押しつけられ[7]ず、「教育を施す者の支配的権能ではない」[8]多様な学習が可能となる「機会」や「場」を学習要求として求めることができる意義があると言える。この意味で学習権は後述のとおり「学習の自由」[9]と説明できよう。これについては、「本章 第2節（2）」において述べる。

以上、教育の機会均等（形式的平等）を問題にする場面での「学習権の非有効性」と、教育を受ける権利の自由権的側面の意義に対する学習権の有効性の側面があることが確認できることを示す。

（3）実質的平等原理としての学習権と学習要求

次に導き出されるのは、子どもたちが形式的平等によって教育を受ける権利の「機会」と「場」を得たとして、そこで受ける教育が（仮に）一律かつ全国同水準という名の下で画一的に行われる場合に、その一定性や水準とは異なる理解の仕方やわかり方をする児童生徒が必ず存在することの問題である。この問題提起については、「第4章 第5節（3）児童生徒にとっての『学習権』の具体的利益と可能性」でも明らかにしたとおり、彼らは「わかりたい」が、わからない状況を自ら治癒することができずに教育内容から疎外されたまま過ごさざるを得ない現実の中にいる。この現実は、第1章での事例のとおりの深刻さであり、学習者の視点に立つと教育目的を達する真の「機会」と「場」を等しく得たとは言えないものである。

その原因として、一般的に教師の個人的力量の問題が取り上げられることが多い。しかし、ここであえて言及するならば、多くの場合、教員は授業がわからない児童生徒を放置することを誰も望んでおらず、むしろ、それを回避するために多くの努力を払っている。ところが、近年、児童生徒への対応もままならないほどに業務が多忙となる一方で、国の定めた増加する教育課程を忠実にこなさなければならない現状がある。そして、またその一方で硬直的な定時退勤も求められている。これら背景からわかるとおり、教師の力量にのみに頼った問題解決を求める限り、むしろ教員の努力を削ぐような現実的な業務と相俟って、「わかること」から取り残される問題を容易に解決することはできない。もちろん、第1章に示した、児童生徒の現実に寄り添う「教師」の努力や研究によって、当該算数がわからなかった児童の状況を改善に導く多くの教師がいるが、学齢期を通じて必ずしも同様の指導を受け続けることができるわけではないのが現実でもあろう。むしろ、何よりも問題であることは、「画一的」「一定」の進度や内容で構成される教育課程によって、すべての児童生徒が教育目標を達成できることを前提とする硬直的な学校教育制度の実態の方が根本的問題だと言えよう。

同様に、同じ水準では理解が容易である児童生徒の場合は、「もっとわかりたい」という学習欲求が充足されずに自己の能力的成長の機会としての学習から疎外される。この場合も同様に「機会」と「場」として学習要求を満たすに至らない。とりわけ、前者の場合は、最高裁の学習権の定義に記される「自ら学習することができない子ども」[10]の状態にあたる。この場合、社会一般では多くの場合に本人の能力の問題や努力不足とされて、「それは仕方のないこと」と放置されてきた風潮がある。しかし、学校教育においては本来それに同調することは許されず、「わかる」「ついてくることができる」児童生徒のみを対象とする公教育など憲法原理からはあり得ないはずである。

以上から、学習要求は、教育を受ける権利の自由権的意義としての「機会」と「場」に対してだけでなく、実質的に学習内容が「わかる」こと、また「もっとわかりたい」自己欲求ための「機会」を求めることと言える。もとより、自己が、「わかる」ことから疎外され、その状況がそのまま放置されないことを求めることも含まれる。

そして、当該問題のように、形式的な平等（機会均等と場）だけでは事実上達成することができない教育目的を、学習者による「わかる」ための学習要求によって結果的にひとしく目的に到達することを可能にする機能を有しているのが学習権であると言える。すなわち、これまで教育を受ける機会に形式的に浴しても、実質的にはその恩恵を受けてきていない場合、とりわけ、これを治癒する手立てを持たない、たとえば低学年の児童生徒にとっては、自分にとってわかる授業（教育）を求める学習権の保障は憲法的要請が高いものと言えよう。

憲法との関係では、これは二十六条一項の「その能力に応じて、ひとしく教育を受ける権利を有する」の「能力に応じて」から導き出される。[11] これは憲法の個人の尊厳を基底に、憲法十三条の個人の尊重や幸福追求によって拘束されるものであり、個人としてそれぞれに応じた教育を受けることが憲法理念に合致するところであることは第2章ですでに示したとおりである。

ところで、「わからない児童生徒だけ特別に教えることは平等ではない」との教師の話や、そのような理由で先生に対応してもらえなかった自らの経験を話す学生がいる。ここで持ち出されている平等は、憲法十四条の平等概念とも関係する。

そこで、ここで形式的平等と実質的平等、そして絶対的平等と相対的平等について整理をしておきたい。

憲法十四条の「法の下の平等」は、もともと、人はみなそれぞれが違う存在であり、一人ひとりが他人とは違った価値を持っているからこそ、「国家による不平等取り扱いの禁止＝法的取り扱いの均一化」（形式的平等）を求めている。すなわち、異なった価値を等しく尊重しようというのが人間平等の考え方である。[12][13] したがって、憲法十四条後段の「人種、信条、性別、社会的身分又は門地」などは、典型的な差別禁止事由としての意味を持つが、これらにかかわらずすべての子どもが学校教育に等しくアクセスできることが、教育を受ける権利に関する形式的平等としての憲法的要請である。

一方で、この形式的平等による一律の扱いによって、結果的には不平等な状態におかれる場合がある。つまり、一人ひとりの違いにもかかわらず、法的に形式的に平等に扱うことは、場合によってはその結果において、もともとから存在した違いに基づく不平等状態を拡大させてしまう結果を招来する場合がある。それゆえに、個人の背景や避け得ない事実状態などにある現実の不平等の状態を是正して、実質的な平等を実現すべきことが必要となった[14]。

これについて、井上典之氏は、「『正義としての平等』とは、『現実に人間が違いを伴って存在している』という事実を考慮にいれた上で、『人にはそれぞれ、さまざまな点において違いがあるから、そういう各個人の備えている事実状態の違いというものを一切捨象して法律上均一に取り扱うことは、場合によっては、かえって不合理な結果を生ずることにもなりかねない』という意味において、法的に均一な取り扱いを絶対的なものとすることはできず、『異なった取り扱いをすることに正当な理由があればそれを是正しなければならない』との考えを前提にする[15]。」ことを述べている。

すなわち、各個人の異なった事実状態を考慮して、それゆえにあえて異なった扱い（合理的区別／合理的差別）をすることで、結果の平等を目指すものである。そういう意味では、憲法が要請する平等概念は、硬直的に何もかも平等に扱わなければならない「絶対的平等」ではなく、各人の違いを考慮して事情に応じてひとしく扱う「相対的平等」とされる。

一方で、具体的に、どのような場合に合理的区別／合理的差別として異なる扱いをすることが実質的平等、あるいは相対的平等原理に適うのか、という問題が生じる[16]。この点について、「教育を受ける権利」の観点から整理すると、そもそも憲法二十六条が、国民は「能力に応じて教育を受ける権利」を有することを規定している。そして、それに基づいて提供される教育は「法律に定めるところ」により、「教育の目的」（教育基本法 第一条）、「教育の目標」（同第二条）、そして、下位法である学校教育法で詳しく高等学校、中学校、小学校等の教育目的が示される。さらに、学校教育の目的や目標を達成するために作成された学校の教育計画（教育課程）が学習指導要領に基づき編成される。ところが、この教育課程の内容は、多くの場合に教育の対象となる学習者集団（たとえば、平均的な理解力を持つ集団など）に適した単一の教育課程となる。

この意味を整理すると、「教育を受ける権利」は形式的平等として教育が機会均等でなければならないことは当然であるが、憲法二十六条第一項に記される「能力に応じて」をも踏まえると、教育は理解の仕方や心身など個々の事情、背景などをもとにした学習者の能力の違いを前提とした教育課程であることが要請されているはずである。[17] しかし、教育課程は、たとえば個々の事情や背景、能力の違いを捨象し、学習者の事情や理解の有無に関係なく全教育課程を終わらせることのみが目的化したり、進度が特定の層に焦点化することが現実に起こっている。これについて、教育課程の基となる学習指導要領においては、たとえば文部科学省が発行した平成29年告示の小学校学習指導要領解説総則編によると、「教育は、その本質からして児童の心身の発達の段階や特性および地域や学校の実態に応じて効果的に行われることが大切であり、（略）学校や教師の創意工夫に負うところが大きい。」ことや、「学校や教師の裁量に基づく多様な創意工夫を前提としている。」（第2章）と記され、一見すると柔軟な教育課程が可能であるかのように受け取れる。もちろん、教職員の多大な努力によってそれらは支えられていよう。しかし、実際は「学習指導要領に示している内容は、すべての児童に対して確実に指導しなければならないものである」ことや、「従わなくてはならないものである」（第2章）ことが示され、学習指導要領の「基準性」を明示して硬直性を示している。あえて唯一弾力性を示しているのは、「学習指導要領に示していない内容を加えて指導する」（傍点筆者）との、付加的あるいは発展的方向性でしかない。

このように、学校で実施する教育課程に基づく一定、一律、均一の形式的平等による教育「機会」の提供の結果、学習者が当該教育課程に合致せずに教育内容から疎外されるに至った場合は、特にこの状態が学齢期を通じて治癒されずに継続する場合は、教育目的に到達するための教育を受ける権利の保障が結果的に喪失される不平等な事態を招いてしまうと言えよう。この深刻さは第1章 第1節に示したとおりである。それゆえに、学校や教育機関は個人の能力に応じた異なる教育課程や学習プロセスなどによるあえて異なる扱い（合理的差別・合理的区別としての異なる多様な教育課程）をもって結果の平等、すなわち等しく教育目的を達するように指導することが求められる、と言える。同時に、学習評価においても、児童生徒は指導する側が設定した特定の能力基準だけで評価されるのではなく、前提が異なるそれぞれの事情に応え得る多様な評価をもって学習が用意されることにより、教育目的を達する多様なプロセスが生まれる。同時に、自分がわかる授業とそれに基づく評価を受けることにより、自尊感情にも大きく影響し自己理解に大きく影響すると言えよう。[18]

そこで、この権利保障を確実にするためにこそ、特に当該児童生徒は、それぞれの「能力に応じて」習得する（理解する）ことができる異なる対応（内容や指導）を、学習権（第4章 第5節（3））に基づく学習要求として学校に対して求め、これに応じて、教育機関はすべての児童生徒が実質的に「教育の目的」を平等に達することができるよう教育を保障する必要がある。これが実質的平等を実現する学習権の大きな特徴・機能と言える。この対応は、義務教育段階ほど要請は高いと考えられる。

以上、学習権は、教育を受ける学習内容などから疎外を受けずに等しく教育目的を達するための、「実質的な平等」の観点から捉えられる原理と言えよう。[19]

第2節　実質的な学習要求を行う学習権の適用場面

(1) 第1章の「疎外事例」を例として

前述の学習権は、先述のとおり、教育を受ける権利の形式的平等の側面としての「機会」と「場」としてよりも、むしろ自己の尊厳や可能性に向けた学習の「機会」や「場」への選択可能性の問題として、また「わかりたい」、「学びたい」という自発的な学習要求の実現の観点から、特に第1章の事例で挙げた学校教育の実際として存在する多くの「一定」にあてはまらない児童生徒に対して有効である。第1章で示した事例に適用させることができる。

(事例2)では、筋ジストロフィー症を発症している生徒に対して、形式的・一般的な「一定」の高校の教育課程に合わないから(入学試験において合格点に達していたにも関わらず)不合格にする、という論理ではなく、「普通高校で学習したい」「大学に進学するための勉強をしたい」という、当該生徒の学習要求に基づいて高校普通教育の過程を用意することが憲法二十六条の教育を受ける権利の実質的な保障となる。もし、形式的平等として既存の教育課程をそのまま生徒に課した場合、本件症状を伴っている生徒は事実上教育から排除、あるいは疎外される。しかし、この生徒が、筋ジストロフィー症の状況においても、教育目的を達するためにあえて他の生徒とは異なる教育課程や学習方法、あるいは支援が用意されること(扱いを受けること)によって、普通教育を受けることが可能となる。これは形式的な平等保障としての機会均等を補完する実質的平等による学習成果の獲得であり、学習権による学習要求に対する充足が為されたと言える。〈なお、現在は障害者差別解消法(障害を理由とする差別の解消の推進に関する法律)(平成25年)により合理的配慮が義務づけられている。〉この学習要求の充足が、

「ひとしく能力に応じて」教育を受けることに値すると言え、「能力」が単に高校教育を受けるに値するかどうかの「資格」ではなく、当該児童生徒の心身の事情や状況と同意であると言える。

ここで、「教育を受ける権利」の機会均等の形式的平等の観点からのみ「教育機会の保障」を捉えるならば、高校側が前述の障害を持つ生徒に対して主張するように「支援学校」に進学することも、「教育を受ける機会を得ている」と言える可能性がある。しかし、仮にその「機会」に形式的に浴したとしても、本人が求める教育を受けたとは言えない。


〈事例3－①〉では、二つの「一定」と疎外がある。一つは、進学校として、成績が悪い生徒に対して「わかる」ことから疎外をもたらしている場合。二つ目は、大学受験対策用の授業（ここでは歴史の問題集解説）が常時行われることによって、日本史の内容を学びたいことが叶わないという学習内容からの疎外である。この生徒も当該授業に従わなかったために、先生たちからは（一部の先生を除いて）自分に対して否定的な眼差しでしか相手にされなかった。生徒は、当該生徒は大学入試センター試験用の一問一答形式の授業を拒否していたが、当該教師の授業に沿わなければ単位の取得とならないことから、事実上強制されていた。

この場合の生徒の学習要求は、（受験対策の問題だけの授業ではなく、本来の）「日本史の内容を学習したい」ということであり、日本史の専門教師から歴史について学ぶことができることがその充足となる。この歴史が「わかる」ことを根拠として授業内容の改善を要求することこそ、まさに学習権による歴史の学習要求となろう。

問題はこれら学習要求を伝える手段が、生徒が権利の保持者であるにもかかわらずその手立てを有していない、ということである。この点について、近年の授業改善の観点から、学校によっては生徒による授業評価制度が設けられるようになってきている。しかし、教師にそれを伝え、改善を求めることが権利であり、それに応えることが権利保障という学校側の認識がなければ、事実上この生徒は不利益を被る可能性が高い。

（事例５）は、教育を受ける権利を保障する機関としての学校が、妊娠した女子生徒に休学するか、妊婦であるにもかかわらず、体育実技を他の生徒と同様に行って卒業するかの選択を迫った事例である。本件の場合は事実上の「休学」を迫るものであったが、いずれも体育実技を他の生徒と同様に課す指導が行われた。教育を受ける権利の保障としての学校の設立意義から整理すると、体育科教師が策定した教育課程の実技を形式的な機会均等の観点から履修させることによって結果的に母体の危険を招くような指導を行ったことは、教育課程の目的を逆に損ねることになる。そこで、当該妊娠した女子高生は、自らの事情に応じて学習を継続することができるように他の生徒とは異なる学習内容や方法を求める学習要求を有し、学校はこの学習要求にしたがって教育目的を達するための、他に代わりうる内容と方法をもって指導すべきである。このように一般的、一律的な学習を硬直的に課すことで、教育目的、胎児のいのち、母体の安全を確保することが困難である場合に、学習権は、教育目的を実質的に達する教育課程を個別に用意することを求める権利として機能する。

（2）学習の自由の現実場面から

児童生徒一人ひとりが、学習内容から「疎外」されず、自分なりの理解（自分が「わかる」「できる」）と、自己の意味ある存在と関係づけられて学習するにあたり、一方では同じ一定の水準では理解が容易で早い児童生徒の場合は、「もっとわかりたい」という学習欲求が充足されずに自己の能力的成長の機会としての学習から疎外される場合がある。このような児童生徒の場合、実際の例としては、すぐに理解できてしまう自分が先生や友達に嫌われないように「わからないふりをしてきた」「英語の発音が下手なふりをしてきた」という深刻な経験をよく聞く。

また、社会的問題に関する意識が高い熱心な児童生徒は、学校での受験用の授業以外の内容を求めることがある。この場合も実質的な意味で「機会」と「場」として学習要求を満たすに至らない事態だと言える。

以下の事例は、近年行われた関西の高校における中国や韓国などアジアの国々との生徒間交流を通じて、これまで、受験中心の授業が進められてきていた学習（授業内容）の狭さに気づいた生徒たちによる学校に向けたメッセージである。以下Ａ～Ｄの内容は、中国の高校生とともに、日中戦争における中国での「惨禍」や日本での「惨禍」について歴史協同学習を行ったあとの感想から抜粋した。

Ａ：「私が感じた事は私自身の無知です。Ｓさんと歴史の話になった時、私は教科書の一般論しか述べることができませんでした。私はそのことが悔しくてなりません。何故自分の国の事なのに、詳しく知らないのか、どこにでも書いてあるような一般論しか述べられないのか、何故自分の意見を述べる事ができなかったのか。私は小学校６年生の時まで歴史を学ぶのは受験のためだと思っていました。中学校になって幕末が好きになり、趣味で歴史を学ぶようになりました。だとしても歴史を学ぶ意味は曖昧だったのです。ですが、今回初めて歴史を学ぶ意味を知った気がします。（高校女子２年）

Ｂ：「真面目に対等に相手と意見を交換するために、より相手の国を理解するために、そして自分の国の汚いところも綺麗なところも全て受け止めて自分の国を誇れるように、歴史を勉強するのだと感じました。（高校女子２年）

Ｃ：「自分の国のことを知って、自分の意見を言えるようになってから、もう一度彼らと直接会って話をしたいです。その時は、相手の歴史に対する見方が新な発見になるかもしれませんし、また別の後悔が生まれるかもしれません。ですが話をしたことに後悔はしないと思います。現に私は今、この交流に参加して歴史の話をし、自分の無知を知り、涙したことを後悔していません。むしろこの機会に感謝しています。（高校男子）[20]（以上、傍線部は筆者）

以上は、教科書で受験に対応する授業を受けてきた生徒たちの、しかも、ある意味そのような学習で勝ち抜いてきた高校生たちの声である。

国際交流が進展し、他国の高校生と語り合うことができる時代になって、自らが自信をもって学習してきた内容では、他国の高校生との話し合いに太刀打ちできないことに気づいたこと（A生徒）。そして、これまでの学習が、自分たちの未来へつながらないのではないか、との教員へのメッセージである。この場合の学習要求は、「自国の利益のためだけの教育ではなく、世界の人たちと未来を語り合えるレベルの内容を扱ってほしい」（B生徒、C生徒）という願いが推察できる。しかも、事例Aのように、これまでの学習が「自己の意味ある存在と関係づけられてい」なかったようなことが読み取れるような内容が書かれており、歴史を学習する意味、自分が歴史とどのようにかかわっているか、という根源的な点での「学習すべき内容」からの疎外が起こっていたことがわかる。

これら生徒の声を（特に傍線部を中心に）学習権論の定義にあてはめると、堀尾学習権論では、「自己の存在の発展」につながる「学習を自由に行うことができる」ことを求める権利に該当する。

また、第二次教科書裁判「杉本判決」（1970）で示された学習権の定義に照らし合わせると、それは「将来においてその人間性を十分に開花させるべく自ら学習し、事物を知り、これによって自らを成長させることが子どもの生来的権利であ」ることに該当しよう。さらに、最高裁旭川学テ判決で定義された学習権に照らし合わせると、

「一市民として、成長、発達し、自己の人格を完成、実現するために必要な学習をする固有の権利を有する」ことにあたる。

すなわち、表現は異なっていても、学習権概念を成り立たせる「成長と発展意欲」を旺盛に有する地位ゆえに尊重されるべき子どもの権利を基底とした「子ども観」、「子どもの学習の特徴と権利性」、「知性観」に基づく内容[21]から改めて次のように整理できる。①「大人の意図がそのまま子どもに押しつけられ」（堀尾・勝田1959:95（379））るのではなく、子どもの権利を中核にした学習観であること。②「子どもの未来は、子ども自身の自発的学習の内容によって規定される諸要因を考慮してのみ展望される」[22]こと。また、③教育を受ける存在〟から、〝自らが自らの幸福（未来）のために自発的に学ぶ〟存在。そして、「教育が子どもひとりひとりの自発性と創造性を引き出し、真実を知る能力を高めると同時に、子どもの潜在的可能性を埋もれさせないように全面的に発達させることをめざしている。」（堀尾・勝田1959:96頁下段）という、子ども独自の存在と地位に基づく。

これらの学習要求は、前記の歴史学習に置き換えると、教科書を暗記したりする学習のみではなく、より発展的に歴史を学習する意味や、自分たちとの関係、さらに日本にとっての負の歴史や銘記すべき歴史も含めて正当に学ぶことを求めていると言える。このような歴史について学ぶ要求であり、これは、これまで学習権の特徴で挙げられてきた「学習の自由」とまとめることができる。この点において、学習権の生成当時に予定された学習権行使の効果（内心の成長の自由を支配し、自由な成長・発展を妨げることを防ぐ）に至るともいえよう。しかも、この「自由」は、学校から禁止されたり抑止されたりするような指導に対して、憲法二十六条の自由権的側面の観点[23]や、学習の自由の観点[24]から、単純に防御権の問題となる性質を有している。すなわち、教育行政や学校から一方的に制止されるべき性質のものではないと言えよう。

ここで、第4章 第5節（3）「児童生徒にとっての『学習権』の具体的利益と可能性」で示した、日本国籍を有する満18歳の高校生に引き下げられた選挙権の一環としての学習を振り返る。学習を含む広義の政治的な活動が学校の放課後等に自発的に行われることに際して、筆者は、子どもの権利を基にした学習権が生み出す憲法的利益として、学校における教育課程以外の学習において自由権的意義を明瞭に示すことを示した。

すなわち、18歳以上の高校生が、学校での教育課程とは別に選挙権他市民的権利などの憲法が保障する権利に基づく活動や学習を正課授業以外の時間に行う自由を有しており、選挙権を行使するために必要な基礎的な知識や政治的教養などを、当該学校の教員に指導を求めることが考えられる。また、そのための教室の使用も求めることがある。これは、個人的要求というよりも満18歳に達したすべての高校生が有する学習要求と言え、これは集会結社の自由や表現の自由だけでなく、学習権に基づく自発的な学習の場と考える。この場合の学習要求に対する「充足」は、教育行政や学校による当該学習要求に対しての規制がされることなく、放課後などに、当該学習の機会と場が提供されることをもって「充足」と言えると考えられる。そして、この場合の「学習の自由」の解釈は、たとえば、芸術に秀でている、運動面に秀でている、文学面に秀でている、など自らが認識する「能力」に応じて教育を受ける「機会」や「場」の水平的な「学習分野の選択」を表すことも含められるだろう。もちろん、これらも学習の自由（選択）として考慮されるべきである。しかし、単なる「選択」をもって「学習の自由」と捉えることよりも、学習権論が当初より問題としてきた、教育行政による規制や介入の抑止の観点[25]や国家意思の学習内容への介入、あるいは一律や一定水準という画一的な教育内容に対して、憲法原理に基づいてどのように学習者の内心の自由、あるいは一人ひとりに応じた学びを保障するか、という観点から解釈が限定されるものと考えられる。

第3節　学習権論の一つの今日的意義と保障のあり方への課題

ここまで、堀尾・勝田両氏が生成した学習権論である「学習者中心の自発的学習として、自己の存在の発展すなわち幸福追求をめざす学習を自由に行うことができる権利」（学習権）（堀尾・勝田1959:95）、そしてこれを礎として発展した最高裁での学習権概念から、「学習要求」とその「充足」について試論としての回答を示した。

ここでの学習要求は、いかなる欲求や要求をも「学習要求」と捉えるのではなく、最高裁旭川学テ判決で示されたように、「教育を受ける権利の背後にある学習をする権利（学習権）」との位置づけ、および二十六条第一項に示される「能力に応じて」の解釈から、教育を受ける権利をより積極的、かつ実質的に児童生徒に保障するために不可欠なものとして考察した。その結果、子どもの権利、そしてその子どもの自己への期待の観点から、学習権が、とりわけ学校教育においては、学習機会および内容に関する形式的な平等と、一人ひとりに応じて教育目的を達する実質的な平等を実現し、また学習の自由の自由権的意義を実現するものとして学習要求が捉えられる。そして、この場合の学習要求の充足とは、学習権保障の観点から先のような各教育課題に対応を行うことであり、これこそが「責務」と言えよう。

そして、この学習権の特徴は、教育目的に対して、教育を受ける権利の形式的平等の側面からだけではその目的達成が困難な場合に、実質的平等の観点から達成の不足やそのための機会を自己に補うことを求めるためにある。また、自己の存在の発展（幸福追求）のための学習の自由の観点と合わせて二つの観点から積極的に自己に適する教育を求めることができる概念だと捉えることで、教育を受ける権利による目的が達せられるはずである。それは二十六条一項の「能力に応じて、ひとしく教育を受ける」ことの同条文の意図を補強することができる。具体的に同条文の性質上、まず二十六条によってすべての児童生徒が教育の機会を得、そこで憲法原理に沿った教育内容に基づく普通教育を受ける際には、一律的（画一的）な教育だけでは目的を達することができないから、理解の仕方の違い、あるいは本人がおかれている心身の状況や事情など、各々の学習能力に応じて学習環境が整えられることが実現するよう要求することができると考えられるべきである。このような学習要求に対応することで、真に一人ひとりの能力および各事情や背景に基づく学習環境が整うことになる。この結果、ひとしく教育目的の成果を得ることが可能となる。

このように、子どもが学校教育を受ける場合に、学習権によって形式的な機会の平等だけでなく、一人ひとりの能力に応じて必要な学習内容や方法を獲得することが可能となるよう要求できることで、結果として教育目的をひとしく達する実質的平等を達成することが可能となる。このような効果は、教育行政や学校の側からでは把握することが困難な児童生徒の状況を、学習者の側から教育環境の整備要求として求めることができ、具体的な改善が達成されることで、権利としての今日的な大きな意義があると考えらえる。

以上、学習権は、教育を受ける権利の形式的平等による機会均等の観点からの保障だけではなく、あえて一人ひとりの能力・事情・背景に応じて教育目的達成のための異なる機会と場を学習要求として求める実質的平等を図る権利概念とすることに意義があることを述べた。それは、学習権生成時に意図された、国家によって一方的に教育されること（教育への介入）を防ぐ観点を原点に、国家に対する「学習の自由」の根拠としての学習権から、人権享有主体としての子ども一人ひとりの成長と幸福のための学習権へと、堀尾氏自身によって発展させた経過（第4章 第4節（5））を踏まえた成果をさらに進めた具体的かつ新たな権利概念を付加したものであると言える。

しかし、このような学習権が有する教育目的達成のための実質的平等原理や、学習の自由の原理とは異なり、今日、学習権の用い方は教育現場、教育行政ともに混乱しているように思われる。近時の（別途）下級審判決の分析によると、教員の地位保全のために児童生徒の学習権を用いたり、教育行政が推進する教育内容（たとえば、行事的活動における国旗国歌の指導など）を「学習をする権利」があるから、それを管理職が指導することに問題はない、との趣旨で教育行政側が積極的に学習権保障の論理を用いたりする場合が多くなってきたように思える。

ところが、たとえば後者の場合、行政権力が推奨する教育内容に対しては、学習者が権利を主張しなくてもその学習自体が保護されるわけであるから、わざわざ権利を主張して「充足」を求める必要はない。むしろ、教育行政が推進する教育内容とは異なる学習を求める児童生徒が、学習要求として自己の学習の自由を根拠に国家の介入を防ぐ観点から学習権を主張する場合にこそ、学習権の学習の自由としての意義がある。このように、理論と現実的運用との乖離は隔絶のままと言ってもよいほどであるように思われる。


そこで、先に示した学習権概念を前提として、問題は子どもがこの権利をどのように主張することができるのかを考える必要がある。

たとえば、あらゆる『個人の都合』を憲法的保障に値する学習要求として、その「要求」実現を教師個人に求めても、それは本来学習権行使による学習要求概念に必ずしも該当しないと言えるだろう。しかし、児童生徒の『個人の都合』のように見えても、実は学習要求として憲法的保障に値するような「要求」がある。重要なことは、これらの峻別と同時に、子ども自身が学校や大人に対してどのように学習権としての学習要求を発することができるのか、ということが当該権利の保障には欠かせない問題である。また、大人が学習権を子どもに代わって配慮する場合や、教育行政が権利に対する責務として配慮する場合に、意図的に権利の評価を低くすることなく学習権保障を行うためには何らかの制度化を以って臨むべきだと考えられる。

このような中、国際的な子どもの人権論として、国際連合教育科学文化機関（UNESCO）が示す教育と人権との関係、とりわけ近年では、２０００年に発行された“*The World Education Forum : Dakar Frame for Action*”では、「すべての子ども、若者、大人は基本的な学習ニーズを満たす教育の恩恵を得るための人権を有している」(UNESCO:2000)などのほか、2005年から2014年まで国際的に取り組まれた「国連持続可能な開発のための教育の10年」(Decade of Education for Sustainable Development)、に示された「教育」の位置づけにおいても、子どもの権利宣言[26]、世界人権宣言および国際人権規約、そして子どもの権利条約などを基礎として、教育が人権との関係で保障する子どもの地位や学習上の権利などが明らかにされていた。堀尾学習権も、その生成過程において「子どもの権利宣言」を基底に学習権説を再構築した背景から[27]、子どもの権利と「教育」の基本的な関係を踏まえて、児童生徒の学習要求とその保障について国際条約を踏まえた考察も必要不可欠であると考えられる。これによって、前述の、学習権保障、あるいは学習権に基づく学習要求をどのように可能にすることができるか、逆に教育行政はどのようにそれを保障する制度を構築できるか、という条約に課された国の責務の観点からも提起される必要がある。

次章では、とりわけ、子どもの権利条約二十八条、二十九条の教育条項には国際的解釈として学習権と同様の解釈が標準化しつつあることに着目し、子どもの人権としての学習権の観点から、児童生徒がどのように学習要求を具体的に発することができるのかを、国連子どもの権利委員会の子どもの権利条約の解釈を基に考察する。あわせて、政府がこの条約を順守する義務と、児童生徒が有する憲法上の権利に対する保障義務の両面から、また、子どもの権利条約の近時の解釈を踏まえて制度化を実現するに極めて有効な理論から、子どもの学習要求に対する責務を果たす行政行為としての質の意味を提起する。

注

（1）第3章 第2節（3）「学習をする権利（学習権）の憲法二十六条への付加と問題」および「（4）学習権の性質の問い直しの必要性」」

（2）『第4章 第5節（1）「学習権」が生み出した子どもにとっての利益の輪郭、（3）児童生徒にとっての「学習権」の具体的利益と可能性』

（3）たとえば、家永教科書裁判「杉本判決」の中に表現される学習権概念では、「将来においてその人間性を十分に開花させるべく自ら学習し、事物を知り、これによって自らを成長させることが子どもの生来的権利である」（行集21巻7号別冊45頁―検定処分取り消し訴訟事件―東京地方昭和42年（行ウ）第85号）。また最高裁旭川学テ判決においては、「一市民として、成長、発達し、自己の人格を完成、実現するために必要な学習をする固有の権利を有する」（刑集30巻5号632頁）と位置づけられる。

（4）この幸福追求過程には、もとより成長を通じた発達期の価値形成と自己決定が内包される。

（5）最高裁の学習権から「一市民として、成長、発達し、自己の人格を完成、実現するために必要な学習をする固有の権利」（刑集30巻5号633頁）にあたる。

（6）「国家による不平等取り扱いの禁止＝法的取り扱いの均一化」（浦部 前掲注（第2章 1）109頁）という形式的平等である。ここでは、いかなる異なる属性や背景、政治的、経済的事情があろうとも教育を受ける権利に基づいて、具体的に学校教育を受けられることを意味する。

（7）堀尾・勝田 前掲注（第4章 9）No417号95頁（379頁）／本著 第4章 第5節（5）1」より

（8）最高裁による学習権の定義「子どもの教育は、教育を施す者の支配的権能ではなく、何よりもまず、子どもの学習をする権利に対応し、その充足を図りうる立場にある者の責務に属するものとしてとらえられている」より

（9）「第4章 第4節（5）2）」参照。

(10) 刑集第30巻5号 632頁
(11) 「第2章 第2節 (2) 憲法二十六条における『能力に応じて』の意味」参照
(12) 浦部 前掲注 (第2章 1) 108頁
(13) 井上典之はこれを「正義としての平等」として取り上げている。(井上典之「平等保障の裁判的実現(四・完)―平等審査の方法とその権利保護―」神戸法学雑誌 第48巻 第2号 (神戸法学会,1998.9) 305頁」)
(14) 浦部 前掲注 (第2章 1) 109頁
(15) 井上 前掲注 (13) 305頁
(16) 井上典之は「要件および効果において何が『平等』で何が『不平等』なのかについての基準をおよそ内在させていないことを指摘する。(井上 前掲注 (13) 306頁)
(17) 浦部法穂は、「それぞれの個人には、それぞれの能力がある。だから、全ての人がそれぞれの能力に応じた教育を受けられるように条件整備することは当然に必要」(浦部 前掲注 (第2章 1) 218頁) とし、その文脈的意味は、教育は個々人に向けられ、個々人にとって意味のあるもの (教育制度や学校制度) でなければならないことを述べる。
(18) 野崎志帆「国際理解教育におけるセルフ・エスティームの本来的意義の検討『共生』と『エンパワメント』の視点から」『国際理解』31号 (帝塚山学院大学国際理解教育研究所,2000) 106頁
(19) 「第4章 第5節 (3) 児童生徒にとっての「学習権」の具体的利益と可能性」参照。
(20) 生徒A、B、Cの記録は、(拙稿) 伊井「UNESCO ASPnetを通じた学校間連携」日本国際理解教育学会編『国際理解教育』(明石書店,2010) 145頁
(21) 本書「第4章 第4節 (5) 学習権の本質の再概念かからの『教育の自由』の再考」参照
(22) 堀尾・勝田 前掲注 (第4章 9) No417号95頁 (379頁)
(23) 本書「第2章 第2節」参照
(24) 本書「第4章 第3節 (1) 学習権の始源」参照

（25）本書「第4章 第1節（5）国の介入を抑止するための新しい『権利関係』まとめ」

（26）１９５９年11月、国連総会において「児童の権利に関する宣言」が採択された。第一条「児童は、この宣言に掲げるすべての権利を有する。すべての児童は、いかなる例外もなく、自己またはその家庭のいずれについても、その人種、皮膚の色、性、言語、宗教、政治上その他の意見、国民的若しくは社会的出身、財産、門地その他の地位のため差別を受けることなく、これらの権利を与えられなければならない。第二条：児童は、特別の保護を受け、また、健全、かつ、正常な方法及び自由と尊厳の状態の下で身体的、知能的、道徳的、精神的及び社会的に成長することができるための機会及び便益を、法律その他の手段によって与えられなければならない。この目的のために法律を制定するに当つては、児童の最善の利益について、最善の考慮が払わなければならない。」他（奥脇直也他『国際条約集２０１４年版』（有斐閣,2014））

（27）堀尾 前掲注（第3章 22）34頁／本書 第4章 第4節（5）学習権の本質の再概念かからの「教育の自由の再考」）

第7章　「学習要求」の国際的な位置づけへ

序章で示した「学習主体の立場から学校教育の制度的価値転換」を考えるにあたり、序章および第1章では、特に具体的な問題事例として児童生徒の教育からの疎外や排除される実態を紹介して問題を指摘した。これら実態は、大人の眼差しや大人の意図によって判断される評価によって、彼らが「困った児童生徒だから」との子ども個人の問題にすり替えられ、学習者の立場からの、大人や社会への正当な主張や評価が無価値化されてしまっていることを問題意識の原点として2章以降の考察を重ねた。

以後、本書は前章（第6章）まで、前述の問題意識を基に、学習主体の立場から教育を彼らに適したものに取り戻すための手立てとして、学習権論の生成過程を検討し、今日的意義を考察してきた。この学習権論は特に子どもの人権および子どもの権利をもとに基礎づけられ、その上で導き出した子どもゆえの学習要求を、どのように教育に反映させるか、という点で、権利の主体者とそれに対する責務を担う側の接点として、いかなる権利の行使の仕方と保障の仕方があるかを検討する必要があることを述べた。

一方、これまで述べてきたとおり、学習権論が堀尾氏らにより、また最高裁旭川学テ判決により、子どもの人権および子どもの権利を基底にして生成されてきた経緯を踏まえて俯瞰すると、改めて、子どもの権利の意義を今日的に学習権論の中に組み入れる必要がある。すなわち、第6章までで、学習権を国内における生成過程と解釈によって憲法との関係において新たな権利性を提起した。しかし、その一方では、学習権の今日的な新たな権利性を提起してきた結果として、21世紀に進展してきた子どもの権利と教育との関係性の国際的な成果を付加して、同視点から子どもの権利としての学習権を考察する必要性が求められている。そこで、本章では、児童生徒の学習要求とその保障について、国際条約や国際的な教育概念を踏まえた学習権の保障のあり方を考察していく。

なお、既知のとおり、政府は国連教育科学文化機関（ユネスコ）などによる国連決議や諸宣言に対する誠実な対応が求められ、また、子どもの権利条約などの国際条約に対しては条約順守義務を負う[1]。同時に、国は憲法の「教育を受ける権利」の保障など、国際規範と憲法との両面において国際的、国内的に責務を果たさなければならない。このような意味で、今日的に学習者（「子ども」）と「教育」の関係について、20世紀終盤～21世紀初頭に国際的に教育と人権の不可分性が示され[2]、特に子どもの権利条約二十八条・二十九条の近年の権利内容の解釈が学習権の内容と極めて近似して国際的に標準化しつつあることを踏まえて考察が為される必要がある。そこで、本章では、これらを背景として本件学習権による子どもの学習要求とその充足の制度化を実現するために、国連を中心とする国際的な教育活動や子どもの権利条約の解釈の国際的成果を前提として考察する。

具体的には、子どもの具体的な学習要求を彼ら自身の権利として行使するにあたり、それを根拠づける子どもの「人権」および「権利」の性質。また、条約と憲法の子どもの権利観の相違を整理する。その上で、子どもによる学習要求に関する法的意義を検討する。特に、子どもが成人とは異なる社会的「地位」にあることを踏まえ、保障の仕方を示す。

第1節　子どもの権利条約と憲法・国内法との「子ども観」の相違

（1）「子どもの権利」と学校の状況

子どもの権利条約が１９９４年5月に発効して以来、法学の諸分野を中心に児童・生徒が関係する「教育問題」や「社会問題」、そして教育制度を含む「教育政策」などにおいて、条約の趣旨に照らし合わせた具体的な省察が加えられてきた。これにより、教育現場でも、「子どもの人権」を意識する風潮が高まってきたことは既知のとおりである。古くは、熊本での「丸刈り訴訟」[3]や、大阪での「内申書開示訴訟」[4]などに見られる既存の教育や教育行政そのものを問い直す事例に端を発して、「学校教育」と子どもの「人権」との関係を考慮しなければならない意識が学校現場にも広まることとなった。また、子どもの人権という範疇ではなくとも、自認する性の尊重や、昨今のＩＣＴやＳＮＳの進展に合わせて、たとえば、児童・生徒の写真の撮影や掲載には、肖像権や人格権にもとづくプライバシーの権利が広く適用され、大人や子どもに関係なく個人が特定される場合は、事前に了解を取るなどの配慮が当然に為されている[5]。このように、時間の経過とともに、校則の見直しや調査書の開示、入試成績などの開示請求や個人の特定に対する防御など、「個人情報」における自己情報のコントロール権の分野を中心に人権概念が広く用いられるようになったと言えよう。

一方、子どもの権利条約発効後約20年近くを経た２０１２年12月に発生した大阪市立桜宮高校バスケット部員の自殺事件に関する体罰報道では、本来、決定的な人権侵害事例であるにもかかわらず、いまだに体罰を一部擁護するようなマスコミや教育関係者の発言すら報道された[6]。この事件では、その後も体罰と人権侵害との結びつけが十分に行なわれず、むしろ大人の側からの論理としか言えないような「体罰と熱心さとの線引き」論にすり替えられた様相さえ見受けられる[7]。また、第1章で記したように、妊娠した女子生徒に通常の体育の実技を（事実上）強いるような事例の他、教師の評価権や進路指導に関わる（児童生徒からすれば）強大な裁量の前に「服従」すらせざるを得ない子どもたちの報道などを見ることがある。これらから、真に子どもの人権の内実が理解され、子どもの権利として捉えられて諸制度が整ってきたとは言い難い。

振り返ると、子どもの権利条約が発効した当時に発せられた文部省（当時）からの通知[8]は、「子どもの人権に十分に配慮し、一人ひとりを大切にした教育」との理念を述べつつも、基本的には従来の教育内容・制度を踏襲する、という一般的な配慮の範囲内にとどまるものであった。このため、教育行政や学校現場での対応は、必ずしも同条約の理解と教員養成過程での徹底、あるいは教員研修などにおいて条約の根本理念に立った生徒指導観・授業・組織・制度などへの積極的な点検と改革が行われたわけではなく、単に理念的なものとして捉えられたに過ぎない認識で終わったと言えよう。その結果、「熱心であれば許される」、あるいは「（運動部を）強くする方法としての暴力」が教育現場で許容されるような風潮さえ生み出され続けたとも言える。

また、冒頭の校則においても、校則の管理的側面における「規制の緩和」という結果だけが先行し、本来の子どもの人権を護り育てる学校として、どのような指導のあり方に転換すべきか、との教育行政・学校での意識化には至っていなかった。[9]問題は、条約が示す子どものための人権概念と権利意識に対して、積極的な教育行政や学校側の対応が必ずしも十分に為されていなかった、ということであろう。これらを背景として、今後、「子どもの人権」を前提とした「子どもの権利」[10]を実質的に保障するためには、保障すべき子どもの権利内容を条文から教条的に捉えて対応するのでは不十分であると考えられ、教育を受ける権利に対応する責務として教育行政やそのもとにある学校が具体的に保障すべき人権と権利内容を発見し、かつそれを保障するための制度や教育手法を創出できるレベルで把握される必要がある。[11]要は、子どもの権利内容が学校で具体的に把握されなければ、実際の保障には至らないと言えよう。

では、具体的な教育場面の中で、前述のように「子どもの人権」が意識され、または一人の人間としての主体性が発揮されるように「子どもの権利」を理解するためには、これをどのように捉え、理解すればよいのだろうか。第4章でも記したとおり、本来「学習権」は、この子どもの権利の理解にもとづいて、その意義を補強する必要があると考えられ、児童生徒が学習権による学習要求を行うことが、国際的な子どもの権利の枠組みの中でも位置づけられる必要がある。

（2）子どもの権利条約と憲法・国内法の「子どもの権利」

ここで、子どもの権利条約の根本理念に着目してみると、そもそもこの条約は1923年に国際連盟で提起された「子どもの権利宣言」に遡る（採択1924年）。同宣言は戦後の1959年に国際連合で採択され、そして1966年に国際人権規約B規約（市民的及び政治的権利に関する国際規約二十四条）によって、子どもが市民的権利の享有者であることを、国際的かつ法的に承認し拡充するものとして採択された。[12] 具体的には、国際人権規約二十四条一項「全ての子どもは、人種、皮膚の色、性、言語、宗教、民族的もしくは社会的出身、財産又は出生などのいかなる差別もなしに、未成年者としての地位（*status as a minor*）（傍点筆者）に必要とされる保護措置を、家庭から、社会から、及び国家から受ける権利を有する」に基づいている。[13] 同様に、子どもの権利条約の前文一項、三項で（子どもが）基本的人権の享有主体であることを前提に「権利と自由の享有者」であり、また四項で「特別な保護と援助を受ける権利の享有者」として権利享有主体の地位[14]を確認している。すなわち、子どもも成人と同じく独立した人権享有の主体者として捉えられ、かつ前文六項で「発達」を理由とした権利行使主体として固有の権利が位置づけられる。この考え方は、たとえば、母性の保護の観点から女性には男性とは異なる特別な保護を要することが認められ、この観点から女性の権利が論じられることと同種であろう。

次に、条約はその地位を確認した上で、同六項で「人格の全面的かつ調和のとれた発達のために、家庭環境の下で、幸福、愛情および理解のある雰囲気の中で成長すべきこと」や、二十七条「子どもの発達のための十分な生活水準を求めることができる権利」、さらに三十二条で「子どもの発達のために有害な労働から保護される権利」（傍点筆者）と規定されるなど、特にその地位にふさわしい「発達」を重視して各権利を保障している。このように、子どもは、大人とは違った発達過程にある独自の「地位」として、「権利享有の主体者」として固有の権利を有する。

そしてその上で、子どもは権利の享有と行使の正規の資格者でありながら、自らの権利を認識・主張・実践する力を完全には有していないために、条約は、親・法定保護者などの指示・指導により、子どもが権利行使の主体者としての権利実現を可能とするよう要請している。[15] すなわち、子どもを大人とは違う存在として特別な保護を必要とするものとみる。

以上が、「国際人権規約」から「子どもの権利条約」に一貫して貫かれている理念であり、「発達過程を地位」として有する固有の権利の主体者とあわせて保護を必要とする子ども観を基礎としていることが確認できる。[16] 条約第三条一項には、「子どもの最善の利益」(the best interest of the child) が示され、条約全体の内容から、子どもの権利を促進する意味だけではなく、場合によっては、子どもの権利を制限する意味も含まれる。[18]

一方、憲法および国内法における子どもは、憲法上、子どもは国民の構成員として当然に人権享有者であり、[19] 権利の行使者となる。[20] ところが、「憲法が成人を主な対象としているために、人権の性質によっては、一応その社会の成員として成熟した人間を主として眼中に置き、それにいたらない人間に対しては、多かれ少なかれ特例を認めることが性質上是認される場合もある。[21]」と位置づけられてきたのが一般的である。たとえば、玉東中学校丸刈り訴訟（熊本地裁 昭和60年11月13日）においては、丸刈りなどの髪型は中学生にとって思想の表現と言えるか、との論点につき、以下のように判示している。

「原告らは、本件校則は、個人の感性、美的感覚あるいは思想の表現である髪形の自由を侵害するものであるから憲法二一条に違反すると主張するが、髪形が思想等の表現であるとは特殊な場合を除き、見ることはできず、特に中学生において髪形が思想等の表現であると見られる場合は極めて希有であるから、本件校則は、憲法二一条に違反しない。」

つまり、髪型が思想やその表現と見ることは通常はできないが、仮に思想や表現にあたるとしても、成長途上の未熟な中学生の場合は、大人のそれよりもはるかに認められる場合がない、ということを述べる。本件事例の場合は、「髪型」が表現の自由の対象となりうることを含ませながらも「中学生においてはきわめて稀である」という理由で大人の表現活動を基準として判断している。あわせて、未成年者に対して、特に18歳未満の子どもに対しては一部の基本権を除いて、市民的権利や自由については成人には許されない制約を子どもゆえに課すことがあることや、心身の発達の十分でない未成年者を保護する目的で保護者の同意など財産上（私法上）の行為能力を制限することが是認される。[22] さらに、憲法は、青少年保護育成条例のように、各種の社会悪に対していまだ抵抗力の強くない青少年を守る目的で、マス・メディアなどによる有害な出版物・映画などの販売・鑑賞に規制を加え、未成年者の表現の自由について最小限の制限を許容する、[23] という論理により、子どもの権利は制限されている。

未成年者に関係する法律に表れる子ども観をみると、たとえば（旧）教育基本法、教育基本法、児童福祉法、少年法（第一条）の条文中や、地方公共団体の青少年保護育成条例[24]（傍点筆者）などには、大人（成人）が子ども（未成年者）を「育成」するという立場から、教育の目的（教育基本法前文・第一条）や、児童の育成・療育の責任

（児童福祉法第一・二・十九条）、少年の健全な育成（少年法第一条）が定められている。これらは、大人が中心となって子どもを「心身ともに健康で健全な国民に育成する」という視点にたっており、子どもは大人に育成される対象として受動的・従属的な立場を前提としていると言える。[25]

すなわち、憲法や法律などによる権利保障は、およそこれまでは「成熟した大人」を前提とするものであること、そして未成年者に対しては「心身の発達が未成熟で判断能力がない」ことに基づいて「保護・育成すべき必要」があり、その保護・育成の範囲で成人と同じ権利をどの程度認めるか、という限定的な保障となっている。

このように、憲法や法律における子どもの権利は、ともに人権享有主体であり権利行使の主体者と承認しつつも、それらは子ども（未成年者）の「未成熟性」と「保護・育成」の観点から「制限」される、とする見解が一般的である。このような大人が有する子ども観が、前項「（1）教育現場と子どもの人権」に記した「生徒の自殺事件」のように、安易な体罰や、熱心な指導という名の下での行き過ぎた指導が行われたりする背景の一因にもなっていると考えられる。

以上より、「子どもの権利条約の基本理念に立つ『子どもの権利』の捉え方」と、後者の「憲法や国内法における『子どもの権利』の捉え方」の関係をまとめると、両者は類似している点と、根本的に異なる点がある。「子どもの権利条約の基本理念に立つ『子どもの権利』の捉え方」は、子どもを「発達過程」を地位として「権利享有の主体者」として認め、そして、その「発達」を根拠とした権利が子ども「固有の権利」であるとする。その上で、子どもは大人とは違う存在として特別な保護を必要とする存在でもあるとする。

一方、『憲法や国内法における『子どもの権利』の捉え方』は、まず子どもも憲法や法律が保障する人権の享有主体であり、権利の共有主体である点において条約と類似した内容である。ところが、その権利の行使とその保障については、主に「成人」を対象とする内容であり、未成熟な子どもは大人が有する権利において、大人（成人）と比べてどの程度に権利の行使を認めるか、という権利観であることがわかる。また、未成熟であることを根拠として、子どもは害悪から保護されて健全に「育成される立場」として位置づけられ、条約の特別の保護を必要とする点でも類似している。ただ、大きな違いが、条約には子どもの発達を理由として大人とは異なる固有の権利の承認が前提となっている。これらと結びつけて捉えると、条約と憲法・法律とが類似した子ども観を有しているとしても、子ども中心で思考されるか否かという点で大きな差異があると言える。すなわち、両者は「子どもには『発達過程』ゆえに子ども固有の権利がある」ことを承認する権利観と、未成熟であるがゆえに大人との比較において、また保護や健全な育成の観点から「『成人』を対象とした権利をどの程度認めるか」という子どもの権利観の認識の違いが生まれる。

しかし、問題は、「子どもの地位」にふさわしい権利を、子どもを対象に認めることと、「成人」を主な対象とする権利を子どもに制限的に認めた結果が、仮に、子どもの権利保障にとって同じ効果をもたらすことがあるとしても、本来、前述のような根本的な権利観の違いによって、それぞれが予定する権利の内容や性質、そしてその効果に違いがある。[26] そもそも、「発達過程」と「成人」という、それぞれ違う地位を保障対象とする条約と憲法は、自ずと権利内容にも違う内容を備えているのであり、そういう意味において条約が示す「子どもの権利」の内容を、大人を主な対象とする憲法が示す権利内容と同内容のものとして捉えることは、子どもの権利の本質を見誤ることになる。また、それ自体が条約の趣旨から見て妥当ではないと考えられる。

この両者の違いを、先述の玉東中学校丸刈り訴訟の子どもの思想・表現の自由として条約の観点で捉えると、当時はまだ子どもの権利条約の締結前ではあるが、あえてこの事例を子どもの権利条約の趣旨にあてはめて考えると次のように考えられよう。当該生徒は「発達過程」を固有の「地位」として捉えた上で、「子ども自らの発達にとって必要な、子ども自らがその地位として有する権利」の行使者となる。それを尊重・保護するために条約は子どもの「発達」と「地位」にふさわしい権利の行使を可能にしようとする。子どもの場合は、思想・良心や信条を形成する精神活動面において、未発達・未成熟の状態にあることを考慮し、子どもの髪型の表現・選択決定の自由は、成人の「思想」観とは異なって、厳格でない緩やかな解釈でこれを認めることが求められていると考える。そして、「発達過程」にある子どもの精神的特徴にふさわしい内容として当該表現が発せられるのであれば、結果的にそれが自己意識の確認や美意識程度の表現の場合でも、その行為が生徒の内心の形成途上に必要なもの（価値・態度）であれば、広く表現の自由、あるいは自己決定の範疇に含ませるべきもの、と捉えられるべきであろう。この点にこそ、子どもの権利条約の趣旨に沿い、このような幅広い表現の自由を認めることによって、初めて子どもたちにとって「表現の自由」が意味を持つものとなるのではないだろうか。仮に、丸刈りの是非よりもむしろ学校の規律の観点から校則が論じられるとしても、少なくとも、丸刈りを強制する校則に対して、自らの身体的一部である頭髪がどのような長さであっても、それは自己の自由の範囲内だと考えることは、学校社会（生徒にとっての社会）の中での自己のあり方に関する重要な価値選択と言える。すなわち、思想・良心の内容は、その「発達過程」にある子どもの精神的特徴にふさわしい内容であればよいのではないかと考えられる。そもそも、本件の判示のように、憲法が保障する思想・良心として「成人」が有する世界観・人生観・思想体系・政治的意見やそれに基づく価値判断などを、同様に子どもに求めること自体が無理であり、また道徳的・倫理的な判断を可能にする内心の意識についても、「成人」と同程度に自律と自己決定を可能にするほど確立（成熟）した内容に達している前提に立つべきではない。むしろ、「どのような規範を自らに課して行くのか」という人格的アイデンティティーを形成している途上にあることを前提とした、日ごとに大きく変化・成長している精神性に応じた思想・良心の保障を視野に入れる必要があると考えられる。

このように、子どもの権利を尊重・保護するということは、まさに、子どもには子どもの世界があり、子どもの「発達」途上には、大人とは異なる価値判断がなされていることを認める必要があろう。また、形成途上にある「人格と深くかかわる道徳的・倫理的な判断を可能にする内心」が発達過程特有の内容を備えていることも知る必要があり、具体的に、発達・成長途上にあるこの「内心」が大人のそれらとどのように異なるのか、ということについて論理的かつ教育現場における実践的な発見・抽出が為されなければならない。ただし、本来条約の規定は直接的には裁判規範とはならないことから、子どもの権利条約と憲法・法律の子ども観と権利の承認などにおける相違がある。

（3）子ども固有の権利としての学習権へのアプローチ

前項（２）で示したように、子どもの人権・権利の特徴としての三種類の性質を示した。一つは、子どもや成人に関係なく保障される権利、二つ目は、発達を根拠とする子どもの固有の権利、そして三つめは、子どもの権利を守るために保護の観点から制限される権利の性質がある。

一つ目の性質は、子どもの権利条約と憲法・法律との両者において、子どもも人権共有主体、および権利の共有主体性が認められて成人と同じ権利を有する。

一方で、二つ目の性質は、「子どもの権利条約」での子ども観と、学習権生成過程で用いられた子ども観[27]に依拠して、いずれも子どもの発達過程を根拠として、子どもには大人とは異なる権利があることを基点とする。すなわち、異なる存在であるからこそ、人として、子どもとしてその存在に必要なことを主張することができる、という子どもの権利の固有性となる。[28]

そして三つ目は、パターナリズムによる人権・権利の制約原理に基づく子どもの制限された権利である。

以上の三種類の子どもの人権とそれにもとづく権利の性質の中で、学習権はどれに属するかを分析すると、次のような異なる権利の種類とそれらによる利益がもたらされると考えられる。学習要求が子どもの権利条約の意見表明権に含まれ、特に教育に関する教育整備要求の一部としての制度として意見表明を可能にすることを考えると自由権的な性質と捉えられる。次に、最高裁旭川学テ判決で示された学習権の内容に依拠させると、その定義には「一市民として、成長、発達し、自己の人格を完成、実現するために必要な学習をする固有の権利を有する」との性質が示され、子ども固有の権利として特に尊重すべき性質があると理解できる。

「一市民として、成長、発達し、自己の人格を完成、実現するために必要な学習をする固有の権利を有すること、特に、自ら学習することのできない子どもは、その学習要求を充足するための教育を自己に施すことを大人一般に対して要求する権利を有する」「換言すれば、子どもの教育は、教育を施す者の支配的権能ではなく、何よりもまず、子どもの学習をする権利に対応し、その充足を図りうる立場にある者の責務に属するものとしてとらえられている」[29]

したがって、この場合の「固有の権利」とは、「発達」を根拠とした大人とは異なる地位に基づく権利である。この意味は、大人が施す教育に従属的に学習することを述べるのではなく、発達を根拠として子ども（児童生徒）のためにある権利であり、「学習要求」も大人の判断において都合よく解釈することは許されることなく、学習者である子どもにとっての学習要求の内容の意味と質を把握する必要があると考えられる。このような意味において、本件最高裁旭川学テ判決で示された学習権が、堀尾氏による「子どもの権利」を中核として生成された内容が[30]引き継がれていると言えよう。

そうすると、大人が大人の立場で権利内容を規定するのではなく、子どもにとって必要なこと、しかも、子ども自身に、権利意識や学習要求の意味が把握されていなくても、それらが憲法的な保障に値するものとして、大人（学校・教育行政）がいかに発見することができるか、という問題を同時に引き起こす。

これまでは、子どもが「未熟」であるがゆえに、という根拠で子どもの権利を大人が振り返ることの必要性そのものが希薄であったと言えるが、子どもの「固有の権利」とは何か、という観念を大人（学校や教育行政）が有しなければ、児童生徒の学校教育における学習要求そのものだけでなく、発せられた要求の意味の評価をいたずらに低く扱ってしまう恐れがある。

これを踏まえ、第6章の終わりに、教育目的達成のための実質的平等の観点から、児童生徒の個々の「学習権保障、あるいは学習権に基づく学習要求をどのように可能にすることができるか、逆に教育行政はどのようにそれを保障する制度を構築できるか、という子どもの権利条約に課された国の責務として提起される必要がある。」ことを示した。すなわち、児童生徒の固有の権利としての学習要求を発する方途、あるいは、教師や学校が把握する具体的な制度をどのように持つことができるか、という問題に帰着する。この具体的な学習要求については、子どもの権利条約の国際的な解釈の進展によって多くの示唆を得ることができる。（第8章で後述する）

ただし、「子どもの権利」についても、日本が子どもの権利条約に批准していることをもって、直ちに国民、とりわけ子どもが直接に条約の規定を根拠に救済を求めたりすることができない、と解される。あわせて、二十六条が社会権的意義と自由権的意義の両義性を有するとしても、基本的に「教育を受ける権利」の憲法上の位置づけが社会権としてある意義から、当該権利の充足は、それが十分でない場合に「国民は諸制度の整備を国家に要求できる権利」との条件整備要求権として位置づけられる。[31] すなわち、一般的に、直接学習要求をもって、学校や教師に対して教育的配慮を求めることはともかく、具体的な作為（行為）を法的に、あるいはそれと同等に求める主張を[32]

することはできないと考えられる。しかし、近年は本章（第7章）冒頭にも示したとおり、子どもの権利、とりわけ後述する権利条約二十八条、二十九条の「教育への権利」（The Rihgt to Education / The Right to Learn）の国際的な理論的進展が顕著であり、何らかの憲法解釈や法的整備において積極的に援用が求められるものと考えられる。また、一方では、先に示した子どもの権利条約十二条に示される意見表明権[33]をもって、直接適用が可能となる見解も生まれつつある。このような今日の子どもの権利状況から、児童生徒による学習要求と子どもの権利条約に規定される権利との関係、あるいは条約の規定を直接的に用いて（自動執行）請求が可能であるか否かの検討が必要である。また、憲法二十六条の教育を受ける権利の解釈として援用することの可能性も検討される必要がある。次節において検討する。

第2節　子どもの権利条約の自動執行性と学習権

まず、前章（第6章）までは、憲法二十六条の「教育を受ける権利」を中心に、人権享有主体であり権利行使の主体者を前提として児童生徒を捉えてきた。

しかし、序章で提起した「学習主体の立場から学校教育の制度そのものの価値転換を提起する」にあたり、その考察の起点となる子どもには、一般的にどのように子どもの権利が存在し、それに対してどのような尊重や保障がなされているのか。あるいは、憲法や子どもの権利条約の規定がどの程度学校教育の中で効力（拘束力）を持っているかについて確認する必要があることを示した。とりわけ、本節では、子どもの学習要求が、権利条約十二条の意見表明権などを根拠に、権利条約の規定を直接用いて作為を求めることができるかどうかを検討する。

この背景には、前節（第1節）において検討の必要性を提起した、子どもの学習要求と子どもの権利条約の規定との関係において、条約の規定が直接的な適用の可能性を検討する必要性があることや、条約の規定が学校や教育行政や子どもにとってどのような意味があるのか、ということを確認する必要性があるからである。

たとえば、「校則問題」などに対して、権利条約の意見表名権の規定は具体的な問題解決に用いられることはほとんどなく、児童生徒が有する見解の最終的な反映などにはなり得ないのが現実である。むしろ学校や大人の「論理」による「学生らしさ」の抽象的な理由で一方的に進められていることがいまだに続いている。また、ある時は、子どもの「権利」の具体的な吟味のないままに、大人が恣意的に子どもの権利の三条一項「最善の利益」や「学習権」を解釈して用い、都合よく問題解決が為されることなどがあることが挙げられる。その一方では、教育や研究の場面において、現実の子どもに関する問題について、子どもの権利を取り上げた多様な言説で現実とはかけ離れた問題設定が為されて論じられることが多いこともある。

すなわち、現実的には、「条約」ゆえに個々の具体的問題解決の規範にはなりにくい性質を有していることもあわせて、「子どもの権利」とは、誰が誰に何をどのように求めうるのか、あるいは義務を果たすことになるのかが、曖昧なまま論じられているように思われる。本項では主に宮崎繁樹氏、伊藤正巳氏、北川善英氏らの論考を基に、本項冒頭の確認を進めたい。

日本では、一般的に、国際条約の国内適用については、大日本帝国憲法以来の慣行[34]および憲法九十八条二項等により条約を包括的に国内法として扱う「一般的受容方式」を採っている。[35]それゆえ、条約は「公布により直ちに国内法として受容され国内法的効力を有する」[36]と解釈される。[37]ただし、この国内法的効力の性格は、そもそも条約として国家（政府）と国家（政府）との間において義務を果たす意味での効力であり、[38]「政府」が有する権利や、果たす義務を国内的に認める規範としての効力であることを意味する。したがって、原則として条約が個人に直接的に権利を賦与し義務を課すというわけではない。[39]

このように、子どもの権利条約が国内で効力を持つことと、個人に対して直接的に条約の規定が適用されることとは本質的に異なり、直ちに子どもが権利を持ち、（たとえば大人に）義務が課される関係は発生しない。現在、個人が権利を与えられ、義務が課せられるためには、条約規定の内容に合致するよう具体的な権利義務を定める立法措置や行政措置によって初めて可能になる。[40] これが原則である。[41]

しかし、その原則の例外として、条約が「自力（自動）執行条約」[42]（self-executing treaties）あるいは自動執行的な規定の場合は、条約の批准・公布によって直ちに国内的に効力を持ち、個人に直接的に権利を与え義務を課すことになると解されている。[43] この自力（自動）執行性を持つ規定であるためには、①条約の規定が個人に直接権利を与え、義務を課す規定形式を採っていること（およそ自由権規約はこれにあたる）。そして、これが適用されるためには、②自力（自動）執行的規定が自動執行できる（適用できる）ように法体制が整っていること、という要件を満たさなければならない。[45] つまり、自力（自動）執行的規定であっても実際に直接適用として扱うか否かの判断は各国の問題ということになる。

これに対する日本の立場については、宮崎繁樹氏は、国際人権規約「市民的及び政治的権利に関する国際規約第四十条に基づく報告」[46] により第1回目の日本政府報告書での審議過程政府答弁を用いて、「政府は一応自力執行的なものと認めているようである」[47] 旨を示している。ただし、仮にこの自動執行条約が直接適用されるとしても、これをもって裁判規範となり得るかという点については、元最高裁判所判事伊藤正巳氏は、国際人権規約B規約（自由権規約）が「一般的に自動執行的な条約であることを黙示的に承認しているといってよい」[48] との見解と同時に、それはいまだ「判例として確定していないと思われる」[49] との見解も紹介している。つまり、政府は自力（自動）執行的規定を認めているが、裁判ではこの規範が一般化しているわけではない。すなわち、国内裁判所において直ちにそのまま適用されるわけではなく、子どもの権利条約の内容が、仮に直接適用しうる自由権的規定に基づく自動執行的性格（Self-executing）を有している内容を含んでいるとしても、どの規定がこれに該当するかはいまだ確定していないことを前提としなければならない。[50]これについては宮崎氏も同様の見解を論文で触れている。[51]

以上を踏まえ、「子どもの権利条約」が自力（自動）執行条約、あるいはその規定を有しているかどうかを検討すると、前述の基準から次のように整理される。

【要件１】：条約の規定が個人に直接権利を与え、義務を課す規定形式をとっているか。
【要件２】：その条約を国内で自力（自動）執行的なものとして受容する国内法の体制があるか否か。

一方、自力（自動）執行条約が「自由権的規定」を前提としていることから、規定の内容が「社会権的規定」やプログラム規定と解される場合は、締結国の行動規範などを示したものであるとされ、国内の社会権規程同様に、裁判所に対する権利の請求には適さないものと解される。[52]

その上で、宮崎氏は左記条文より【要件１】を満たし、規定が個人に直接権利を与え、義務を課す規定形式となっていると考えられる条文として、七条一項（氏名、国籍など）、十条二項（父母と異なる国に居住する子どもの移動の自由）、十三条一項（表現の自由）、同二項（表現の自由とその制限の限定的内容）、十六条一項（プライバシー、名誉）、同二項（一項に対する法的保護）を挙げる。[53]以上の要件から、たとえば子どもの権利条約十二条、十三条、十四条などの条文が自力（自動）執行規定として示しているといえる。

例）

十三条一項：児童は、表現の自由についての権利を有する。この権利には、口頭、手書き若しくは印刷、芸術の形態又は自ら選択する他の方法により、国境とのかかわりなく、あらゆる種類の情報及び考えを求め、受け及び伝える自由を含む。（傍線筆者）

十三条二項：一の権利の行使については、一定の制限を課することができる。ただし、その制限は、法律によって定められ、かつ、次の目的のために必要とされるものに限る。a．他の者の権利又は信用の尊重（以下略）

次に、宮崎氏は、条文上は「締約国は…」という権利義務の主体が国（政府）であるために個人に権利を付与する規定形式とはなっていないが、条文の趣旨や内容から個人を対象とした権利義務を規定していると解される条文を下記のように挙げる。[54] 三条二項、十二条一・二項、十四条一・二・三項、二十三条一・二・三項、二十四条二項ｉ～ｘである。すなわち、自力（自動）執行的規定であると解される条文である。

十二条一項：締約国は、自己の意見を形成する能力のある児童がその児童に影響を及ぼすすべての事項について**自由に自己の意見を表明する権利を確保する**。この場合において、児童の意見は、その児童の年齢及び成熟度に従って相応に考慮されるものとする。

二項：このため、児童は、特に、自己に影響を及ぼすあらゆる司法上及び行政上の手続において、国内法の手続規則に合致する方法により直接に又は代理人若しくは適当な団体を通じて聴取される機会を与えられる。

十四条一項：締約国は、**思想、良心及び宗教の自由についての児童の権利を尊重する。**
二項：締約国は、児童が一の権利を行使するに当たり、父母及び場合により法定保護者が児童に対しその発達しつつある能力に適合する方法で指示を与える権利及び義務を尊重する。
三項：**宗教又は信念を表明する自由については、**法律で定める制限であって公共の安全、公の秩序、公衆の健康若しくは道徳又は他の者の基本的な権利及び自由を保護するために必要なもののみを課することができる。

一方、自力（自動）執行性についての政府見解は、子どもの権利条約の国会での審議過程[55]において必ずしも自動（自力）執行的規定を否定する答弁はないことが確認される。[56]この場合、条文の規定が直接権利を与える形式を含み（要件１）、さらに、その規定が国内法において自動執行的なものとして受容される法体制が整っている場合（要件２）に、自動執行性があることになる。すなわち、政府答弁では「人権規約、憲法を初めとする現行の国内法制等で既に保障されておることから、条約を締結するために新たな立法措置は必要としない[57]」との答弁より、自由に意見を言える規定などは、自動執行性のある規定として読み取ることも可能である。しかし、仮に政府答弁についてそのような解釈が適当ではなく、自動執行性を有しない規定であるとしても、重要なことは、前述の条文（条約十三条など）は、児童生徒の自由な発言を承認していることを意味することである。

しかしながら、子どもの権利条約の規定の性質によっては、自動執行的な規定が国内裁判所において直ちにそのまま適用されるわけではなく、子どもの権利条約の内容が、仮に直接適用しうる自由権的規定に基づく自動執行的性格（Self-executing）を有している内容を含んでいるとしても、どの規定がこれに該当するかはいまだ確定していない。[58]

その上で、北川氏は、子どもの権利条約と憲法との関係について、子どもの権利の「保障（制約）の範囲」という観点から、①子どもの権利条約が憲法よりも人権の保障範囲を広げる場合。②人権を制約する根拠事由が狭い場合。そして、③条約が憲法の保障を上積みする場合、は、国際人権条約による保障が憲法の保障よりも広がることを理由として、これらを個別的に判断することで、「保障（制約）の範囲」が人権条約にしたがって広く保障される可能性を述べる。[59] すなわち、旭川学テ判決で示された学習要求が自らの学習上、あるいは進路における重要な内容を伴う教育行政施策については、「自己に影響を及ぼすあらゆる司法上および行政上の手続き」への、教育行政上の意見表明権として明らかに保障され、国はこれに対応する義務が発生すると考えられる。[60]

また、権利条約三条一項に規定される「子どもの最善の利益」(the best interests for the child) と憲法との関係も整理される必要性が指摘される。[61] この「子どもの最善の利益」は、子どもの公的・私的領域に関わるすべての行動や決定において、子ども自身にとって最善の利益とは何かが判断され、かつ第一次的に考慮されなければならないものとして規定される。[62] 特に、同規定は子どもの権利を解釈したり実施したりする際の原則とされている。国連子どもの権利委員会による「一般的意見14号」によると、「子どもの最善の利益は、あらゆる実施措置の採択において第一次的に考慮されなければならない。『される』(Shall be) という文言は国に対して強い法的義務を課すものであり、国はいかなる活動においても、子どもの最善の利益が評価され、かつ第一次的考慮事項として適正に重視されるか否かについて裁量を行使できないということを意味する」[63] と、あえて強い表現で、立法、行政、公的活動において第一義的に尊重しなくてはならないことを述べている。

権利条約の趣旨および同条約の国際的な解釈による基準からすると、学習権としての学習要求は、子どもの権利条約における第十二条「意見表明権」の自動執行的性質を有することと、そして権利条約三条一項の「子どもの最善の利益」を踏まえて、教育行政はこの学習要求を第一義的に考慮して対応しなくてはならない義務を国際的に負う状況にあると言える。つまり、学習要求を把握する学校や教育行政の具体的な施策は、憲法上、そして条約上の義務として位置づけられる。

注

（1）憲法九十八条二項「日本国が締結した条約及び確立された国際法規はこれを誠実に順守することを必要とする」

（2）たとえば、教育（初等教育）は、１９４８年の世界人権宣言、１９８９年の子どもの権利条約によって子どもが権利主体として位置づけられ、「教育を受ける権利」に対して、「教育を受けさせる義務」を保護者や政府に義務づけて教育への権利を保障する。これに基づき、１９９０年に「万人のための教育世界会議」が国際連合教育科学文化機関によって開催され、１５５ヵ国の代表、20の国際機関の代表、１５０のＮＧＯなど、教育大臣などを含む１５００人を超える参加者の下に開かれ"World Declaration on Education For All Meeting Basic Learning Needs"（以下、「ジョムティエン世界宣言」）が世界に向けて発せられて教育の普及が国際的に開始された。UNESCO, WORLD DECLARATION ON EDUCATION FOR ALL and FRAMEWORK FOR ACTION TO MEET BASIC LEARNING NEEDS:Adopted by the World Conference on Education for All Meeting Basic Learning Needs, Paris, UNESCO, 1990.

（3）熊本地判 昭和60月11月13日（玉東中学校丸刈り校則事件）

（4）大阪高判 平成8月9月27日（高槻市内申書非開示事件）／棟居快行ほか『基本的人権の事件簿』（有斐閣選書、1997）147頁

（5）プライバシー権は憲法十三条幸福追求権に基づく「自己情報コントロール権」であり、これらは特に子どもにのみ特有な権利として認められるわけではない。むしろ大人も子ども憲法規定がそのまま適用されている結果である。

（6） 産経新聞「主張」2013年2月17日（朝刊）

（7） 朝日新聞「スポーツ面」2013年12月18日（朝刊）

（8） 平成5年5月20日 文部事務次官通知－文初高第149号「『児童の権利に関する条約』について」坂本弘直文部事務次官名によって出された通知では、その「四項」で次のように通知されている。「本条約第十二条から第十六条までの規定において，意見を表明する権利，表現の自由についての権利等の権利について定められているが，もとより学校においては，その教育目的を達成するために必要な合理的範囲内で児童生徒等に対し，指導や指示を行い，また校則を定めることができるものであること。校則は，児童生徒等が健全な学校生活を営みよりよく成長発達していくための一定のきまりであり，これは学校の責任と判断において決定されるべきものであること。なお，校則は，日々の教育指導に関わるものであり，児童生徒等の実態，保護者の考え方，地域の実情等を踏まえ，より適切なものとなるよう引き続き配慮すること。」以上のように、条約の内容がすでに学校の教育目的を達する際に行なわれている範囲であることが述べられている。特段、子どもの権利についての理解や研修を求めているわけではない。

（9） たとえば、文部科学省通知（平成19年2月5日 文部科学省通知－18文科初第1019号「問題行動を起こす児童生徒に対する指導について」、（別紙）「学校教育法第十一条に規定する児童生徒の懲戒・体罰に関する考え方」）より、「体罰はいかなる場合も行ってはならない」としながらも、物理的な力の行使について「その一切が体罰として許されないというものではない」とした。また、最三小判 平成21年4月26日 民集63巻4号904頁「市立小学校における体罰に係る国家賠償請求事件」においても同趣旨の判決。

（10） 荒牧重人「子どもの権利条約（草案）の理念と保障構造」季刊教育法78号（エイデル研究所,1989）43頁

（11） これについて、参議院外務委員会での子どもの権利条約の審議において、矢野哲朗議員が条約第十二条に規定されている意見表明権の保障として校則やカリキュラムにまで生徒の意見を聞くのは学校運営の原則、根幹が揺らぐのではないか、との趣旨の質問に対して、政府（富岡賢治答弁）は、「条約上の義務として児童の意見を聞く機会を設け

なければならないわけではないわけでございます。今、先生御指摘のように、そういう機会を設けなければならないわけではないわけでございますけれども、例えば校則などの指導に当たりまして、生徒が自主的に行動して積極的に自己を生かしていくというようなことが大事でございますので、そういう校則の制定、見直しに当たりまして生徒会とか学級会の活動などでいろいろな課題、みずからの課題ということで討議する場を設けるなどの指導上の工夫は一つの方法」であることを答えている。このように教育行政のもとで学校が子どもの権利に配慮しなければならない学校教育場面が多々ある。（参議院、「参議院会議録 第126国会【臨時会】外務委員会」会議録第７号、（平成５年６月10日）４頁、（国会会議録検索システム）URL：kokkai.ndl.go.jp/

(12) 永井憲一編『子どもの権利条約の研究』（法政大学現代法研究所叢書,1992）11頁

(13) １９２４年９月26日国際連盟総会第５会期採択「子どもの権利に関するジュネーブ宣言」、１９５９年11月に国際連合で採択された「子どもの権利宣言」に端を発する。とりわけ、１９５９年宣言の原則１には、「子どもは、この宣言に掲げるすべての権利を享有するものとする。すべての子どもは、いかなる例外もなく、自己または家族のいずれを問わず、人種、皮膚の色、性、言語、宗教、政治的意見その他の意見、国民的もしくは社会的出身、財産、出生またはその他の地位を理由に差別されることなく、これらの権利を有するものとする。」

(14) 林量俶「子どもの立場に立った法理論」日本教育法学会年報19（有斐閣,1990）56頁

(15) 荒牧 前掲注（10）43頁／権利条約 第五条：「締約国は、児童がこの条約において認められる権利を行使するにあたり、父母若しくは場合により地方の慣習により定められている大家族若しくは共同体の構成員、法定保護者又は児童について法的に責任を有する他の者がその児童の発達しつつある能力に適合する方法で適当な指示及び指導を与える責任、権利及び義務を尊重する。」（傍線筆者）

(16) 永井 前掲注（４章８）17頁

(17) 児童の権利条約三条一項：「児童に関するすべての措置をとるに当たっては、公的若しくは私的な社会福祉施設、裁判所、行政当局又は立法機関のいずれによって行われるものであっても、児童の最善の利益が主として考慮される

ものとする。」
(18) 北川善英「子どもの人権と『子どもの最善の利益』(子どもの権利条約)－1」横浜国立大学教育紀要(1962-1997)第35集(1995)109頁
(19) 宮沢俊義『憲法Ⅱ〔新版〕法律学全集4』(有斐閣,1974)246頁では、「人権の主体としての人間たるの資格が、その年齢に無関係であるべきことは、言うまでもない」/小林直樹『新版 憲法講義(上)』(東京大学出版会,1980)283頁では、「人権の保障は本来、年齢とはかかわりなく何人にも平等になされるべきである」と記される。/中村睦男「憲法学と子どもの人権」法律時報59巻10号(日本評論社,1987)29～33頁
(20) 林 前掲注(14)56頁
(21) 宮沢 前掲注(19)77頁・247頁
(22) 伊藤正巳『憲法〔新版〕』(弘文堂,1993)200頁
(23) 宮沢 前掲注(21)247頁/伊藤 前掲注(22)200頁
(24) たとえば、「大阪府青少年保護育成条例によると、(目的)「第一条この条文は、青少年の健全な育成に関する基本理念を明らかにするとともに、府の基本施策を定めてこれを推進し、青少年を取り巻く社会環境を整備し、及び青少年をその健全な成長を阻害する行為から保護し、もって青少年の健全な育成を図ることを目的とする」と記される。
(25) 野上修市「丸刈り校則と子どもの自己表明権」季刊教育法79号(エイデル研究所,1989)21頁
子どもが大人に対して受動的・従属的な関係になることについて、父と子の関係に似た優者が劣者に対する保護と従属の行動様式としての「パターナリズム」が原則として否定される。しかし、同概念が完全には排除されないことで、子どもが害悪から守られることになることを認める。これらを根拠に子ども本人の利益のために一定の範囲において子どもの権利を制約できると考えられる。
(26) 野上 前掲注(25)13頁にも同趣旨で触れられている。
(27)「第4章 第4節(5)1)児童観の転換について」参照

(28)「子どもは発展途上にある。その権利のありように、成人と違う部分があるのは当然。違ったものをその違いに相応しく異なって扱うことが正義。子供には、大人と異なった扱いをすること。保護を与えることが正義に適う」(米沢広一『子ども・家族・憲法』(有斐閣,1992) 236・237頁)

(29) 刑集第30巻5号633頁

(30) 堀尾・勝田 前掲注(第4章 9) No417号95頁(379頁)/本書「第4章 第4節(5) 1) 児童観の転換について」参照。堀尾学習権の生成当時は子どもの権利条約(１９９４年批准)はなく、堀尾氏が用いたのは１９５９年11月に第14回国連総会で採択され、日本は１９５９年12月に参議院において支持決議をした内容によるものと推察される。「第一条 児童は、この宣言に掲げるすべての権利を有する。すべての児童は、いかなる例外もなく、自己又はその家族のいずれについても、その人種、皮膚の色、性、言語、宗教、政治上その他の意見、国民的若しくは社会的出身、財産、門地その他の地位のため差別を受けることなく、これらの権利を考えられなければならない。」

(31)「第３章 教育を受ける権利と学習権との関係 第２節学習権を考察する意義(１) 憲法二十六条に旭川学テ判決「学習をする権利」(学習権)を付加する意義」

(32) 浦部 前掲注(第２章 １) 216頁/同様に、佐藤幸治は技術文明の進展に伴い、教育施設や教育専門家の助けを借りなければ教育が成り立たない社会的背景から「現代国家にあって、教育を受ける権利とは、国家に対し合理的な教育制度と施設を通じて適切な教育の場を提供することを要求する権利を意味せざるを得ない」と述べる。(佐藤幸治『現代法律学講座５ 憲法〔第３版〕』(青林書院、平成７年) 427頁)

(33) (子どもの権利条約) 第十二条一項:締約国は、自己の意見を形成する能力のある児童がその児童に影響を及ぼすすべての事項について自由に自己の意見を表明する権利を確保する。この場合において、児童の意見は、その児童の年齢及び成熟度に従って相応に考慮されるものとする。 二項:このため、児童は、特に、自己に影響を及ぼすあらゆる司法上及び行政上の手続において、国内法の手続規則に合致する方法により直接に又は代理人若しくは適当な団体を通じて聴取される機会を与えられる。

(34) 衆議院、「衆議院憲法審査会」資料50号、(平成16年4月22日) 10頁、「『憲法と国際法(特に人権の国際的保障)』に関する基礎的資料」(国会会議録検索システム (国立国会図書館HP)
(35) 宮崎繁樹「子ども(児童)の権利条約の国内的効力」法律論叢第67巻第1号(1994年)11頁
http://www.shugiin.go.jp/internet/itdb_kenpou.nsf/html/kenpou/chosa/shukenshi.htm
(36) 衆議院憲法審査会 前掲注(34)10頁
(37) 宮崎繁樹氏は、これを「『一種の国内法規範』になったということができよう」と述べている。宮崎 前掲注(35)6頁
(38) 条約法に関するウィーン条約第二条
(39) 伊藤正巳「国際人権法と裁判所」国際人権1号(国際人権法学会.1990)7頁/佐藤幸治「憲法秩序と国際人権に対する覚書」国際人権16号(国際人権法学会.2005)
(40) 子どもの権利条約四条においても、他の多くの条約同様に「締結国は、この条約において認められる権利の実現のため、すべての適当な立法措置、行政措置その他の措置を講ずる」と定めている。
(41) 宮崎 前掲注(35)6頁
(42) "self-executing treaties"の訳について、宮崎繁樹氏は「自力執行」。佐藤幸治氏、伊藤正巳氏、北川善英氏は「自動執行」と訳している。
(43) 伊藤 前掲注(39)頁/宮崎 前掲注(35)8~9頁/衆議院憲法審査会 前掲注(34)9頁
(44) この代表的な例が国際人権規約の「市民的政治的権利に関する国際規約」と解されている。
(45) 宮崎 前掲注(35)9~11頁
(46) 外務省HP http://www.mofa.go.jp/mofaj/gaiko/kiyaku/(2017.4.18)参照
(47) 宮崎 前掲注(35)12頁
(48) 伊藤 前掲注(39)10頁より、最高裁判所判決昭和56年10月

23日刑集35巻7号696頁「公務員の政治活動の禁止に関する事件」の判決の中で「国際人権規約B規約（自由権規約）が一般的に自動執行的な条約であることを黙示的に承認しているといってよい」旨見解が示されている。

(49) 伊藤 前掲注（39）10頁

(50) 北川 前掲注（18）106頁

(51) 宮崎 前掲注（35）15頁、ただし、直接適用可能なものとして扱うかどうかはそれぞれの国の問題というのが現状である旨記される。

(52) 宮崎 前掲注（35）16頁

(53) 宮崎 前掲注（35）15～16頁

(54) 宮崎 前掲注（35）15～17頁

(55) 参議院外務委員会 前掲注（11）4頁、

矢野哲郎議員質問：「この条約は基本的人権の尊重の理念に基づく我が国の憲法が目指すところと合致しているわけでありますし、憲法を頂点とするいろいろな法令の体系、行政措置に沿って児童の人権は保障もされております。そして、その水準は世界的にもずば抜けたものと言っても誤りではない、こう考えております。この条約を実施するために新たな立法措置を求める意見は、将来このような立法が必要ではないかという立法政策の議論と一緒にしているのではないかと思います。」

政府説明員（小西正樹氏）：「政府は、一般に条約を締結するに当たりましては、誠実にこれを履行するという立場から国内法制との整合性を確保することといたしております。この条約の締結につきましてもこのような方針のもとに鋭意検討を行った結果として、その内容の多くは、先生もお触れになりましたとおり、人権規約、憲法を初めとする現行の国内法制等で既に保障されておることから、条約を締結するために新たな立法措置は必要としないと考えております。」（傍線筆者）

条約十二条の意見表明権について：**矢野哲朗議員質問**：条約第十二条に規定をされていますいわゆる意見表明権に

ついてお尋ねをいたします。自分の意見を形成することのできる児童が自分に影響を及ぼすすべての事柄について自由に自分の意見を表明することができるとのこの意見表明権、この条約の特色の一つだと思いますし、加えて十分尊重しなければならない事柄だと思うのであります。（中略）条約でも児童の意見はその年齢、成熟度に従って相応に考慮されるものと規定されています。また、児童に退学処分など不利益な処分を行う場合についても児童の意見を十分聴取することの必要性はこの条約の規定にまつことなく認められていることでありまして、政府は既に意見表明権の趣旨を踏まえて、学校教育の現場で校則やカリキュラムの決定に当たり生徒会などの活動を通じて児童の意見を参考としていくとの考えを示しています。学校運営の原則、根幹が揺らぐことのないように、教育現場が無用の混乱に陥ることのないように明確な対処方針を示すべきと考えるのでありますけれども、所見をお伺いいたします。（傍線筆者）

政府説明員（富岡賢治氏）：（前略）同条の二項では、一定の行政上の手続につきましての児童の聴取される機会につきまして規定されているわけでございますが、これは個々の児童に直接影響を及ぼすような行政上の手続につきましての規定でございまして、したがいまして個々の児童を直接対象とした行政上の手続ではないカリキュラムの編成とか校則の決定というようなことにつきましては、条約上の義務として児童の意見を聞く機会を設けなければならないわけではないわけでございます。今、先生御指摘のように、そういう機会を設けなければならないわけではないわけでございますけれども、例えば校則などの指導に当たりまして、生徒が自主的に行動して積極的に自己を生かしていくというようなことが大事でございますので、そういう校則の制定、見直しに当たりまして生徒会とか学級会の活動などでいろいろな課題、みずからの課題ということで討議する場を設けるなどの指導上の工夫は一つの方法であるというふうに答えてきているところでございます。（後略）（傍線筆者）

(56) 宮崎 前掲注 (35) 17頁

(57) 参院外務委員会 前掲注 (11) 4頁、同 前掲注 (55)「政府説明員（小西正樹氏）」の答弁箇所。

(58) 北川 前掲注 (18) 106頁

（59） 北川 前掲注（18）107頁／米沢広一「国際社会と人権」樋口陽一編『講座・憲法学（２）主権と国際社会』（日本評論社，1994）184頁

（60） これについては、参院外務委員会 前掲注（11）４頁の政府説明員（富岡賢治氏）による答弁（前掲注（55））（傍線部分）では、明確に回答されているわけではない。しかし、国連こどもの権利委員会による「一般意見」（2013年5月29日）によると、行政機関には教育機関も含まれる。（“Convention on the Rights of the Child,General Comment No.14（2013）on the right of the child to have his or her best interests taken as a primary consideration（art.3,para.1）” pp.8 ）

（61） 北川 前掲注（18）107頁

（62） 国連文書（CRC/C/GC/14）.pp3

（63） 日本弁護士連合会HP　子どもの権利条約条約機関の一般的意見14号
https://www.nichibenren.or.jp/activity/international/library/human_rights/child_general-comment.html（2017.4.3）

第8章　国際的な教育の人権性の広がりと学習権の今日的意義

第1節　国際的標準としての教育

(1) はじめに

本章まで、学習権の権利性について、その今日的な法的意義を提起するにあたり21世紀に進展してきた子どもの権利保障と教育との関係性の国際的な条約の解釈や潮流を付加して、同視点から学習権の権利性と国・教育行政の役割について考察してきた。本節では、児童生徒の学習要求とその保障について、子どもの権利条約の教育条項に「国連子どもの権利委員会」が加えた国際解釈や、これらを踏まえたＵＮＥＳＣＯによる加盟１９０ヵ国余りに発せられた「一般意見」、そして数々の教育指針や「採択」に関係する国際文書に明記された国際的な教育概念を踏まえた学習権の保障のあり方を考察していく。

特に、子どもの権利条約二八条、二九条の教育条項には国際的解釈として、学習権と類似の解釈が標準化しつつあることに着目し、子どもの人権としての学習権の観点から、児童生徒がどのように学習要求を具体的に発することができるのかを、国連子どもの権利委員会による解釈を基に考察する。

最初に、権利条約と連動して、教育のあり方について国際的に大きな影響を及ぼす「持続可能な開発のための教育」や「グローバル・アクション・プログラム」を紹介し、その基盤となる価値観・考え方、学習方法、およびESDで扱うべき学習内容について、UNESCOの文書を中心に国際動向を示しながら、子どもの権利と教育との関係を示す。

(2) 国連で採択された教育内容と方法

現在、国際的にはSDGsが推進されているが、その教育分野の取り組みとして国連教育科学文化機関(UNESCO)による「持続可能な開発のための教育」(Education for Sustainable Development)(以後ESD)が国際的に推進されている。UNESCOは2002年第57回国連総会によって2005年~2014年を「国連 持続可能な開発のための教育の10年」(以後UNDESD)と定め、教育等に関する国連の専門機関であるUNESCOを主導機関として日本を含めた世界での推進が図られた。[1] **この持続可能な開発の概念は、**「人は尊厳と福祉を保つに足る環境で、自由、平等および十分な生活水準を享受する基本的権利を有するとともに、現在および将来の世代のため環境を保護し改善する責任を負う」(ストックホルム宣言、1972年)、また「将来の世代のニーズを満たす能力を損なうことなく、現在の世代のニーズを満たすような開発」(ブルントラント委員会「我ら共通の未来」1987年)などをもとに、すべての人々の尊厳が守られ、人としての包括的なウェルビーイング(身体的・精神的・社会的に良好な状態)が世代を超えて保障される状態(サステナビリティ)、として定義される。すなわち、すべての人がこの恩恵を手にし、自由を手にし、そして選択肢を手に入れて幸福追求ができることは、人間開発の問題として一人ひとりの発展の可能性を大きく拓く(UNESCO, 2005)。換言すると「持続可能な社会」や「未来」とは、「一人ひとり」の事情や背景がいかなるものであろうと、すべての人が公正に持続可能社会を享受できることである。重要なことは、このような持続可能社会構築のためには教育がその基となる、ということである。これを受け、ＵＮＥＳＣＯは先のＤＥＳＤに加えて「教育」そのものを問い直し、教育を受ける機会のみならず一人ひとりの発展の可能性を拓くために「教育の質」の確保を子どもの権利条約と連動させて重点化してきた〈教育の質は、持続可能な開発目標〈ＳＤＧｓ〉の目標４に該当する〉。この意味は、これまでの抽象的・画一的内容の教育ではなく、学習者個々の現実と経験（背景）に着目し、学習者のありようやニーズから出発した教育内容と方法に転換を図ることである（UNESCO 2005, 2012)。

ＤＥＳＤの後、このような教育を一層推進するために第37回ユネスコ総会および２０１４年の第69回国連総会にて「持続可能な開発のための教育に関するグローバル・アクション・プログラム」(Global Action Program：ＧＡＰ)[2]が採択され、ＤＥＳＤの後継として２０１９年まで実施された。そして、それは引き続き２０１９年にＧＡＰの後継プログラムである「ESD for 2030」が採択され、この基本的な枠組みの中にＧＡＰ原則が引き継がれてＥＳＤは次の段階に進んでいる。[3]今日、多くのＵＮＥＳＣＯ文書が出されている中で、例えば *"The Incheon Declaration for Education 2030,2015.Dec. UNESCO /UNDP/UNICEF"* などにＧＡＰの概念が援用されている背景から、本書では敢えてＧＡＰを紹介しながら考察を進める。ＧＡＰが示した教育の質を重視する内容は次のとおりである。

（文部科学省・環境省仮訳：「持続可能な開発のための教育に関するグローバル・アクション・プログラム原則（抜粋）」

「グローバル・アクション・プログラムはＥＳＤの政策及び実践を網羅している。このグローバル・アクション・プログラムの文脈において、ＥＳＤは以下の原則に従うものとして理解されている。」

（ａ）ＥＳＤは、現在と将来世代のために、持続可能な開発に貢献し、環境保全及び経済的妥当性、公正な社会についての情報に基づいた決定及び責任ある行動を取るための知識、技能、価値観及び態度を万人が得ることを可能にする。
（b）ESDは、持続可能な開発の重要な問題が教育及び学習に含まれることを伴い、学習者が持続可能な開発の行動へと駆られるような、革新的な参加型教育及び学習の方法を必要とする。ESDは批判的思考、複雑なシステムの理解、未来の状況を想像する力及び参加・協働型の意思決定等の技能を向上させる。
（c）ESDは、権利に基づく教育アプローチを土台としている。これは、質の高い教育及び学習の提供に関係して意義のあることである。
（d）ESDは、社会を持続可能な開発へと再方向付けするための変革的な教育である。これは、教育及び学習の再構成と同様、最終的には教育システム及び構造の再方向付けを必要とする。ESDは教育及び学習の中核に関連しており、既存の教育実践の追加的なものと考えられるべきではない。
（e）ESDは、統合的で均衡の取れた全体的な方法で、持続可能な開発の環境、社会、経済の柱となるものに関連している。また、同様に、リオ＋20の成果的文書に含まれる持続可能な開発の包括的なアジェンダにも関連しており、中でも貧困削減、気候変動、防災、生物多様性及び持続可能な消費と生産の相関的な問題を含んでいる。ESDは地域の特性に対応し文化多様性を尊重している。
（f）ESDは、フォーマル、ノンフォーマル、インフォーマルな教育、そして幼児から高齢者までの生涯学習を網羅している。したがって、持続可能な開発に向けた広範囲な取組の研修及び普及啓発活動も含む。
（g）このグローバル・アクション・プログラムで使用されるESDという言葉は、その活動自体がESDという言葉を使用しているかどうか、若しくはその歴史及び文化的背景や環境教育、持続可能性の教育、グローバル教育、発展教育等の特定の優先的な分野にかかわらず、前述の原則に沿った全ての活動を含むものである。（傍線筆者）

ところで、ＥＳＤとは、持続可能性（sustainability）に関する課題について学び、持続可能な社会の実現を可能にするための知識、技能、能力、価値を身につけるための教育である。[4] 学習すべき持続可能性に関する課題は、人権、貧困の削減、文化多様性、平和、気候変動、減災（防災）、生物多様性、持続可能な消費などが示され、[5] 特に学齢期の児童生徒は、課題を学習しながら人格の発達、自律心、判断力、責任感などの人間性を育むこと、また他人との関係性、社会との関係性、自然環境との関係性を認識し、「関わり」、「つながり」を尊重できる個人を育むことを目指している。[6] 重要なことは、これらの学習はただ既存の教科学習のように学ぶことではなく、[7]「人権としての教育」が明瞭に示され、子どもの権利に基づく教育を通して行うよう示されていることである。

しかし、この教育のより重要な点は、先に列挙した教育課題の背後にある考え方にある。まず、「持続可能な開発のための教育」は、「持続可能な社会」を築く教育、「持続可能な未来」のための教育とも言い換えられて使用される。では、この「持続可能な社会」や「未来」とは誰にとっての「社会」であり、誰にとっての「未来」[8] であるか。私たちはこの基本的な問いから考える必要がある。

確かに言えることは、「未来」は「すべての人」にとっての未来であるはずであり、「社会」は、現世代を生きる「すべての人」が等しく参画できるべきものであるはずである。また、これから生まれるであろう、将来世代にとっての「未来」でもある。

つまり、格差社会などにおける経済的・社会的強者に位置する人たちにとってのみのよき「未来」や「社会」という意味であってはならず、構造的・社会的に低位に置かれる人たちを放置したままの「未来」や「社会」であってはならないはずである。同時に、将来世代にとっても社会と自然から現世代同様の利益が享受できることをも表す。そもそも、ＥＳＤがＵＮＥＳＣＯで扱われて推進されることになった意義から考えても自明の人類的目標と言えるであろう。「持続可能な社会」とは世代内と世代間における公平と衡平を図るための教育である。[9]

これらの原理をもとに、とりわけ、2015年以後の新たな段階でのESDを方向付けるGAPやSDGsには、「持続可能な社会・未来」のために、既存の教育が「再方向づけ」されるべきことや、「教育が権利に基づく」ことなどの教育の人権性[10]がこれまで以上に付加されている。このことは、ESDが学習者の権利を基点として学習の内容や方法についての枠組みを示すと同時に、「実践」の目的を明確にする極めて重要な教育のあり方を示している。現代において、UNESCOが推進する教育、とりわけESDによって持続可能な開発課題に向き合うとき、多くの点で国際連帯の共通基盤が人権の原理に依拠していることに着目する必要がある。

では、この教育の「再方向づけ」や教育の人権性は、どのように捉えられるべきであろうか。また、両概念はどのように関係して既存の教育（学習）枠組みを転換、あるいは方向付けることを求めているのだろうか。同様に、強調して提起されている「質の高い教育」などの基本的概念は、これらとどのように関係づけられるかも問われるべきであろう。本書はこれら基本概念の背後に一貫して流れるESDにおける教育の人権性の系譜を示しながら、「再方向づけ」や「質の高い教育」の意味と関係性を考察する。

（3）ESDにおける「教育」の人権性

2015年以降展開されるESDは、これまで以上に教育の質が求められ、同時に、これに伴う能力観や評価についても研究が進められている。しかし、一方ではこのESDの基盤となる教育の人権性やGAPが示す「教育の再方向性」について、その根源とも言える概念や内容は、国内ではあまり触れられてこなかった。

UNESCOが主導するESDが、元来、国際的な協同実践であり、GAPがそのESD推進の国際的基準でもあったことを念頭に置くと、前提にしている教育の人権性における共通の基盤概念を踏まえておく必要がある。もちろん、UNESCOが国連の機関である以上、両概念は諸条約などに示されてきた「人権」や「教育」概念を踏まえて進められている。中でも教育の人権性については、ＥＳＤによる「教育の再方向性」と関連付けて、ＤＥＳＤが開始された直後からＵＮＥＳＣＯによって次のように示されている。

２００６年にＥＳＤの指針を示した“*UNESCO Framework for the UNDESD International Implementation Scheme*”[11]（UNESCO:2006）では、「教育は基本的人権であり、それは持続可能な開発、平和、持続可能性（略）への鍵である（Education is a fundamental human right and it is the key to sustainable development, peace 略）こと。[12] そして「（そのような）ＥＳＤは教育アプローチ（カリキュラム、内容、教育学、そして試験）の再方向づけを要求する（ESD calls for a reorientation of educational approaches —— curriculum and content, pedagogy and examinations.）」[13] ことが示され、ＵＮＥＳＣＯがＥＳＤの開始にあたって教育と人権との関係を結び付け、かつ教育の国際的な方向性を示していたことがわかる。（傍点・傍線筆者）

ＥＳＤやＧＡＰに示された教育の人権性は、明らかに国際機関として国連やＵＮＥＳＣＯでの決議や国際条約に依拠しており、前述の系譜は世界人権宣言二十六条（1948年）の「Right to Education」に遡る。[14]

その後、子どもの権利条約（1989年）の採択を経て、「万民のための教育」（Education for All）（以下ＥＦＡ）の世界宣言“*World Declaration on Education for All*”[15]において教育が人権であることが再確認され、続いてＥＦＡの目

表１　教育の人権性が示されてきた系譜（筆者作成）

1948	世界人権宣言
1989	子どもの権利条約
1990	World Declaration Education for All.
2000	The World Education Forum.
2000	UNESCO World education report：“The right to education”
2001	The right to Education: An Analysis of UNESCO’s Standard
2005	UN Decade of ESD 2005-2014. At a glance.
2006	UNESCO Framework for the UNDESD International Implementation Scheme.
2012	UN, RIO+20 UN conference on ＳＤ
2014	UNESCO Education Strategy 2014-2021
2014	UNESCO Roadmap for Implementing the Global Action Programme on ESD
2019	UNESCO ESD：Towards achieving the SDGs（ESD for 2030）

標を具体的に達成する“*The World Education Forum : Dakar Frame for Action*”[16]においても、「すべての子ども、若者、大人は基本的な学習ニーズを満たす教育の恩恵を得るための人権を有している」(all children, young people and adults have the human right to benefit from an education that will meet their basic learning needs)[17]との確認が繰り返された。(傍線筆者)

このように教育が人権にふさわしい内容や方法に従うことを示した内容は、「表1」に示すすべての文書や宣言において同様に一貫して書き示されている。特に、ＤＥＳＤの10年間の教育のあり方を示した“*Framework*”(UNESCO:2006) の内容が、ＤＥＳＤ終了後の教育のあり方を示した“*UNESCO Education Strategy 2014–2021*”[18]にも通底して引き継がれている。このことは単に教育を各国の「教育学」の方法や内容の範囲にとどめるのではなく、ＵＮＥＳＣＯが示す教育の人権性を基盤にして一貫して捉えることを読み取ることができよう。そして「指導原理」(UNESCO.Strategy,2014) においては「教育が実利的な価値からだけでなく、疑い得ない人権として教育を推進する〝権利に基づいたアプローチ〟を指導する (UNESCO leads a rights-based approach which promotes education not only for its utilitarian value, but also as an undeniable human right.)[19]」こと、と明確に示されている。(傍線・傍点筆者)

以上、これまであまり注視されてこなかったＵＮＥＳＣＯにおける教育と人権の一貫した関係を辿ることで、ＥＳＤにおける「教育」の国際的基準を確認することができよう。そのような意味では、今後のＥＳＤの推進を質的に引き上げるGlobal Action Program[20]は、前述のＥＳＤの人権性に基づいて把握される必要があり、とりわけＧＡＰの原則 (a)〜(g) には強くこれらが盛り込まれている点に注視する必要がある。

たとえば、原則 (c) では、「ＥＳＤは、権利に基づく教育へのアプローチ (方法的・内容的) に立脚する。これは、質の高い教育及び学習の提供に関係して意義のあることである」(文部科学省環境省訳:2014) (傍点筆者) と、

ＥＳＤにおける教育そのものがその人権性に立脚し、かつ質の高い教育や学習と密接であることが盛り込まれている。

また、原則（ｂ）には、教育と人権、そしてＥＳＤとの関係について、ＥＳＤ推進の基本的な考え方を示した *Framework*（2006）と関連して捉えられる。すなわち、「持続可能な開発の重要な問題が教育及び学習に含まれる」[21] 教育の意味は、教育の人権性「a fundamental human right and it is the key to sustainable development, peace」の表現ですでに繰り返し確認されている。

以上より、ＵＮＥＳＣＯが示してきた諸文書や宣言などから、教育と人権の関係性を明らかにすると、次のように整理される。

①：教育は人権である。
②：①を前提とした教育を進める。
③：教育は学習者の権利として学習内容にアプローチできるよう指導する。
④：このことが質の高い教育および学習の提供となる意義を有する。

この①～④の文脈は、言うまでもなく教育は権利の保持者である学習者が主体であり、その学習者の状況に応じた教育内容やプロセスの提供が「質の高い教育」および学習である、という一連の関係を示している。これら意味のまとまりとして整理された「質の高い教育」の概念は、これまでの国際的文脈から切り離されて国内独自の解釈で把握されてきた状況を逃れ、学習者の権利を起点として再整理することができる。

次に、ＧＡＰ原則５.（ｄ）では、教育システムおよび構造の再方向づけを求めている。同時にＥＳＤが既存の教育実践の付加的レベルで捉えられるべきでないことを、次のように強く求めている。

「5.（d）ＥＳＤは、社会を持続可能な開発へと再方向づけするための変革的な教育である。これは、教育及び学習の再構成と同様、最終的には教育システム及び構造の再方向付けを必要とする。ＥＳＤは教育及び学習の中核に関連しており、既存の教育実践の付加的なものと考えられるべきではない[22]」（傍線筆者）

そして、前述の原則（d）に記される「再方向づけ」の意味は、原則（b）の「教育の人権性」、および原則（c）の権利に基づく教育へのアプローチは質の高い教育および学習にとって意義のあること、と関連して把握すると再方向性の意味の核心が自ずと規定される。すなわち、ＥＳＤは基本的人権として位置づけられた学習者の権利に基づく教育へ教育全体が転換（再方向化）することを求めていると言えよう。もとより、既存の教育実践の追加としてＥＳＤを実践することを、「ＥＳＤの実践」とは捉えていない。原則（d）には制度的転換をも求める毅然たる姿勢が読み取れる。

以上のように、ＥＳＤは大きな影響力をもって教育の変革の根拠となりうる重要な価値を提起していることが確認できよう。この背景には教育が人権として捉えられた①～④の論理と、その帰結としての⑤：「教育及び学習の再構成と同様、最終的には教育システム及び構造の再方向付け」が為される、という教育の人権性の系譜に基づくＧＡＰの射程があろう。

第2節　子どもの権利条約における教育条項の人権性と国連解釈

（1）教育と人権

次に、教育の人権性については本書 第2章 第2節において記した。このため、本節では、国連文書に見る教育と人権との関係を示す内容を一部引用して整理する。

元来、人権概念は、一人ひとりの自由な精神的営みなどが他の人と代わりえない個人の存在の尊厳性を明らかにし、このことに価値を置く。[23] 同時に、前述の自由権的基本権が前国家的基本権として位置づけられ、個人を社会の基本として国家から公正かつ平等に人権の享有を保障される地位にする。まず、これらのことを「教育」を通して学ばなければ、生まれながらにして自身に人権が備わっていることを知らず、自己の意味と価値を自覚することができないまま生きることになろう。同様に、他者にも人権が備わっている理解（他者尊重[24]）にも至らない。さらに、「他の市民的、政治的、経済的そして社会的権利を行使することもできずに、人権尊重そのものが幻の理論に終わる」。そして、UNESCOはこれらをふまえて「教育は諸権利の中でも上位の権利（“upstream” right）に位置する[25]」と位置づけている。すなわち、教育が人権（権利）を自覚化させること。また、人として必要不可欠な自由な精神的営みや他の権利の行使を可能にする諸能力の成長が、他の人と代わりえないかけがえのない個人をより明らかにする。それゆえに、何人も「教育」の対象から漏れたり疎外されたりすることがあってはならず、「誰一人取り残されない[26]」ことにもつながるだろう。まさに教育が人権として捉えられる理がここにある。

（2）子どもの権利条約教育条項（二八条・二九条）の国際解釈

次に、このような教育の人権性は、前述の宣言やUNESCOの著作物[27]、あるいは国連文書だけでなく、多くの国際人権法の中でも扱われてきた。特に「子どもの権利条約」（以下、権利条約）には、二八条に「教育の機会均等」や「義務教育」（一項）が示されている他、二九条で具体的な「学習上の権利」が列挙されている（次頁参照）。そこで、ここでは権利条約の具体的解釈を手掛かりにＥＳＤやＧＡＰに示される教育が人権であること（教育の人権性）について明らかにしていく。

まず、子どもの権利条約二九条には「教育の目的」が以下のように記され、続いて権利内容が示される。その具体的な権利内容については、「条約法に関するウィーン条約」（１９６９年採択）の解釈基準に基づき、かつ「国連子どもの権利委員会」答申および一般意見等の解釈基準に基づいて（権利条約の）解釈を為した「コンメンタール」（Mieke Verheyde 2006:11）[28] が詳しい。「コンメンタール」によると、教育の人権性は国際的に共有されている権利条約の「教育の目的」の他、二つの「教育」の概念定義から、教育と人権との関係をより詳細に明らかにしている。

第二十九条一項：締約国は、子どもの教育が次の目的で行われることに同意する。

（a）子どもの人格、才能ならびに精神的および身体的能力を最大限可能なまで発達させること。

（b）人権および基本的自由の尊重ならびに国際連合憲章に定める諸原則の尊重を発展させること。

（c）子どもの親、子ども自身の文化的アイデンティティー、言語および価値の尊重、子どもが居住している国および子どもの出身国の国民的価値の尊重、ならびに自己の文明と異なる文明の尊重を発展させること。

（d）すべての諸人民間、民族的、国民的および宗教的集団ならびに先住民間の理解、平和、寛容、性の平等および友好の精神の下で、子どもが自由な社会において責任ある生活を送れるようにする。

（e）自然環境の尊重を発展させること。[29]

前述の二十九条一項条文中の「教育」の意味については、「他のあらゆる国際人権文書同様、子どもの権利条約は教育の明確な定義を示していない[30]」。

しかしながら、「コンメンタール」は、「通常、国際的な法文書等において、教育という用語は二重の意味で用いられる」（Mieke Verheyde 2006:11）ことを他の条約や関連文書から明らかにしている。現在は、以下のように「教育」の二つの意味が国際的に広く用いられていることに注視する必要がある。

「a. 基礎的な技能を備えるものとしての教育。
b. 若者の知的、精神的及び感情的な資質の育成、換言すれば若者の人格のより一層の発展としての教育[31]。」

（傍線筆者）

以上の二つの「教育」の意味の内、「a.」の「基礎的な技能」は、何をもって基礎的な技能とするかという点について、子どもの権利委員会の見解を用いながら次のように強調している。

「識字力や数的理解力のみならず、バランスの取れた決定を行う能力や非暴力的な方法によって紛争（対立）を解決する能力、健康的なライフスタイルや良好な社会的関係及び社会的な責任を負う力を発達させる能力、批判的思考、創造的才能、及びその他の能力で子どもが人生における選択肢の幅や可能性を追求するために必要な手段をもたらす能力[32]」（傍線筆者）

このように、条約は、権利に値する教育内容として識字や数的理解だけでなく、「人生の中で直面するであろう課題に向きあうことができる」(to face the challenges that he or she can expect to be confronted with in life)[33]ための能力、また、「人生における選択肢の幅や可能性を追求する」市民的、政治的、経済的、そして社会的権利の行使を可能にする諸能力を基礎的技能として二十九条の「教育」の意味を明らかにしている。[34]すなわち、国際的な共通概念として用いられる「教育」の意味「a.基礎的技能を備えるものとしての教育」からは、

①識字や数的理解だけでなく、人生の中で直面する課題に向きあうことができる能力。

②これら能力を発展・発達させる能力。

③子どもが人生における選択肢の幅を広げ可能性を追求する(手段を備える)能力。

などが基礎的技能として養われる能力でありこれを育てることが教育であるとする。

もとより、これら「能力」が身につくことなく社会に放置された場合、多くの人々にとって被抑圧的な社会の歴史が繰り返されてきたことは既知のとおりである。したがって、尊厳をもって生を引き受けるために、(人生を通じて誰もが直面する)課題に向き合う用意(「基礎的技能」)が備わることを求める。ここに教育と人権が結びつくことになる。

一方、権利条約は、目的を達成するならばどのような教育(内容・方法)であってもよい、と言っているわけではない。権利条約二十九条一項の「教育」の意味「b.」は、「第2節(2)子どもの権利条約教育条項(二十八条・二十九条)の国際解釈」でも記したとおり、人として不可欠な身体的、精神的、経済的な権利と自由を行使する(あるいは享受する)ための、人として生来の諸能力の発展(人格の発展)を為すことが前提となる。同様に、国連子どもの権利委員会による「一般意見」[35]でも、「教育の全般的な目的は、自由な社会に全面的に、かつ責任をもって参加するための子どもの能力および機会を最大限に増進すること」が教育であり、このために「ホリス

ティック・アプローチ」[36]（以下H．A）を求めている。

以上より、権利条約の教育条項は、「身体的、精神的、情緒的側面」、「知的、社会的および実際的側面」、ならびに「子ども期とその後の生涯」のそれぞれの側面で、「子どもがその能力および才能の可能性を最大限にかつ調和のとれた形」[37]で発達することができるような「教育」を求める権利の存在を示していることがわかる。また、教育が「人格的発展」と深い関係を持つことが確認できる。

（３）子どもの権利条約に基づくＥＳＤの「教育」

教育の人権性は、もとより子どもの権利条約と理論的に深い関係にあり、その権利条約で定義される「教育」の意味と権利内容は、先にも示したとおりＵＮＥＳＣＯをはじめとして国際諸文書等に用いられている。本節では、さらに権利条約が意味する先述の「基礎的技能」を養う教育がどのようにＥＳＤ・ＧＡＰ等に取り入れられているかを示し、それらと人権との関係を明らかにする。

ＤＥＳＤが開始された当初、ＥＳＤの考え方を示した *"UN Decade of Education"*[38] において、権利条約で示される「基礎的技能」を養う教育内容が援用されている。具体的に、「批判的かつ創造的思考、コミュニケーション、紛争（対立）の解決策や問題解決力、課題探求力（critical and creative thinking, communication, conflict management and problem solving strategies, project assessment）」[39]の獲得が挙げられている。このことから、特に、権利条約二十九条の教育の目的である基礎的技能として養う内容が、批判的思考力、創造的思考力、紛争解決力、問題解決力などを中心にＥＳＤでも用いられていることを確認することができよう。それは、ＥＳＤの教育が人権として捉えられると同時に、子どもの権利条約二十九条一項の教育である「尊厳をもって生を引き受けるために、（人生を通じて誰もが直面する）課題に向き合う用意（「基礎的技能」）が備わる教育」であることを意味する。もちろん、権利条約に示された「基礎的技能」と「持続可能な社会を築くための諸技能」とは異なる面もあると考えられるが、両者の基盤として「基礎的技能」を位置づけられていると言えよう。

さらに、*Framework*（UNESCO, Framework, 2006:21）には、「創造と批判的思考」、「識字」、「紛争（対立）解決」、「問題解決」、「意思決定」などが同様に挙げられている点から、ESDは権利条約の「基礎的技能」を養う教育の具体的かつ国際的な実践化を図ったものと考えられる。それゆえに「教育の再方向性」を意味し、かつ「ESDの中に既存の教科教育や学校システムを組み込む」ことを説くことと結びつく。

続いて、DESD終了後の新たなESDを担うGAPの原則では、原則「(b)（略）ESDは、批判的思考、複雑なシステムの理解、未来の状況を想像する力及び参加・協働型の意思決定などの技能を向上させる」[40]と示され、同様に「基礎的技能」(UNESCO, Framework, 2006:11)や「ホリスティック・アプローチ」[41]の内容が用いられている（ESD独自の技能も含まれる）ことが認められる。加えて、GAP「原則（c）」においても「ESDは権利に基づく教育アプローチを土台としている。これは質の高い教育及び学習の提供に関係して意義のあること」と、権利条約に示される教育が人権であることに立脚することが示されている。

したがって、ESDは、教育が基本的人権であること。権利条約の教育の目的に添う教育であること。その教育は個人の尊厳を確かなものにする内容であり、「人生の中で直面するであろう課題に向き合い」、そして「選択肢を広げ可能性を追求する」[42]一人ひとりの人間的成長を伴う学習への権利の内容の具現化として構成されていることが整理できる。

第3節　ESDおよび国連子どもの権利委員会による国際解釈の適用

(1) 国際理念と子どもの現実との乖離

これまで示してきたとおり、UNESCOは教育を世界人権宣言や子どもの権利条約他、国連を中心として国際的諸条約・宣言で確認された教育の人権性に基づいた学習者中心の諸制度へと展開を理論化している。特に、GAPについては、そもそもSDGsが「誰一人取り残さない」[43]ことを宣言し、すべての人の未来を前提にする国際的な取り組みであることから、国際的共通基盤としての教育の人権性に着目することを求めていよう。

ところで、これら教育（特に学校教育）と人権との関係は、国内においては子どもの人権を「生徒一般」が有する抽象的概念で捉えられることが多く、生徒が関わるカテゴリー化された問題に当てはまる場合に取り上げられることがほとんどであった。つまり、一人ひとりの生徒の具体的な教育上の人権問題や権利の問題としては捉えられることは少なかった。このカテゴリー化された生徒の問題としては、多くの場合においては、いじめ、差別、障害者の受け入れ、体罰、校則などの範囲で捉えられることが多い。もちろんこれらは重要な人権問題であり、全力で取り組まなければならない問題である。これら日本の当該問題の深刻さなどに対しては、国際的にも「国連子どもの権利委員会」による「総括所見[44]」などで取り上げられてきたところである。しかし、教育における人権問題はこれらだけではない。既存の教育制度の中で、一見すると通常の教育的営みや風景であっても、その中に子ども（学習者）が「教育」から事実上排除されていたり、学校教育の中で見えない差別によって人権としての教育が確保されていなかったりする場合がある。そういう意味では、本章第2節の「(2) 子どもの権利条約教育条項（二十八条・二十九条）の国際解釈」に示した国際的な「二つの教育の意味」およびそこに示される「基礎的な技能」の内容が、すべての児童生徒に対する教育として保障されているか、という問い直しに至り、結果として隠れた人権問題に気づくことができる。このように、ESDや子どもの権利条約の国際解釈に基づく教育を推進することは新たな着眼点で教育を問い直すことになろう。

また、国際的なSDGsを日本が実行することは、この問い直しを行うということでもある。このようなESDと既存の教育との関係性の問い直しは、「教育の中に持続可能な開発（SD）を組み込むだけでなく、SDの中に教育を組み込む」[45]ことが求められていることからも根拠づけられ、持続可能な開発（SD）を進める教育（ESD）が、既存の教育を包括する概念として新しい展開を示唆している。

すなわち、すべての人にとって等しく可能性と未来がある存在や社会となるESDの観点から教育と人権との関係をとらえ直すと、これまで見えなかった児童・生徒の教育からの排除などに気づくことができる。

次の事例（概略）は、実際に筆者や学生が遭遇したり経験したりしてきた事例の一部であり、多くの生徒や学生がこの種の経験をしてきている。また、学校ではあたりまえのように長く放置され続けている問題でもある。内容は第1章に記した事例と一部重複するため概略にとどめる。

・（小学校）理解が遅い児童、またそれゆえに静かにできない生徒5名が、少し離れた一ヵ所に集められて授業が行われていた。机間指導も当該5名のところには行かず。彼らは授業もわからずに消しゴムカスを投げて過ごしていた。

・（小学校）教科書を忘れた女子児童が、それを教師に申告した際、「お前、また忘れたんかいな」と言われた。教師は本人に対して他の児童に教科書を見せてもらうなどの指示をすることなくそのまま授業が続けられた。

・（小学校）ブラジルからの渡日生が在籍した際、日本語がまったくわからないまま就学することになった。ところが、週に2回の日本語指導の先生が来るだけで、ほとんどの授業はまったくわからないまま進められていた。後日、その生徒が暴れた事件のことを聞いた。

・（中学校）教師が、授業を聞かない生徒６人を注意したところ、一人の生徒が「なぜ静かにしていたのに自分を注意したのか」と抗議をした。教師が「うろうろして、授業の邪魔になる」と答えたところ、その生徒は「都合のよいことばかり言いやがって！」と言い争いになった。この生徒が言いたかったのは、「誰のための授業なのか」ということであった。〈放っておかれて授業がわからないのは自分！∧その自分がわかる授業はしてくれないのか！という意味∨〉

・（高校生）小学校低学年から、授業についていくことができず、高校まで「わかった」経験がない。小学校、中学校ではただ学校にいるだけだった。「どうせ」という言葉を頻繁に使用する。［公立］

・（高校生）地域トップの進学校に進んだ。高校２年から数学の授業は、難関国立大学を受験する人のための授業となった。最初は必死だったが授業がまったくわからず、やがて質問すらできなくなって仕方なく授業中はずっと寝ていた。気がついたら、他の高校をばかにしてストレスを発散していた。［公立］

・（高校生）ディスカッションの際、成績のよい生徒の発言は先生から耳を傾けられるが、私が普通に真面目に発言しても（本当に自分で考えたのか、という）「疑いの目」で見られる。結局、自分が普段から「おちゃらけキャラ」とみんなから評価されている程度に発言しなければならない。［私立］

・（大学生）中学までは成績が優秀で県内有数の進学校に入学した。歴史授業は一問一答式のセンター試験対策の授業だったために、それまで大好きだった歴史が嫌いになった。成績は下位になり、結果的に自分は高校時代に先生から期待されない生徒になった。こんな自分がどのように教育実習に臨んでよいかわからない。［公立］

以上の事例は日々教育現場で起こっている現実の様子である。当該事例の学校は通常の義務教育学校や高校であり、どの地域の学校でも同様のことが起こりうるものである。そして、これらの事例の中に隠れた差別や排除、あるいは人権問題が潜んでいることがわかる。たとえば、先の事例は、学校教育において、小学校頃から「（授業が）わからない」という経験が繰り返されており、しかも、それが治癒されることなく蓄積されてきた生徒の「自分のことを諦めてきた辛さ」がわかる。この結果、「どうせわからない・できない自分」という低い自己評価に至り、それが彼らにとって深刻な影響を及ぼしている要因となっている。これは形式的には教育を受ける機会を得ていても、結果的に当該児童生徒が放置されることによって実質的に教育を受けているとは言えない事態に子どもを追いやっていると言える。この事態は、第1章、第6章で述べた教育を受ける権利の問題だけでなく、本章で述べるところの、国際的に進展している人権としての教育の観点からも、対策が求められる事例であると言える。これについては第1章、第6章ですでに述べているため、ここでは割愛する。

（2）GAP国際原則および子どもの権利条約の国際解釈

前述のような現実を、とりわけESDはどのように変革し、すべての人の未来につながる教育を用意することができるか、この点について教育の人権性の系譜（たとえば第8章 第1節（3）の表1参照）とそれに基づくESDは大きな示唆を与える。

元来、子どもは教育を受ける権利を有し、国はこの保障として教育確保のための条件整備等を行う。しかし、教育ならばどのような内容や方法であってもよいわけではなく、人権に値する内容や方法・制度を兼ね備える必要がある。この点、GAPは「原則C」の中で、「権利に基づく学習を土台としている」ことの必要性を示し、教育の「人権性」を前提として、児童・生徒の学習への具体的な「権利」に基づいた教育（ESD）であることを求めている。そして、この「権利に基づく学習を土台としている」ことの意味は、本章「第2節（3）子どもの権利条約に基づくＥＳＤの『教育』に示したとおり、ＥＳＤやＧＡＰは、教育について多くの点で子どもの権利条約二十九条に基づいて述べられている。それによると、子どもは「特定の質を備えた教育に対する独立した主観的権利」(subjective right)[46]（傍点筆者）を有していることが示される。この主観的権利とは、個人の尊厳に必要不可欠な自由に関する作為と不作為を求める権利[47]であり、特に子どもが有する「主観的権利」について、国連子どもの権利委員会は「一般的意見第1号」「条約二十九条一項の機能No・9」の中で次のように示している。

「『すべての子どもは独自の特性、関心、能力および学習上のニーズを有している』という認識に立った、個人としての子どもの人格、才能および能力の発達である。したがって、カリキュラムは子どもの社会的、文化的、環境的および経済的背景や子どもの現在および将来のニーズに直接関連するものでなければならず、かつ、子どもの発達しつつある能力を全面的に考慮にいれたものでなければならない。教育方法はさまざまな子どものさまざまなニーズに合わせて調整されるべきであ

表２　一定・画一から、学習権、学習ニーズ（主観的権利）、質の高い教育への転換（著者作成）

＜「一定」の教育＞　**Ａ領域**

・一定の学習目標と意図。
・一定の内容と順序。
・一定の時間内と速さ。
・一定のレベルを維持しながら一定の正確さで一定の態度
・熱心さも求めてどれだけ要求に応えたか。
・どれだけ達成したか。

⇩ **転換**

＜個々の能力に着目した教育＞　**Ｂ領域**

・生徒の障害や心身の状況を起点として。
・生徒の生活上の背景や社会的課題に応じて。
・生徒の興味・関心。・大切にする価値に応じて。
・生徒の理解の仕方に応じて。
・生徒が納得でき意欲を持てる目標と内容で。
・生徒自らがフィードバックしながら、また自分に誠実さと責任を持ちながらどれだけ自分の目標に到達できたか。
・どれだけ成長できたかの自己評価、など。

る。[48]」（傍線筆者）

前述の内容を生徒や児童の言葉に置き換えると、「自分もわかりたい」、「成長したい」、「自分の理解力に合った説明をしてほしい」、「もっと励ましてほしい」、「褒めてほしい」「一つの基準で優劣を決めないでほしい」、「理由もわかりたい…」、「自分のことを信じてほしい」、「自分に期待をしてほしい」、「可能性を信じさせてほしい」他などのように表現することができるだろう。これらを通して、生徒一人ひとりが教育に対して有する「主観的権利」を理解することができよう。そして、この権利が保障されることで教育の人権性が確保されることになる。

ここで、第1章および第6章の「一定」による教育（表2－A領域）と、学習者の個々の事情・背景・能力の違いなどのありように応じて「わかる」（できる）ための学習要求、必要とする配慮、充足すべき環境などの「学習ニーズ」に沿う教育（表2－B領域）との教育形態の差異を整理すると、一層具体的に「主観的権利」の内容が把握できる。

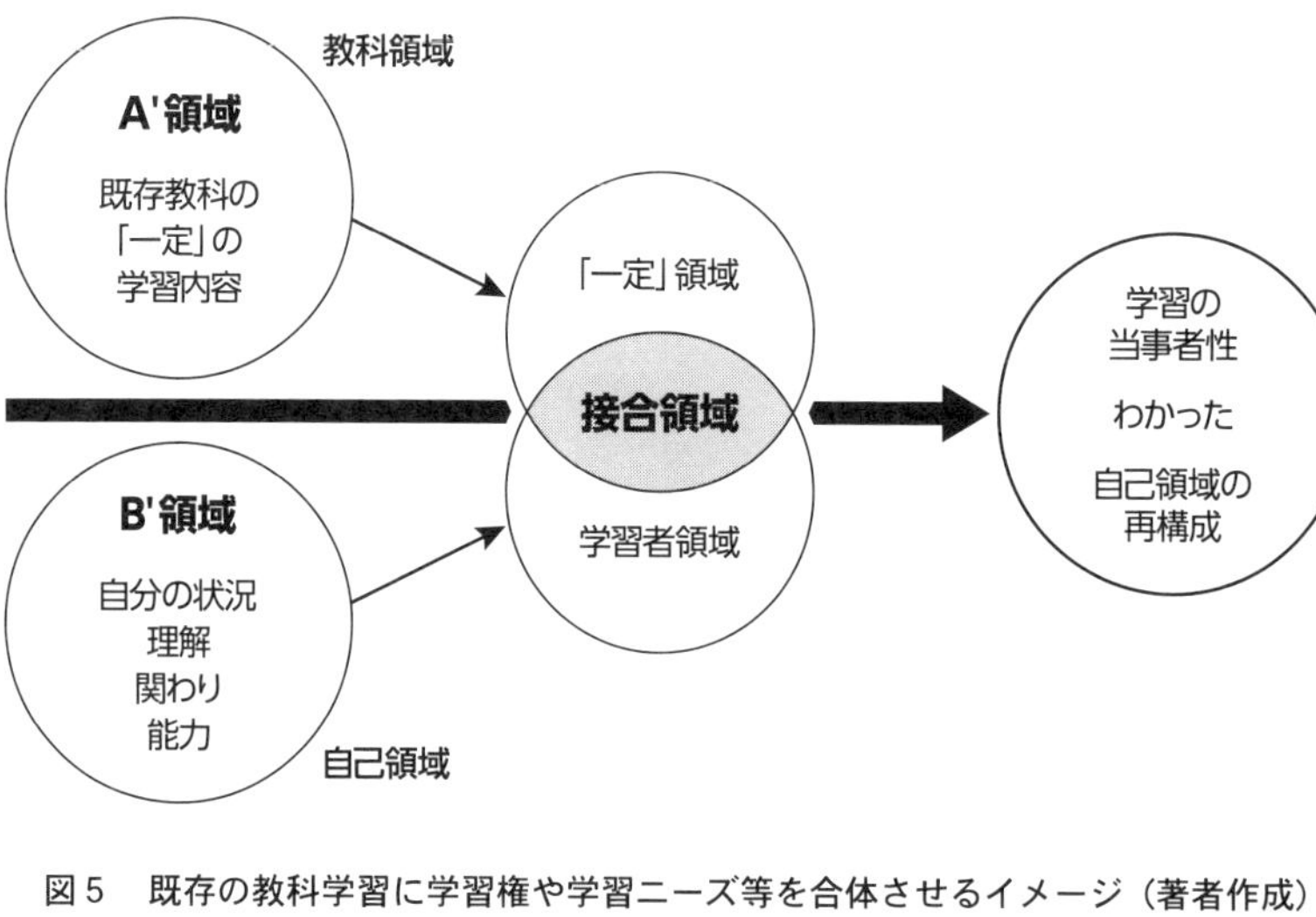

図5　既存の教科学習に学習権や学習ニーズ等を合体させるイメージ（著者作成）

そして、Ａ領域の「一定」、「画一的」な教育と、Ｂ領域の学習者から発せられる自己の存在の発展、幸福追求を指向する教育目的を達するための個々の学習ニーズに基づく教育の異なる形態を対置することで、学習者の「ニーズ」を明瞭に確認することができる。その上で、どのように個人の尊厳に必要不可欠な教育を受ける「主観的権利」を保障していくか、ということが問題として現実化する。この権利保障をイメージしたのが「図５」に示した試案である。

「図５」中のA′領域は、教科の学習など比較的「一定」「画一的」に基づく領域。次に、B′領域は、自己の背景や理解の仕方、理解度などに基づく学習者の実態（ありよう）の領域である。もちろん、教科学習・学校教育のすべてが児童・生徒の「主観的権利」に基づく「表２－Ｂ領域」の「学習上のニーズ」の考え方のみでは成立しないのも事実であるため、私見としては、「Ａ領域」か「Ｂ領域」かの択一的な思考ではなく、教科の目標や技能から習得すべき「A′」領域と、子ども独自の特性・関心・能力などのありよう（学習ニーズ）から出発する「B′」領域との「接合領域」の教育を最大限に創る必要があると考える。

このように、教育を受ける権利に内包される「主観的権利」は、単に形式的な平等としての機会均等や教育へのアクセスとして理解するだけではなく、たとえば、自己へ提供される教育に対して、真に自己が「学ぶことについて参加可能」であることが重要な権利となる。これによって基礎的技能や人格的発展など、学習者にとっての「教育の目的」が初めて達成される機会を得る。

もちろん、この時点では「主観的権利」に基づいた教育機会の端緒ではあるが、少なくとも権利に基づく「質を備えた教育」へのアプローチの機会となる。

ここに「権利に基づく学習」との関係が明瞭となろう。

（3）「教育の人権性」と「質の高い教育」の関係

つづいて、前述の「主観的権利」の内容が明らかになることで、GAP原則（c）に記される「権利に基づく学習」、「これは、質の高い教育及び学習の提供に関係して意義のあること」および「カリキュラム」の関係性とも整理できる。ESD・GAPのカリキュラムの基盤となる考え方は、これまで示してきた、ESDの人権の系譜、子どもの権利条約二十九条「教育の目的」、そして同条約が示す国際共通概念としての「二つの教育の意味」等の各人権性に依拠した子どもの「主観的権利」の中にカリキュラムの考え方が具体的に示されている。それは、次のようにまとめることができる。

＜1＞学習者がおかれている状況や背景などに着目した学習上のニーズを満たしていること。

＜2＞子どもが自分の未来に希望が持てる構成であること。

＜3＞発達しつつある子どもの能力を的確に掴みながら、教育方法を生徒の能力や必要性に合わせるよう調整されるカリキュラムであること。

などである。

重要であることは、個々の理解の仕方や経験の違い（能力）に応じて、学習者に対して有効な内容や方法でなければならないことをこの権利は包含していることである。「コンメンタール」によると、子どもの権利委員会（CRC）は、先の「目的」「質を備えた教育」を達成するために、カリキュラムや教育の実質が個々の子どもにとって「受け入れ得る（acceptable）」ものかどうかを、

①学習者にとって適切で、

②受け手の文化的事情にも適合しており、

③良質（good quality）なものかどうか、

の3点を挙げて生徒のモニタリングなどを示唆している。[49]

したがって、GAPは、本章 第3節「(2) GAP国際原則および子どもの権利条約の国際解釈」に示した、「権利に基づく学習」、「質の備わった教育」を実現する前述の〈1〉~〈3〉・①~③の要件を満たしたカリキュラムによる学習である場合に「質の高い教育及び学習の提供」と述べていることがわかる。

すなわち、「質の高い教育」概念は、まさに学習者の権利としての学習上のニーズを満たす場合に該当する概念であることが確認できる。

第4節　小　括

UNESCO Roadmap（UNESCO 2014:14）には、「教育の中に持続可能な開発を組み込むだけでなく、持続可能な開発の中に教育を組み込む」ことにより、「誰もが持続可能な開発に貢献する諸能力とスキルを獲得する機会を持つことができるよう教育と学習を再方向づける」（UNESCO 2014:14）ことを求めている。この「再方向性」は、ただ既存の教育の中にESDを導入する（組み込む）ことで終わるのではなく、究極的に持続可能な開発に添うように教育を変革することである。ただし、重要なことは、ただ単にESDを推進すること、つまり、当該教育活動を国連およびUNESCO総会での採択・決議にしたがって、本文中に列挙したトピックで教育活動を進めることを推奨することだけに終わっていない点にある。UNESCOは21世紀に入ってから、それまで取り組んでいたEducation for All（EFA：万人のための教育）の延長線上にESDを捉え、途上国だけに終わらないすべての学習者を対象としたEducation for Sustainable Development（ESD）を推進する。これにあたり、国連子ども

の権利委員会による「一般意見」「総括意見」に基づく子どもの権利条約の国際解釈が進んでいることを反映させて、Education（教育）について世界人権宣言以来の教育の人権性を前提とした具体的な学習内容と方法に言及している。すなわち、「再方向性」とは、ミニマムにはＥＳＤの実践を推奨することであるが、本来的には「人権としての教育」にふさわしい教育内容と方法への転換を各国に求めている。

そして、この国際的基準こそが、教育の人権性に基づく「基礎的技能」や「人格的発展」、それを基盤とした「学習者中心による教育（学習）」などの内容などであり、この核心は、教育は「主観的権利」としての『『子どもは独自の特性、関心、能力および学習上のニーズを有している』という認識に立った、個人としての子どもの人格、才能および能力の発達」のために行われる、ということである。

このために、教育を構成する教育課程や教育方法は、「カリキュラムは社会的、文化的、環境的および経済的背景や子どもの現在のおよび将来のニーズに直接関連」させること、そして「教育方法はさまざまな子どものさまざまなニーズに合わせて調整される」ことを述べて、子どもの権利に即した教育への再方向性を示している。つまり、このようなカリキュラムや学習内容となることで「質を備えた教育」となる。

以上、子どもの権利を基底にするＥＳＤ／ＧＡＰ等の根底には、一人ひとりのかけがえのない存在（尊厳性）を教育の中で実現させるプロセスで展開しようとしていることが、理解できる。

これらの考察から、教育行政は「子どもの権利条約」の順守義務、とりわけ現在の「国連子どもの権利委員会」(Commitee of Right of the Child：ＣＲＣ）の「一般意見」「総括意見」および条文の国際解釈に基づく対応が義務づけられていることを考慮すると、また国連およびＵＮＥＳＣＯで採択された、子どもの権利条約を基盤とした「持続可能な開発のための教育」（ＥＳＤ)、そしてこの具体的推進プランである「グローバル・アクション・プログラム」（ＧＡＰ）および「持続可能な開発目標」（ＳＤＧs）での国際的な教育の推進の順守の意義から、前述の具体的な「教育の再方向性」の施策を実行しなければならないと言えるだろう。

ここで、本章の冒頭に述べた、子どもの人権としての学習権の観点から、児童生徒がどのように学習要求を具体的に発することができるのかを、国際条約や国際的な教育概念および国連子どもの権利委員会の条約の解釈を基に考察すると、多くの示唆が前述の条約の国際解釈および国連子どもの権利委員会の一般意見および総括意見に内包される。

重要なことは、子どもは子ども独自の地位に基づく特性、関心、能力および学ぶための不安や困難、障壁、そしてそれらを克服して「わかる」・「できる」ために求める授業方法や内容、学習環境など、幸福追求のための学習上のニーズを個々に有していることの認識を有することが求めてられていることにある。そして、このニーズによってカリキュラムや教育方法が工夫されることが求められている。これは、児童生徒が等しく教育目的に達する実質的平等の今日的役割を果たす学習権に基づいた「学習要求」と言える。そして、その「学習要求」を発する具体的提案として、子どもにとって学校でのカリキュラムや学習内容について、子どもにとって「受け入れ得る（acceptable）」ものかどうかを以下のとおりモニタリングし、これによって学習要求を発してその「充足」として、たとえば学習内容とカリキュラム化を図ることが考えられる。それは、

①学習者にとって適切で、

（学習者の困っていること、自分が大切にされているか、わかる内容や進度、意見表明のモニタリング）

②受け手の文化的事情にも適合しており、

（社会的な困難、家庭的な困難、文化的事情――学習言語等――のモニタリング）

③良質（good quality）なものかどうか、

（学習者のニーズの反映の度合い、安全さ、学校や先生の対応等のモニタリング）

という観点から把握されるものとする。

このモニタリングの結果作成される学習内容・カリキュラムとその学習評価は本章（2）で表した「表2」および「図5」のようになる。これは、既存の教師が定めた一定の内容、一定の進度、一定の態度にどれだけ合致したかではなく、教育目標（学習目標）に自分がどれだけ、どのような成果を得ることができたか、というような生徒の実態に即した学習に至るものと考えられる。つまり、このモニタリングとその内容を、子どもの固有の権利に基づいた学習要求の充足を求める権利として援用することで、学習者の個々の能力に応じた教育を提供できる契機となるものと考えられる。また、自ずと国際的な学習者主体の教育の提供として妥当性を有する。

以上、本章で示した子どもの権利条約の国際解釈およびそれを基にした国際的な教育の人権性による児童生徒の学習要求（学習ニーズ）の具体的な発し方は、モニタリングという形態での発しかたを制度化することであると考えられる。そして、モニタリングに表された子どもの学校教育に関する意見（小学生低学年には上位学年のモニタリング成果をもって対応）を、学習者（子ども）による「学習要求」とし、この充足を目指して制度化することを求める権利とすることができる。なお、近年は授業や教員の対応について児童生徒や保護者にアンケートを取り学校評議会などで報告されるようになってきている。より具体的なアンケートにより、モニタリングとして機能する。

注

（1）この結果、国際的なESDの認知が広がり、2014年にはUENSCO、日本政府共催で同年11月4日から11月12日にかけて、愛知県名古屋市と岡山県岡山市において、「ESDに関するユネスコ世界会議」が開催された。特筆すべきは、名古屋市において政府閣僚級会議、また岡山市においては学齢期を通してＥＳＤを学んできた世界の高校生による「高校生フォーラム」が開催された。

（２）"Thematic areas of expected results"の１つがＥＳＤである。（UNESCO, UNESCO Education Strategy 2014-2021（2013）pp31）／文部科学省・環境省仮訳、平成26年４月「持続可能な開発のための教育（ＥＳＤ）に関するグローバル・アクション・プログラム」、http://www.unesco.org/new/fileadmin/MULTIMEDIA/HQ/ED/pdf/ESD_GAP_Japanese.pdf,（2015.3.5）

（３）文部科学省からは「持続可能な開発のための教育（ＥＳＤ）の推進について（依頼）」文書が国際統括官および初等中等教育局長名で発出された。（平成26年12月８日 文部科学省依頼－26文科統第156号「持続可能な開発のための教育（ＥＳＤ）の推進について（依頼）」（平成26年12月８日）

また、文部科学省は、小学校は２００８年、中学高校は２００９年の学習指導要領の改訂からすべての教科科目にＥＳＤにかかわる内容を加えて推進を図っている。文部科学省、「学習指導要領におけるＥＳＤ関連記述」, http://www.mext.go.jp/unesco/004/1339973.htm 登録平成25年10月（2016.9.2）

（４）"education that allows learners to acquire the skills, capacities, values and knowledge required to ensure sustainable development"（UNESCO, UNESCO and Sustainable Development,2005b,pp9）

（５）"climate change, disaster risk reduction, biodiversity, poverty reduction, and sustainable consumption"（UNESCO HP：「Education for Sustainable Development（ESD）」URL:http://www.unesco.org/new/en/education/themes/leading-the-international-agenda/education-for-sustainable-development/）（2017.4.3）

同ＨＰでは、生物多様性、気候変動教育、防災、文化多様性、貧困の削減、ジェンダーの平等、心身の健康の増進、持続可能なライフスタイル、平和と人間の安全保障、水、持続可能な都市化（Biodiversity,Climate Change Education,Disaster Risk Reduction,Cultural Diversity, Poverty Reduction,Gender Equality,Health Promotion,Sustainable Lifestyles,Peace and Human Security,Water,Sustainable Urbanisation）などが必要な学習とし

て挙げられている。

（6） 文部科学省URL：http://www.mext.go.jp/unesco/004/1339970.htm（2017.4.3）

（7） 前掲注（2）および「第1節（3）」掲載「GAP原則5.（d）」より

（8） 環境白書・循環型社会白書本文では「持続可能な社会」と表されている。日本ユネスコ国内委員会教育小委員会 持続発展教育（ESD）の普及促進のためのユネスコ・スクール活用に関する検討会が発した「持続発展教育（ESD）の普及促進のためのユネスコ・スクール活用について提言」（平成20年2月）では、「社会」「未来」の両方の表現が用いられる。（文部科学省「持続発展教育（ESD）の普及促進のためのユネスコ・スクール活用について提言」平成20年2月）（2016.3.15）

（9） （拙稿）伊井「ESD実践のための地域課題探求アプローチ」国際理解教育vol19（明石書店,2013）

（10） 「教育の人権性」の用語は、UNESCO文書において次のように表される。（例）「the right to education, characterized as a fundamental right」Yves Daudet・Kishore Singh,*The Right toEducation:An Analysis of UNESCO's Standard-setting Instruments,*（Paris ： UNESCO,2001）10.

GAPにおける記載は、「原則5.（c）」において、「権利に基づく教育（学習法）に基づくこと。そして、そのような教育は質の高い、かつ今日の状況に適合した教育や学習であること」が示されている。（原文）「ESD is grounded in a rights-based approach to education. It is concerned with the provision of quality education and learning that is relevant today.」。

また、SDGsではIntroduction7で「世界人権宣言や国際人権法や国際文書などの重要性が再確認され」、持続可能な開発目標に向けた取り組みが指示される。特に教育に関するGoal 4においては、「包括的で公平な、質の高い教育を確保する」ことなどが示され、人権宣言に基づく教育と質の高い教育が関連付けられている。（原文）「The importance of the Universal Declaration of Human Rights, as well as other international instruments relating to human rights and international law, was also reaffirmed.」, Goal 4 から、「Ensure inclusive and equitable quality education and promote lifelong learning opportunities for all」など。

(11) UNESCO, *Framework for the UNDESD International Implementation Scheme*,（Paris:UNESCO,2006)

(12) ＵＮＥＳＣＯ 前掲注（11）p10

(13) ＵＮＥＳＣＯ 前掲注（11）p5

(14) Article 26 of the Universal Declaration of Human Rights stipulates: (1) everyone has the right to education（略）、他にも、教育への権利の核心部分を記す法的拘束力ある文書として、ＵＮＥＳＣＯ「教育における差別禁止条約」(1960）がある。

(15) UNESCO,*World Declaration on Education for All*,（New York:UNESCO,1990)

(16) UNESCO,*World Education Forum: Dakar Frame for Action*,（Paris:UNESCO,2000)

(17) ＵＮＥＳＣＯ 前掲注（16）p8また、「needs」は、文意から「学習要求」やそれを満たす「充足すべき環境」、あるいは「配慮すべき事情」などと解すべきである。

(18) UNESCO,UNESCO Education Strategy 2014-2021,（Paris:UNESCO,2014)

(19) ＵＮＥＳＣＯ 前掲注（18）p52

(20) UNESCO,*UNESCO Roadmap for implementing the Global Action Programme on Education for Sustainable Development*, (Paris:UNESCO,2014)

(21) ＵＮＥＳＣＯ 前掲注（11）p10

(22) ＵＮＥＳＣＯ 前掲注（20）*Global Action Progaramme*（原則部分）

(23) 浦部 前掲注（第2章 1）42頁

(24) ＵＮＥＳＣＯ 前掲注（18））p25には「Education is a fundamental human right and contributes significantly to the realization of other rights.」と記され、人権が自分だけでなく他者の尊重を含む。

(25) Yves Daudet and Kishore Singh, *The Right to Education : An Analysis of UNESCO's Standard :—Setting Instruments.*

（Faris:UNESCO,2001）p10

（26） 国連文書（A70 /L.1:4）（18 September 2015）

（27） たとえば、ＵＮＥＳＣＯ 前掲注（16）／ＵＮＥＳＣＯ 前掲注（18）他

（28） Mieke Verheyde, *A Commentary on the United Nations Convention on the Right of the Child, Article 28: The Right to Education*, A.Alen, J.Vande Lanotte, E.Verhellen, F. Berghmans and Mieke Verheyde（Eds）.（Nererlands:Martinus Nijhoff Publishers,Leiden,2006）

同コンメンタールは国連・子どもの権利委員会の答申等および一般意見・総括意見を取り入れた解釈基準に依拠している。さらに「条約法に関するウィーン条約」（１９６９年採択、１９８０年発効）に規定された解釈のルール三十一条〜三十三条に基づき、「その条文の目的と目的に照らして条約の用語に与えられる通常の意味に従って誠実に」、また「関係する条文との関係から」（三十一条）整合性をもって解釈されて世界で利用されている。

（29） 子どもの権利条約二十九条 Mieke Verheyde 前掲注（28）p11

（30） MiekeVerheyde 前掲注（28）p11

（31） 原 文 ：「a）Education as the provision of basic skills'and b）education as the development of the intellectual, spiritual, and emotional potential of the young person or in other words the broader development of his or her personality.」（Mieke Verheyde 前掲注（28）p11）

（32） 原 文 ：「the notion 'basic skills' does not only include 'literacy and numeracy' but also life skills such as the ability to make well balanced decisions; to resolve conflicts in a non-violent manner; and to develop a healthy lifestyle, good social relationships and responsibility, critical thinking, creative talents, and other abilities which give children the tools needed to pursue their options in life.」（Mieke Verheyde 前掲注（28）p11）

（33） 国連文書（UN CRC/GC/2001/1:4）

（34）Mieke Verheyde 前掲注（28）p11/UN Convention:2001:4
（35）国連文書UN CRC/GC/2001/1:5:No12:17 April 2001
（36）国連文書UN CRC/GC/2001/1:5:No12:17 April 2001
（37）Yves Daudet, Kishore Singh 前掲注（25）p12
（38）UNESCO,*UN Decade of Education for Sustainable Development 2005–2014.*（Paris:UNESCO,2005）
（39）ＵＮＥＳＣＯ 前掲注（38）p3
（40）ＵＮＥＳＣＯ・文部科学省 環境省仮訳 前掲注（2）
（41）国連文書UN CRC/GC/2001/1:No12:17 April 2001
（42）国連文書UN CRC/GC/2001/1:4:No9
（43）第70回国連総会採択（外務省訳）「我々の世界を変革する：持続可能な開発のための２０３０アジェンダ」宣言４（第70回国連総会、２０１５年９月25日採択、国連文書（A/70/L.1）宣言４／国連文書UN A/70/L.1:2015:15.（18 September 2015）
（44）国連文書 UN CRC/GC/2001/1（17 April 2001）pp1,pp4,pp5
（45）ＵＮＥＳＣＯ 前掲注（18）p14
（46）国連文書UN CRC/GC/2001/1:4:No9
（47）小山 剛『憲法上の権利の作法〔新版〕』（尚学社,2011）145頁／佐藤幸治『憲法〔第３版〕』（青林書院,1995）445頁より、「特定の主体にかかり成立する権利」であり、特定の誰かに関係なく成立する客観的権利とは分類される権利である。
（48）国連文書 UN CRC/GC/2001/4（17 April 2001）／また、文中の「ニーズ」の意味については、「学習要求」のほか、「必要とする配慮」「充足すべき環境」などが妥当と考えられる。
（49）Mieke Verheyde 前掲注（28）p26

終章 ——結論と提案——

——結論——

以上の論考を通じて、序章、第1章において提起した、子どもの立場から「学校教育」の制度的価値転換を提起する問題意識は、前述の問いに応え得る論理の展開として、学習者（子ども）自身が教育の当事者（主体者）として関わることを通じて学校教育から疎外を受けずに自己の存在の意味を発展させることを考察してきた。最終的に「学習主体の立場から、教育を彼らに適したものに取り戻すための手立てとして、子どもの権利としての学習権論に基づく子どもゆえの学習要求を、どのように教育に反映させるか」という具体的な問題へと焦点化した。以下、権利の主体者とそれに対する責務を担う側の関係において結論を導き出した。

教育は、憲法原理に基づいて個人の尊厳と尊重を基底におき、人はその教育によって自らの尊厳性を自覚化させる。そして、教育の目標は人格の完成と幸福の追求を可能にすることにある。また、自立した個人としての社会参画に必要不可欠なものとして位置づけられる。このため、教育を受ける権利の保障として、ひとしく教育を受ける機会（学校教育）が形式的平等の実現として提供される。

一方、教育を受ける個人（学習者）は、一人ひとりの事情や背景、そして能力が異なるがゆえに、各人の「能力に応じた教育を受ける機会」が保障されることも憲法的要請である。

すなわち、教育を受ける機会（機会均等）を得て学校に通ったとしても、学習者が教育内容や、「わかる」ことから疎外されていては、事実上教育を受けているとは言えない。それゆえに、能力に応じた一人ひとりに応じた教育によって、ひとしく教育目標を達成する教育の提供が受けられる必要がある。これは実質的平等に適うものである。

しかし、長く「能力に応じて」教育を受ける権利についての解釈は、障害を有する児童生徒、年齢、性別など、ある特定のカテゴライズされた心身の状況の児童生徒を対象とした概念であった。[1] ところが、憲法原理と憲法十三条（個人の尊重）、十四条（平等原則）、二十六条（教育を受ける権利）から、本来は一人ひとりの能力に応じて教育を受けることにより教育目的を達することが求められ、何人も教育行政や学校が設定した「一定」や「画一的」な教育から疎外されたり排除されたりされない権利を有しているはずである。このことは憲法原理に適うものと言えよう。

つまり、教育を受ける権利は、能力に応じた教育を受けるために、自己に応じた教育（学習）を受けることができる教育条件整備を求めることを権利として認めることであり、少なくとも「機会均等」だけでは教育目的を達することができない児童生徒についてはこの要請が強いと言える。

そこで、「教育を受ける権利」の能動的側面として捉えられ、能力に応じた教育を実現・補強する可能性のある、「学習権」の今日的な有用性について分析・検討を加えた。ただし、本書が学習主体者の権利として論考するものであるため、権利主体者（子ども）以外の利害関係者に利益が帰する周辺概念（教育の自由論や教育権論等）と学習権とは峻別し、さらに憲法上疑義のある概念は論理的に除外されるべきことを論じた（第4章）。その上で、学習権は、堀尾・勝田両氏による原初概念を子どもの権利に基づいて再構成した学習権、そして、最高裁旭川学テ判決に示された子どもの固有の権利として承認された学習をする権利（学習権）が併存した。

結果として、前者は学習者一人ひとりが自己の存在の発展（幸福追求）となるよう、学習が自由（学習の自由）に行えることを内容としており（第5章 第2節（2））、後者は、「学習要求」とその充足を求める権利[2]として、学習者一人ひとりの能力に基づいた「学習要求」を承認する内容である（第5章／第6章）。これら、堀尾らによる学習権と最高裁旭川学テ判決による学習権は、権利の内実において、権利主体である学習者（子ども）が、自らに必要な学習とそのための教育を求め、自己の能力に応じた教育が受けられるような制度創設の根拠となることを示した。

次に、子どもの権利（固有の権利）として学習者の自発性に基づく学習の自由や、学習要求とその充足を求める権利の内容は、両者ともに根底には能動的・積極的な権利行使の側面を有している。さらに、いずれも、大人（教育行政や学校）が用意した一定の教育だけではなく、先のとおり能力に応じた教育の提供を求めることができる能動的性格を有している点で、個々に異なる能力を有する児童生徒が教育目標を等しく達することにつながる平等の原理（実質的平等）に適うものと言える。すなわち、学習権は、結果としての平等を達成する機能があり、教育における教育目標達成のために異なる対応を是認する実質的平等の原理として用いることが可能である。筆者は学習権の今日的意義がこの点にあることを示した。

以上のように、学習権が教育を受ける権利の保障において異なる対応によって教育目標を等しく達成する「実質的平等」を図る機能を有するとすることで、「学習要求」として有効だと考えられる具体的内容の射程を捉えることができることを示した。（第6章）

ところで、学習権は堀尾氏らによる子どもの権利に基づいて再構成された学習権と、最高裁旭川学テ判決で示された「子どもの固有の権利」として承認された学習権ともに、大人とは異なる子どもの地位に基づく権利として属性が規定される。この点においても両者は同じ性質を有している。子どもの「固有の権利」とは、大人とは異なる地位に基づく権利であり、意味は、パターナリズム論を踏まえつつも、大人が施す教育に従属的に学習することを意味するのではなく、子ども（児童生徒）の地位に付随して保護され自律を為す権利である。一方、子どもの権利における国内法体系および下級審判決の態度と、国際的扱いは歴史的に必ずしも同じではないことから、「子どもの権利」論がどのような意味で語られるかについての前提が必要である。

本書は、国内法での扱いと国際的扱いとの相違を確認しつつ、権利条約一般の順守義務だけでなく、子どもの権利条約の特徴である第三条一項の「子どもの最善の利益」に関する国（行政）の順守義務。そして、学習者（子ども）としての「学習要求」を、子どもによる意見表明と捉えた上で、権利条約十二条（意見表明権）・十三条等が自動執行性を有することの妥当性を示して、子どもの権利条約上の権利性を確認した。

これにより、子どもの権利としての「学習要求」によって発せられたその具体的内容は大人の判断において都合よく解釈することが許されるわけではなく、学習者である子どもにとっての学習要求の意味や質に向き合う必要があると言える。（第7章 第1節（3）／第2節）

次に、「学習要求」の具体的内容は、世界人権宣言以降、21世紀に進展してきた教育の人権性と、それに基づく学習者の権利（「権利に基づく学習ニーズの充足」）の発展系譜を整理した結果、「子どもの権利保障」と「教育」との国際的な重点化された取り組みに沿う必要があった。同時に、国際的には子どもの権利条約の教育条項（二十八条二十九条）に関する国連子どもの権利委員会による国際解釈の浸透、ならびに各国政府に発した「一般意見」や「総括意見」が浸透していることを踏まえると、次の学習ニーズを把握することが、学習要求の範囲として妥当であると言える。

すなわち、①学習者にとって適切性（学習者が学習上困っていること、自分が大切にされているか、わかる内容や進度、意見表明のモニタリング）、②受け手の文化的事情への適合性（社会的な困難、家庭的な困難、文化的事情、学習言語等）、③良質（quality education）性（安全性、教材の妥当性、学習者のニーズが反映の度合い）におけるモニタリングを、学習権としての具体的な「学習要求」の内容に援用することで、学習者個々の能力に応じた「質の高い教育」[3]を提供できることになると考えられる。また、国際的に承認される学習者主体の教育の提供[4]として妥当性を有する。そして、このモニタリング（小学生低学年には上位学年のモニタリング成果をもって対応）に表された子どもの意見を、学習者（子ども）による「学習要求」とし、この充足を目指して制度化することを求める権利とした。

―― 提　案 ――

本書論考およびその結論を通じて、前述のような憲法二十六条の解釈が言えるならば、私の約22年間の教員としての経験から、私論として次のような制度を導くことができる。

1．学習権による「学習要求」を把握するシステムの制度化

序章および第1章における問題提起に対する前述の結論より、以下のような提案（施策）をしたい。まず、児童生徒が、憲法二十六条に基づき教育環境の整備を求める条件整備要求権としての「学習要求」を、学校・教育行政機関へ直接行うことができるシステムの設置である。これは憲法二十六条一項が、形式的平等としての機会均等としてだけではなく、それと同時に学習に臨む異なる能力を有する学習者が、等しく教育目標を達成するために「能力に応じて」教育を受け、自己の成長と発展に至るための学習者自身からの権利行使を可能にするものである。同時に、同一項を学習者の積極的側面から捉えるだけでなく、誰もが自らの能力（理解力、事情、背景など）に基づく教育を受けることができることで、法によって定められた教育目標[5]に達する実質的平等の実現をはかる権利として位置づけられる。

したがって、教育行政および教育機関の責務は、学習者が有する能力に応じた教育を受ける権利への義務（保障）の提供として、学習者の学習要求（学習ニーズ）を把握し、その充足を図ることとなる。具体的に、その学習要求（学習ニーズ）の把握は、学校や教育行政（教育委員会）がモニタリング制度を設けることにより、一定に基づく「画一的」な教育を教育活動の中心から外し、児童生徒が学習からの疎外と排除を逃れる「教育」が彼らの願い（声・意見表明）として反映されることを可能とする。ただし、この場合の制度化は、憲法二十六条が社会権としての性格を有することから、最小限の保障で足りるとする憲法上の権利保障を前提としつつも、子どもの権利条約三条一項に基づき、「教育を含む行政、立法、裁判所においては、子どもの最善の利益となるよう「あらゆる実施措置について第一義的に対応しなければならない」ことをもって、裁量幅を柔軟に拡大させる根拠となろう。（第7章 第2節）

次に、モニタリングの内容は、少なくとも序章、第1章に挙げた問題解決のためには、一人ひとりが有する諸能

力や文化的背景などの事情を的確に教育機関が把握して学習要求に対する充足を図ることができる必要性から、次の三観点で行われる必要があると考えられる。それは、先述の、

①学習者にとっての内容・方法などの適切性。

②文化的事情・背景への適合性。

③ニーズの反映の度合い（教育の質）。

などを中心に、いずれも「学習上」、「健康・安全上」、「言語上」、「経済上」の観点から、学習権に基づく学習要求への対応として定期的な教育行政によるモニタリングによって状況をつかむことができるものとする。例示として下のような表で表される。

次に、以上のようなモニタリングによる学習要求（学習上・学校生活上必要な配慮）の結果を、教育（学習）活動に反映させるためには多くの根本的な教育制度の転換が必要だと考えられる。

この制度的な転換の意義は、たとえば、学校教育法施行規則五十四条、七十九条〔履修困難な教科の学習〕において、「児童が心身の状況によって履修することが困難な各教科は、その児童の心身の状況に適合するように課さなければならない」と示されており、すでにニーズに合わせた教育活動を行うことが十分に為されて

表３　モニタリング提案の例示（筆者作成）

受ける教育の許容度	学習上	健康・安全上	言語上	経済上
①内容・方法の適切性	内容理解の可否。わかる授業か。既習の内容か。より発展的に、など	学習環境／衛生環境／安全指導	日本語の理解困難度	授業用教材費用など
②文化的事情／背景の適合性	国、民族や習慣の違い／性差／障害の観点／ LGBT	性同一性障害者用のトイレ／障害に応じた施設／食事制限	日本語指導の要望	学費妥当性健康保険
③ニーズ（必要な配慮など）反映の度合い	ニーズが反映された度合い	同左	同左	同左

いる、との反論もあり得る。

しかし、当該モニタリング制度の意義は、学習者である児童生徒（保護者からも含む）から、「心身の状況」だけでなく「能力に応じた」具体的な学習要求（学習ニーズ）を発することを可能にする点において、既存の法制度とは視点が大きく異なる。むしろ、同施行規則によっても、序章や第1章に示した実態は教育行政によって改善されないまま今日に至っているからこそ、直接的な児童生徒へのモニタリングによって、教育を受ける権利の実質的な保障に結びつく意義を認めることができよう。つまり、行政や学校側の判断ではなく、真に個々一人ひとりが違う能力に応じた、自己にとって意味ある学びを行えるようにするための学習者中心の制度として意義づけられる。

2．教育における視座の転換：学習者（子ども）からのモニタリング（学習要求）によって、何が変わるか。

学習者の視点から「教育の質」を考えたとき、「学習要求」とその充足を満たすことを求めることは、学習者一人ひとりの能力や事情に応じた「わかる」、「意味のある」教育へと確実に転換できることが言える。

たとえば、第1章 第2節（1）の事例からも次のとおり具体化される。

（事例3－①）「進学校での教育からの疎外」に対して。

「成績の悪い生徒にはまったく当てず、成績のよい生徒とだけ授業をしているといった感じである。社会は、穴埋め式の問題集を使い、答えとなる人物の名前や歴史事項などのキーワードを、色の付いたチョークでつらつら書き進め、たまに簡単に補足を入れるだけの授業だった。私はその授業を意味がなくつまらなく思い、いつも1時間中寝たり漫画をこっそり読んだりし、テスト前にトモダチから問題集を借りてキーワードを埋めていたのを覚えて

いる。」という場合、

〈学習上のモニタリングによって〉

①成績の悪い自分（生徒）にも「わかる授業」を求めることができる。

②受験で点数を取るための授業ではなく、高校で学ぶにふさわしく「歴史がわかる」授業を求めることができる。

（事例3－②）「進学校での教育からの疎外」に対して。

「1年生の授業から旧帝大に合格させるための授業内容（正確には旧帝大に合格する可能性のある生徒を対象とした授業内容）であった。進度はとても早く、特に数学では最初の頃は一生懸命に授業について行こうとしていたが、質問に行っても自分がわかるような先生からの説明ではなかったために、やがて何を質問したらよいかさえ分からなくなって、授業は寝て過ごすようになった、という。特に先生はそれを気にするようでもなく、自分はこの時点で「捨てられている」ことを自覚した」

〈学習上のモニタリングによって〉

①進度が早すぎるため、「わかる進度」にしてほしいことを求めることができる。

②質問に対して、「わからない自分が悪いかのような（先生の）対応」に対して改善を求めることができる。

（事例4）「学校支援ボランティアから見た教室での様子」に対して。

「（ボランティアが）クラスの座席の配置を見たところ、（授業の理解が遅いと思われる）男子児童５人が縦１列に座り、他の児童の列と少し離れた教室の端に位置に配置されておりＧさんはこの列の一番前に座っていた。この５人は、授業中に前の席の児童に消しゴムのカスを投げるなどの「ちょっかい」をかけたり、前後の席の児童と私語をしたりしていた。Ｇさんより後ろに座っている男子児童たちが「今って何してたらいいん。」と私に質問をする（略）。授業者（学級担任）は、この５人の列に机間指導に入ることはほとんどなく、机間指導の際も他の児童たちの列を見て回るだけであった。」

＜学習上のモニタリングによって＞

①　授業が「わからない」ことを伝えて状況の改善を求める。

②　自分たちが、先生から「公正に相手にされていない」ことの改善を求める。※これらはモニタリングの仕方による。たとえば、「（自分が）先生から嫌われている」という言葉に置き換えられる。

（事例５）「妊娠している生徒に体育実技への参加を求めた事例」に対して。

（公立高校が）「妊娠７ヵ月の３年女子生徒（18）に対し、卒業の条件として体育の実技をするよう求めていたことがわかった。保護者や本人の意向に反し、一方的に休学届も送りつけていた。学業か出産かの二者択一を迫る学校の対応に、文部科学省は『妊娠と学業は両立できる。本人が学業継続を望む場合、受け止めるべき。子育てに専念すべきとなぜ判断したかわからない。』とのコメント。

＜健康・安全上のモニタリングによって＞

①「母体の安全と胎児の安全の観点」から実技等の実施方法について配慮した単位取得制度を求めることができる。
②教師が決めた通常のカリキュラム以外に、母性の保護と胎児の安全に応じた「別の保健体育のカリキュラム」を求めることができる。

以上のように、教師中心で授業が行われる場合には、その授業環境、内容、方法、進度について、「一定」に適合する生徒と、それに適合しない生徒との間に対応の差（教師の差別的、あるいは抑圧的な対応）が生まれやすい傾向がある。この、学習や「わかる」ことからの疎外や排除の状況に対して、学習者の意見を表現するモニタリングによって、環境、内容、方法、進度などの改善が行われたとすると、多くの児童生徒の学習意欲や自尊感情の向上が期待できると考えられる。つまり、「(疎外されていると感じてきた) 自分も教育目標に達することができる。」という確かな「教育の質」が確保されることにつながる。すなわち、モニタリングによって、同じ単元について複数のカリキュラムや指導方法が同時に用意され、広い意味で自分の能力に適した学習ができる体制が必要である。

3. 学習要求の充足を満たす「教育の質」を確保する施策について

次に、前述のモニタリングによって得られた「学習要求」に対して、その充足を満たして一人ひとりの能力に応じた教育が実現される「教育の質」が確保されるためには、どのような施策が必要であるか、を提起したい。

1）1単元『複数（多元的）カリキュラム制』導入の提案（学習上の問題への対応）

本書で取り上げた第1章の事態などの場合、具体的に「学習者にとっての内容・方法」「健康・安全上」などのモニタリングを経た学習要求の結果によって、一つの学保障態様として次のような提案が可能であると考えられる。つまり、現在行われている、『1単元：単一カリキュラム』を『1単元：複数（多元的）カリキュラム』で学習するシステムの導入である。

これは、モニタリングによって児童生徒の実態を把握し、この結果に基づいて学校や教育委員会等がモジュール化された多様なカリキュラムを用意して「学習要求」を充足するカリキュラムシステム（マネジメント）である。これにより、ある単元の教育目標を達成する授業内容や授業方法において、学習者が多種・多元的カリキュラムの中から自己に合ったカリキュラムの授業を少人数で受けることができるようにするものである。

具体的には、学習するプロセスについて、基礎的な共通事項の学習の後に（たとえば）「帰納法的」に学ぶ方法、「演繹的」に学ぶ方法、あるいは「経験・実験・体験」を取り入れた方法、さらに日常生活と関連させて学習する「実践的」「実物的」「協働的」な方法など、児童生徒の能力や関心による選択に応じた教育（学習）ができる制度へ転換することを提案する。

以上、教育を受ける学習者自身が、自らへの教育内容・方法に対する当事者となることで、学校における教育（学び）からの疎外を回避して実質的に教育を受ける権利の保障を得ることが可能となると考えられ、憲法が要請する人権としての教育を図る一考として提案する。

なお、現在の高校では、数学などの教科でクラスの生徒を普通コースや受験コースなどに「展開」させた授業（習熟度別学習・展開学習など）が行われる学校が増えている。しかし、ここで提案する『1単元：複数（多元的）カリキュラム』は、前述の習熟度別学習で用いられる「目的別」や「難易度別」、また「進度別」（授業スピード別）

で分けた展開ではなく、教育目標へ到達する学習過程の多様さとしての「プロセス別」である。同研究については、具体的には教育学や教育実践の研究を待たなければならないが、この要請は、理解し、わかることによって次の段階の理解を容易にする意味で、義務教育段階ほど要請が高いと言える。以上、一単元を「理解の仕方」や生徒の「状況」の違いに応じた多様・多元的なカリキュラムを用意して児童生徒に提示し、どの生徒も自分に応じた学習を行うことができるようにするものである。以上より、児童生徒にとって授業内容が「わかる」「できる」ための選択的状況を作り出し、個々に応じた教育を受ける機会を提供するものである。[6] 同時に、自らが理解する能力をもった存在であることを意識させて自尊感情をも育てる。

一方、問題として象徴的に挙げられるのは、次の2点が考えられる

まず、このような児童生徒の能力や関心に応じたカリキュラム（学習プロセス）によって児童生徒を分ける場合、既存の「習熟度別学習」と同様に「差別感」の問題が指摘される懸念がある。本来、前述の「多種・多元的カリキュラム」は、もとより、異なる学習プロセスの授業自体に自ずと難易度の差が生まれることも考えられる。それゆえに、児童生徒の間に「差別意識」を醸造したりするのではないか、との懸念が寄せられる。また、保護者は自分の子どもがそのような扱いを受けるのか、何らかの恐れのある場合、このようなカリキュラムによる学習を承認しない場合もある。[7]

本来、ここで提案する「複数・多元的カリキュラム」は、ある科目が苦手な児童生徒も「わかる」ことを目的としたものであり、かつ、得意な児童生徒にとっても「わかっている」ということを、多角的にわかる」ということを目指している点で、「能力」を単に「できる児童生徒」と「できない児童生徒」との二分化を目指すものではない。

しかし、仮に、前述の「懸念」の声があったとしても、既存の「習熟度別学習」に関する過去の学校実践研究[8]では、小学校3年生～6年生の児童生徒の「わかった」「たのしい」との児童からの評判が増え、これまで算数の授

業時に元気のなかった児童が元気になったことなども報告される。その他にも算数の理解において下位の児童が31％から22％に減少し、上位児童が20％から36％に増加した報告がなされたこと。また、保護者および児童と面談を行い、先生に「選別」されている感じを払拭するための丁寧なクラス分けの説明と同意を得て進めたことなどから、トラブルは発生しなかったことが報告されている。これらを受け、授業研究以後も継続的に実施することの意義が確認されている。[9]このように、社会的に「問題」として挙げられた懸念事項についても、周囲の心配を超えて（児童生徒にとって）「わかる喜び」を得る成果が報告された。なお筆者は「習熟度別」という表現を避けて「学び理解別」と称している。

次に問題として挙げられるのは、「一単元：複数（多元的）カリキュラム」を実施することで、教員数の不足により業務の過重負担を招く問題が考えられる。

これについては、団塊世代に大量採用された教員の退職者数が多いため、近年は新規採用者が増加していた。しかし、その一方では子どもの人口が減少して学校の統廃合が急速に進み、[10]教職員定数の総数は減少している。このような状況の中で、文部科学省の教職員定数改善計画（平成28年度概算要求時点）では、２０２４年度における当該児童数の自然減にも関わらず、同年には教職員の基礎定数を10学級あたり16・3人の割合から16・8人に増加させ、[11]同時に加配定数を1・6人から2・0人の割合に増加させる計画を発表している。[12]このように、子どもの人口が減少する中で教職員の定数が確保される計画があることに鑑みれば、将来にわたり現況の教員の業務量は改善されて本提案に取り組む可能性はあるものと考えられる。むしろ、積極的な教員配置を行う根拠としても「1単元：複数（多元的）カリキュラム」が存在するとも言える。

2）現行の「学校評価制度」への子どもの「モニタリング」の反映

現在、各学校が自らの教育活動やその他の学校運営について、目指すべき目標を設定して、その達成状況や達成に向けた取り組みの適切さなどについて評価する学校評価制度がある。[13]

この制度は、教育活動を行う教職員および保護者などの学校関係者や地域住民などの広範な当事者の参画によって、学校・家庭・地域の連携協力をつくり「学校づくり」を進めることを意図している。[14] そして、学校の設置者はこの学校評価の結果に応じて、必要な支援や条件整備等の改善を講じ、一定水準の教育の質を保証することを目的としている。[15]

また、学校評価によって得ようとしている効果として、学校評価を通じて教職員や保護者、地域住民等が学校運営について意見交換を行い、学校の現状や取組および課題意識を共有できるようになることが意図されている。同時に学校評価とその取り組みを学校・家庭・地域の相互理解を深める「コミュニケーション・ツール」として活用し、「家庭や地域に支えられる開かれた学校づくりを進めていく」[16]ことにある。他にも、第三者による評価を通じて、学校の取り組みを客観的に見ることができるような意図があるだけでなく、専門的な分析や助言によって学校の卓越性と課題に向き合うことで学校の活性化を図ることなどが挙げられる

問題は、学校評価制度の当事者に児童生徒が予定されていないことにある。また、そもそも学校制度そのものが、教育を受ける権利に基づく責務としての教育制度であることに鑑みれば、権利の主体者である学習者（子ども）の視点が学校づくりに重要な要素となるはずである。子どもの視点とは、子ども固有の権利としての視点である。このような観点から

1）弁護士を学校評価制度の構成員とすること。そして

2）同じく構成員として児童生徒を加えることを提案したい。具体的には、学校評価制度に「表3　モニタリング提案の例示」の内容を加味することを提案する。

①内容・方法の適切性

（学習）内容理解の可否。わかる授業か。既習の内容か。より発展的に、など

（環境・安全）学習環境、衛生環境、安全指導、保健室の利用

（言語・表現）日本語の理解困難度

（経済）授業用教材費用など

②文化的事情／背景の適合性

（学習）国、民族や習慣の違い・性差・障害に応じた施設・LGBT

（環境・安全）性同一性障害者用のトイレ・食事制限

（言語・表現）日本語指導の要望、

（経済）制服・体操服・シューズなどの費用の妥当性、健康保険、

③ニーズの反映の度合い

（学習）（環境・安全）（言語・表現）（経済）の各課題領域におけるニーズの反映の度合い。

このように、前述の児童生徒からの「モニタリング」の結果を加味することが、学校教育法四十二条の趣旨に合致するものと考えられる。

以上、学校評価制度に児童生徒を学校運営の当事者として位置づけ、彼らの意見を取り入れて教育の質を維持する「モニタリング」制度を必須とすることを提案する。

３）教育課程の年齢主義、学年主義の廃止と自由履修制度の創設

日本の教育課程は、年齢主義、学年主義による統一化された教育課程である。これは、現在日本の学校教育制度

においては、特に義務教育段階においては年齢によって在籍する学年が決められており、授業はすべて所属する学年の授業を受けることになっている[17]。しかし、この硬直的な制度は、授業の対象を平均的な層（集団の中央値）に合わせて行われることになり、結果として授業の内容や進度において「一定」にあてはまらない児童生徒を生み出している。この結果、段階的な理解と習得が必要な学習内容において、前提を有しないまま次々と授業が行われている。

そこで、たとえば、日本語習得が未熟な「帰国生徒」や「渡日生」等は、日本語授業だけでなく、理解が可能な学年の国語の授業を受講することを可能にする必要がある。これにより、日常会話言語と学習言語との差異を理解することがなければ、授業の内容が理解できない。このことは以前より指摘されている。

一方、より早い理解の児童生徒は自分に合った学年の授業を自由に履修できるようにする（自由履修制度）。これは所属する学年を跳び越す「飛び級」とは異なり、自分に必要な授業を、学年を超えて上位学年の授業を受けることを可能にし、さらに学習意欲を深めるようにするものである。飛び級は、友人関係において同学年の友達から、飛び級先学年の友人関係へと変更を余儀なくされてしまうことから、実際は日本においては選択されにくい。そこで、特定の授業だけ上位学年の授業を受けるようにすることで、本来所属する同学年の友人と生涯の関係を築きながら、当該生徒の能力に応じた教育を受けることが可能となる。

以上、本章の結びとして、

1. 学習権による「学習要求」を把握するシステムの制度化として、学習者（子ども）による「モニタリング」制度の導入。

2. そのモニタリングによって得た学習要求の充足の一つとして、『1単元：複数（多元的）カリキュラム』で学習するシステムの導入。
3.「学校評価制度」への子どもの参画と「モニタリング」結果の反映。
4.教育課程の年齢主義、学年主義の廃止と自由履修制度の創設。
を提案する。

おわりに

憲法二十六条は基本的に今日の学校教育制度だけでなく社会形成に対して大きな役割を果たしてきた。しかし、多くの人が教育を論じるとき、大人や国家・社会の観点から教育像やその施策を論じ、かつ抽象的一般的に生徒のありようを論じることが多い。ところが、教育を受ける側の児童生徒は、その教育像がどのような意味を持っているかについて何もわからない。むしろ、それとは関係なく教育を受ける児童生徒一人ひとりが、自分の成長と可能性を楽しみにしながら、自らが自らの主人公として成長できる姿を想像して「教育」に臨む。では、前者の大人が描く教育像と、後者の唯一無二の「自分」にとっての教育像とのギャップに対して両者はどのように臨むか。

大人の側は、児童生徒への一定の教育像を与えることで、(極端な言い方をすれば)選別と序列化によって描かれる「社会にとっての成果」のみを見ればよく、「一定」の外に位置する児童生徒のことは本人の問題として配慮を必要としない。しかし、児童生徒の側が感じるギャップは、その大人の描く教育像から学齢期を通して離れることはできず、かつ自らの力でギャップの解消は極めて難しい。そこで、このギャップのストレスから逃れるために大人が描く一定の教育像に合わせようとする。しかし、その同一化が不可能(困難)な児童生徒がいる場合、そこに明らかな疎外と排除が発生する。

筆者は、このような教育像としてある「一定」が、各学校の教育の「裁量の範囲内」として憲法や法をもって根拠づけられてしまった場合、何人もそれに抵抗することができない構造的な隠れた抑圧状況を創り出してしまうと考える。

これに対して、児童生徒は、一般的に、子どもには「権利がある」という観念的な扱いを受けるが、事実上子ども自身は、自分にはどのような権利があり、何を求めて、どのように守られているか、を知ることすらできない。すなわち教育についての権利の保持者としての当事者性はない。

このような教育における「権利」に関する「欠落」が、本書第1章に記したような疎外と排除を生み出し、かつそれが放置されたままに蓄積されていく事態が生まれている。しかも、学校や教育行政との関係において自らの権利について知らず、問題解決の方途を知らない児童生徒は、その原因を自己に向かわせ、自己否定や心の荒みとなって粗暴な行動が習慣化したりすることが多くなってしまう。

以上の問題意識に対する問題解決として、学習権による学習要求に対する責務としての施策が、実質的平等の観点からの教育目的達成のための対応となり、学齢期を通して放置されない教育の中で成長を期することができると考えられる。それゆえの前述の提案をもって、教育における憲法的保障を確かなものとしたい。

注

（1）　学校教育法第二十六条〔履修困難な教科の学習〕：児童が心身の状況によって履修することが困難な各教科は、その児童の心身の状況に適合するように課さなければならない。

（2）「学習要求」は最高裁旭川学テ判決によって示された（子どもが）「一市民として成長、発達し、自己の人格を完成、実現するために必要な学習をする固有の権利」に基づき「学習要求を充足するための教育を自己に施すことを要求する権利」（学習権）として定義され、最高裁は、学習権が憲法二十六条の「教育を受ける権利」の背後にあるものと意味づけた。ただし、この「学習要求」の概念は曖昧のままであった。（第5章 第3節）（傍線筆者）

（3）第8章 第3節（3）より

（4）国内においては、「主体的・対話的で深い学び」として、中央審議会答申「幼稚園、小学校、中学校、高等学校及び特別支援学校の学習指導要領等の改善及び必要な方策等について」（平成28年12月21日）26頁を経て、学習指導要領（平成29年3月31日公示）に反映されている。

（5）教育目的と目標の関係は次のとおりである。教育基本法第一条「教育の目的」、同第二条「教育の目標」および第五条「義務教育における教育の目的」に基づき、学校教育法二十一条「教育の目標」が示される。

（6）本書での提案事例とは異なるが、「不登校児童」を対象として当該児童が学校への復帰を容易にするために通常の教育課程によることなく、別途教育課程を編成する「教育課程特例」措置が取られている。これらから1単元を複数のカリキュラムで教える（学習する）ための根拠法として本書にて提起する制度を導きうるものと考えられる。

〈学校教育法施行規則五十六条〉

小学校において、学校生活への適応が困難であるため相当の期間小学校を欠席し引き続き欠席すると認められる児童を対象として、その実態に配慮した特別の教育課程を編成して教育を実施する必要があると文部科学大臣が認める場合においては、文部科学大臣が別に定めるところにより、第五十条第一項、第五十一条（中学校連携型小学校にあつては第五十二条の三、第七十九条の九第二項に規定する中学校併設型小学校にあつては第七十九条の十二において準用する第七十九条の五第一項）又は第五十二条の規定によらないことができる。

（7）たとえば、習熟度別学習に対して慎重な立場として、河野順子「『子どもの学に立つ』学びの実現を」現代教育科学No610（2007）17頁、竹松克晶「差別感への配慮と下位の子への指導の難しさ」現代教育科学No610（2007）58頁ほか。

（8）荒川区立尾久西小学校による実践研究（２００２年実践）。算数の授業で３クラスを４つの理解別の授業（授業の流れを4段階に分けた授業）を展開してその成果を研究。同校は保護者の理解を得て推進された。同様の研究は今日も続けられ、多くの実践研究がなされている。他にも、東京都武蔵野市立第三小学校「『思考面』も伸ばす習熟度別授業」内外教育６３７１号（時事通信社,2014）14頁、「小学校はT．T、中学校は習熟度別指導が学力に効果―文科省検証」週刊教育資料１２６７号（教育公論者,2013）８頁、大阪府「大阪府教育振興基本計画における後期事業計画～未来を拓く教育をめざして～」（2018）14頁、文部科学省『小学校学習指導要領（平成29年告示）』（平成29年）24頁では「学習内容の習熟の程度に応じた学習」と記される。

（9）これらの実践研究の結果は「ＮＨＫクローズアップ現代」（２００２年7月16日放送「算数が好きになった・広がる習熟度別授業」）でも取り上げられ、全国的に大きな注目を浴びた。筆者は２００２年10月18日（金）に大阪府教育センター指導主事とともに同校を訪問し、成果についての聞き取りを行った。

（10）文部科学省「学校規模適正化関係関連資料」（H27.1.27）によると、この10年で小・中学校の１割強にあたる約３、０００校が統合されている。
URL: http://www.mext.go.jp/component/a_menu/education/micro_detail/__icsFiles/afieldfile/2015/01/29/1354768_3.pdf（2017.12.10）

（11）「公立義務教育諸学校の学級編制及び教職員定数の標準に関する法律」（義務標準法）三条に　規定されている学級編成の標準に基づき学級編成した場合の学級をいう。

（12）文部科学省によると、平成36年度までに子どもの数は94万人減少し、２１、０００クラス減少すると算定している。これに伴い教職員基礎定数は自然減となるが、同省は「教育環境継続」などの観点から、逆に10学級に１人の増員を計画している。結果的に１６、０００人の減となるが、平成36年度には加配定数を理由に１０、０００人を増員する予定である。これによって現在の10学級あたりの教職員基礎定数割合を16・３人から16・８人に増加させ、同時に加配定

数を1・6人から2・0人に増加させる計画を有している。（文部科学省教職員定数改善計画資料Ⅱ－4－7より）

（13） 文部科学省「学校評価ガイドライン」（平成28年3月22日）2頁

根拠法は、学校教育法四十二条：小学校は、文部科学大臣の定めるところにより当該小学校の教育活動その他の学校運営の状況について評価を行い、その結果に基づき学校運営の改善を図るため必要な措置を講ずることにより、その教育水準の向上に努めなければならない。同四十三条：小学校は、当該小学校に関する保護者及び地域住民その他の関係者の理解を深めるとともに、これらの者との連携及び協力の推進に資するため、当該小学校の教育活動その他の学校運営の状況に関する情報を積極的に提供するものとする。（これら2ヵ条は、平成19年6月に学校教育法が改正され、前述の四十二条、四十三条が追加されたものである）また、学校教育法施行規則六十六条六十七条、六十八条に評価の実施が定められている。

（14） 前掲注（13）2頁.実際の構成メンバーは多くの場合に大学の教員、ＰＴＡ会長や保護者、地域住民、中学校校長などで構成されることが多い。

（15） 前掲注（13）2頁

（16） 前掲注（13）5頁

（17） 学校教育法施行規則第十九条〔学級の編制〕では、「小学校の学級は、同学年の児童で編制するものとする。ただし、特別の事情がある場合においては、数学年の児童を一学級に編制することができる」とされる。ここでの「数学年」は過疎の学校などにおいて、複式学級制度を取る場合である。（傍線筆者）

あとがき

本書を出版するにあたり、多くの方々にご支援とご厚志をいただきましたこと、心よりお礼申し上げます。とりわけ神戸大学名誉教授 浦部法穂先生には、大学院以来長きにわたり人権について深く薫陶を受け、そして東京大学名誉教授 堀尾輝久先生には、2018年夏に京都で直接「(拙文の)今日的な学習権の意義」等の内容につき熱心なご指導を賜り、今次に至ることとなりました。また、法学研究科学位審査委員会より、「既存の憲法二十六条一項の解釈および学説の弱点を踏まえて従来の憲法学説にはない教育現場を経験した研究者の声として傾聴に値する」旨の意見と同時に、「能力に応じた教育を受ける権利」「実質的平等」「学習権の内容」「学習要求」などの法的ファクターを踏まえ、より精緻な子ども目線での制度的具現化と下位法(教育関連法令)分析への今後の課題をいただけましたことは、さらなる研究の途を開くこととなりました。

一方、本研究にあたっては、長きにわたり問題意識を共有していただいた小学校~高校の退職者を含む教育専門職(教員)の方々からの、そして自らの経験を踏まえた願いや想いが寄せられた卒業生を含む学生諸氏からの示唆は、いずれも多かれ少なかれ「教育」からの疎外を生み出す常態を伝えてくれるものでした。

改めて、多くの方々からの貴重なご意見とご厚情に深く感謝いたします。

最後に、忙しい時期、わかりやすい表現に改訂してくれたゼミ学生。そして本書の出版に際して多大なご助力ならびにご厚志をいただいたせせらぎ出版に深謝申し上げます。

2024年2月

伊井 直比呂